Funktioneller Möbelbau durch richtige Beschläge

Günter Kyi

Funktionelle Möbel – durch richtige Beschläge

Verlag Günter Kyi, Alsbach-Hähnlein 1

Dieses Buch entstand
in enger Zusammenarbeit
mit der Firma Robbi GmbH, Herford
1. Auflage 1.-50. Tausend

ISBN 3–924768–01–3

Quellenangabe: Robbi GmbH
Änderungen der technischen Daten
und Angaben durch Neuentwicklungen
und Veränderungen vorbehalten!

Vorwort

Die genaue Kenntnis aller wichtigen und erprobten Beschläge ist eine notwendige Voraussetzung für guten Möbelbau. Dabei sind die Bezeichnungen „Beschläge" oder „Möbelbeschläge" Sammelbegriffe, die für die verschiedensten Arten angewendet werden. Bei den Beschlägen handelt es sich meist um konstruktive Hilfs- oder Ergänzungsbestandteile für Möbel, die entweder aus Metall oder Kunststoff bestehen, einen bestimmten Zweck verfolgen und in den verschiedensten Fällen gleichzeitig einen schmückenden Charakter haben. Schon vor mehr als 200 Jahren hatte man erkannt, daß Zweckmäßigkeit und Schönheit harmonieren können, und so gab es denn auch Beschläge, die gleichzeitig als Zierbeschläge von hohem künstlerischem Wert waren. Sie wurden mit viel Liebe gefertigt und waren kunsthandwerklich wertvolle Stücke, die heute kaum noch zu haben sind. So hatten z.B. bestimmte Stilepochen ihre ganz bestimmten Beschläge, die auch in diesem Buch vorgestellt werden sollen.

Obwohl bei den technischen Beschlägen nur zwischen den zwei Gruppen der Beschläge für den konstruktiven Zusammenbau und der Beschläge zum Öffnen und Schließen unterschieden wird, ist das Gebiet der Möbelbeschläge so umfangreich und vielfältig, daß je nach Art und Qualität eines Beschlages der Wert eines Möbels in seiner Brauchbarkeit erhöht oder vermindert wird. Daher sollte sich jeder Möbelbauer unbedingt gründlichst in puncto Beschläge informieren, um seiner Arbeit den gewünschten Ausdruck verleihen zu können. Leider wird diesem umfangreichen Gebiet der Möbelbeschläge oft genug nicht die gründliche Beachtung entgegengebracht, wodurch es beim Möbelbau zu Qualitätsminderungen kommen kann, die nicht sein müssen.

Mit diesem Buch möchten wir nun diese Lücke schließen, indem wir ein Sortiment an Möbelbeschlägen vorstellen und deren Einsatz und Anbringung zeigen, um jedem Möbelbauer die praktische Anwendung klar zu veranschaulichen.

Inhalt

Allgemeines zum Möbelbau

Spricht man von Möbelbau, so sollte dieser Begriff nicht frei im Raum stehen bleiben, denn Möbel sind Einrichtungs- und Gebrauchsgegenstände, die entweder zur Aufnahme von Gütern, zur Verrichtung von Tätigkeiten oder zum Sitzen bzw. Liegen bestimmt sind. Daher ist es erforderlich, je nach Ausführung und verwendetem Werkstoff, der Funktion und Konstruktion sowie nach seiner Verwendung im Raum unterschiedliche Möbelbegriffe zu verwenden.

Vom Werkstoff oder der Ausführung ausgehend, haben wir es mit Holzmöbeln, Korbmöbeln, Kunststoffmöbeln, Metallmöbeln und Polstermöbeln zu tun.

Ist jedoch die Funktion des Möbels begriffsbestimmend, so sprechen wir von Behältnismöbeln, die unter den Bezeichnungen Kleiderschrank, Geschirrschrank, Anrichte oder Möbel zum Aufbewahren von Gütern bekannt sind. Zu den Kleinmöbeln zählen Stücke wie Blumentische, Servierwagen u.ä., zu den Liegemöbeln Betten und Liegen, zu den Sitzmöbeln Sessel, Hocker, Sofas, Stühle und Bänke.

Möbelstücke lassen sich aber auch nach der Verwendung im Raum bezeichnen, wo dann nach Einzelmöbeln, z.B. Tische, Kommoden und Anrichten und Systemmöbeln (Anbau- und Aufbaumöbel, Einbaumöbel, Endlosschränke und Raumteiler) zu unterscheiden ist.

Wird jedoch von der Konstruktion ausgegangen, so ist zwischen Korpusmöbeln (Truhen, Turmmöbeln, Sekretären, Schränken und Kommoden) sowie Regalen (Möbel mit offenen Frontflächen) und Tischen (Möbeln mit waagerecht auf einem Grundgestell ruhenden Platten) zu unterscheiden.

Aber nicht nur Werkstoff, Funktion, Verwendung im Raum und Konstruktion sind Unterscheidungsmerkmale, sondern auch die Verwendungsbereiche, wie z.B. Wohn-, Küchen-, Schul-, Garten- und Büromöbel weisen auf eine bestimmte Richtung im Möbelbau hin.

Die eben erwähnten Möbelbegriffe, die der DIN 68 8800 unterliegen, finden sich unter dem Oberbegriff der Möbelbauarten wieder. Denn nach der Beschaffenheit der einzelnen Möbelteile und nach der Art ihres Zusammenbaus wird zwischen Brett-, Rahmen-, Stollen- und Plattenbau unterschieden.

Der Brettbau

Beim Brettbau sind die einzelnen Möbelteile aus verleimten oder unverleimten Brettern gefertigt, wobei in der Regel die rechte Seite des Holzes nach außen genommen wird, da diese immer die schönere Zeichnung aufweist. Bei der Auswahl der Bretter ist auf Farbe und Zeichnung zu achten, die gleichmäßig sein sollten, um eine gewisse Ruhe in die Fläche zu bekommen. Der Zusammenbau erfolgt durch Holzverbindungen, wie Nuten, Federn, Zinken, Graten und Zapfen, die dem Holz die Möglichkeit des Arbeitens lassen.

Abb. 1: Ein Schrank in der typischen Brettbauweise, wobei die einzelnen Möbelteile aus verleimten und unverleimten Brettern bestehen

Abb. 2: Für den Brettbau schneidet man sich aus einem Diel 2 x 6 cm starke Leisten, die zu einem Brett verleimt werden

Abb. 3: Die einseitig mit Ponal bestrichenen Hölzer werden auf Maserungsverlauf achtend zusammengefügt

Abb. 4: Nach Erreichen der gewünschten Tür-, Seiten- oder Deckelbreite werden die Stücke ordentlich verspannt

Abb. 5: Nach dem Trocknen lassen sich die Flächen auf einem Bandschleifer sauber schleifen

Abb. 6: Nach dem Schleifen werden die einzelnen Werkstücke maßgenau zugeschnitten

Abb. 7: Auf der Abrichte werden die Kanten bearbeitet, bis das exakte Breitenmaß erreicht ist

Abb. 8: Durch diagonales Messen wird die genaue Winkligkeit des Werkstückes geprüft

Der Rahmenbau

In diesem Verfahren werden flächige Möbelteile als Rahmen mit Füllung gefertigt, wobei die Rahmenfriese die Aufgabe haben, die Füllungen aufzunehmen, zu halten und ihnen die Möglichkeit zu lassen, zu arbeiten. Diese Bauart, deren Wert schon die alten Ägypter kannten und die sie an die Griechen und Römer überlieferten, kam erst in der Mitte des 15. Jahrhunderts zu uns, wo sie die schwerfälligen flächigen Möbel aus Brettern und schweren Bohlen ablöste und somit einen Wendepunkt im Möbelbau darstellte. Der Rahmenbau, zwar für das ganze Möbelstück einsetzbar, wird heute besonders zum Bau von Türen angewendet. Er hat den Vorteil, daß für die Anbringung von Schrankbeschlägen genügend stabiles Material vorhanden ist, um eine hohe Stabilität zu garantieren.

Abb. 9: Die Schranktüren sind in Rahmenbauweise gefertigt. Hier wird die Füllung mit einem Abplattfräskopf bearbeitet

Abb. 10: Die Türrahmenteile, versehen mit einer Nut zur Aufnahme der Füllung, werden mittels Schlitz und Zapfen miteinander verbunden

Abb. 11: Die Füllung wird ohne Leimangabe in den Rahmen eingesteckt

Abb. 12: Das letzte Rahmenteil wird aufgesteckt

Abb. 13: Mit der erforderlichen Anzahl an Schraubzwingen wird der Türrahmen gespannt

Der Stollenbau

Auch dieses Verfahren bietet die Möglichkeit, Möbelteile lösbar durch Schrankbeschläge miteinander zu verbinden. Charakteristisch für diese Bauart ist, daß die Stollen zugleich als Möbelfüße dienen und Seiten, Böden und Türen als Rahmen gearbeitet oder aus Platten gefertigt werden. Diese Bauart von Möbeln ist vielseitig anwendbar, da neben Schränken mit Schubkästen oder Türen auch Stühle, Hocker, Tische und andere Möbelstücke gearbeitet werden können.

Der Plattenbau

Die heute am häufigsten angewendete Bauweise ist der Plattenbau, bei dem die einzelnen Möbelteile entweder aus Tischler- oder Holzspanplatten bestehen, die furniert oder beschichtet sein können. Die sichtbaren Kanten sind entweder mit Originalfurnieren oder mit den im Handel erhältlichen Kantenumleimern zu versehen, die im Aufbügelverfahren aufgebracht werden können. Bei den Kantenumleimern handelt es sich um Kunststoff-, aber auch Echtholz-Furniere, die mit einem Schmelzkleber beschichtet sind, der durch Wärme aktiviert wird. Für die Verarbeitung werden die Streifen auf die gewünschte Länge zugeschnitten und auf das zu beklebende Werkstück gelegt. Mit einem auf Temperatureinstellung „Wolle" aufgeheiztem Haushaltsbügeleisen wird nun der Umleimer auf die Kanten gebügelt. Nach dem Erkalten werden die Überstände mit einem scharfen Messer, einer Feile, einem Stecheisen oder einem Kantenschneider entfernt.

Diese Umleimer sind in den Farben Weiß, Palisander, Mahagoni, Teak, Eiche Natur, Eiche rustikal, Nußbaum und Kiefer zu haben. Es gibt sie jedoch nicht nur als Kantenumleimer 5 + 25 m, sondern auch als Flächenfolien in den oben erwähnten Oberflächen. Die Abmessungen der Folien

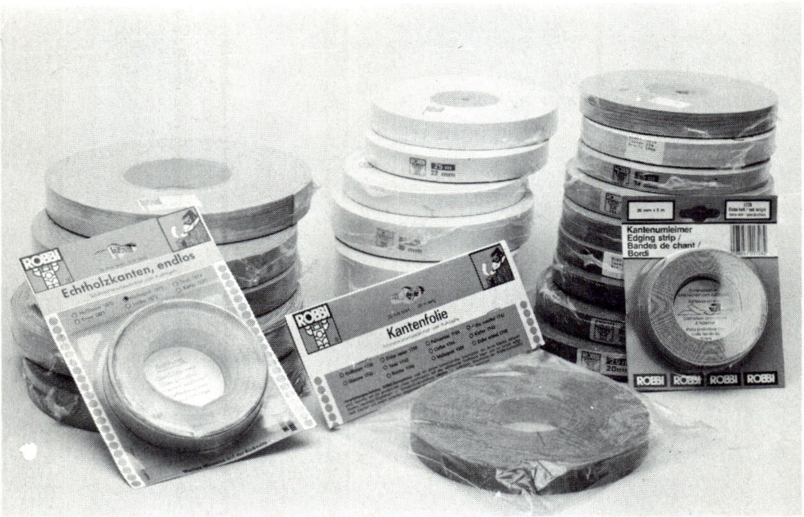

***Abb. 14:** Umleimer zum Aufbügeln werden in den Oberflächen Nußbaum, Eiche natur, Eiche rustikal, Palisander, Teak, Mahagoni, Kiefer und Weiß in den Breiten 17 mm und 20 mm sowie in den Längen 5 m und 25 m angeboten*

betragen 90 cm Breite und 2,05 m Länge und sie sind zum Beschichten von Werkstücken wie Spanplatten, Tischlerplatten, Sperrholzplatten, Massivholz, Stahltüren und Stahlmöbeln sowie beschädigten Möbelteilen einsetzbar. Auch sie werden mit einem Haushaltsbügeleisen, Einstellung „Wolle/Seide", ca. 140-150^{0}, aufgebracht, wobei ein gleichmäßiger mittlerer Druck von 5-7 Sekunden auszuüben ist. Durch die Erwärmung des Schmelzklebers erfolgt eine feste und gleichmäßige Verbindung zwischen Folie und Werkstück. Vor dem Einsatz des Bügeleisens ist darauf zu achten, daß die Bügelfläche sauber ist. Zur Sicherheit kann Seidenpapier zwischen Bügelfläche und Folie gelegt werden.

Abb. 15: Zum Aufbringen der Umleimer benötigt man ein Bügeleisen, ein scharfes Messer oder einen Kantenschneider und Schleifpapier

Abb. 16: Vor dem Aufbringen der Umleimer werden Stücke in entsprechender Länge mit leichter Zugabe zugeschnitten

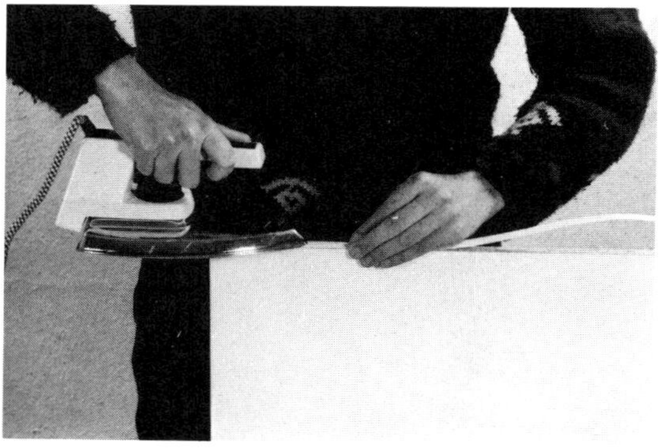

Abb. 17: Mit dem Bügeleisen auf „Wolle" gestellt werden nun durch langsames Führen des Bügeleisens die Umleimer aufgebügelt

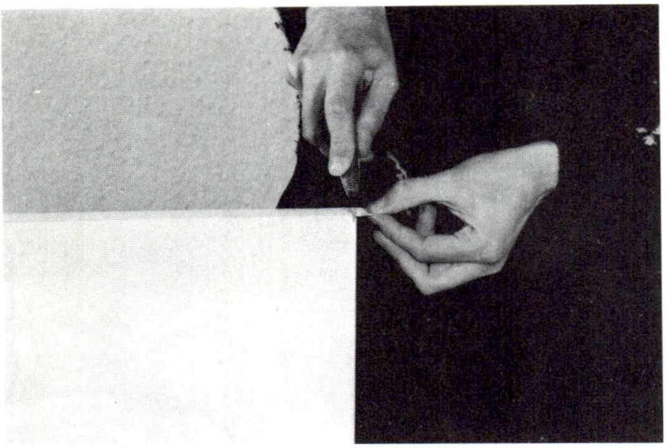

Abb. 18: Mit einem scharfen Cuttermesser werden die Enden exakt abgeschnitten

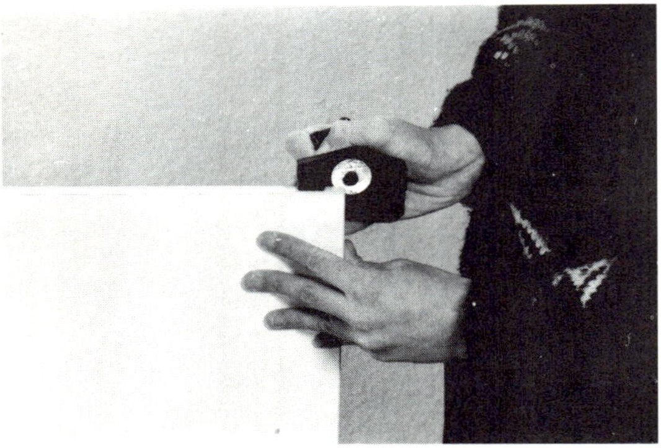

Abb. 19: Mit einem Furnierkanten-schneider bereitet das exakte Beschneiden der Furnierkanten keine Schwierigkeit

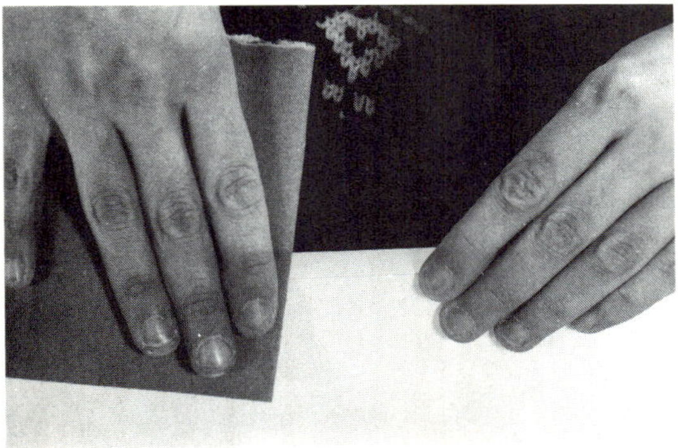

Abb. 20: Abschließend wird mit Schleifpapier mittlerer bis feiner Körnung die Kante sauber zugeschliffen

Die einfachste Art der Verbindung von Böden und Seitenteilen ist die stumpfe Verbindung, bei der in erster Linie Dübel verwendet werden. Lassen sich kleine Möbelstücke fest verleimen, so werden für größere lösbare Verbindungsbeschläge eingesetzt, die einen einfachen aber stabilen Zusammenbau garantieren. Besonders bei Einbaumöbeln wird man die Technik der Verbindungsbeschläge besonders begrüßen, da es oftmals nicht möglich ist, ein zusammengebautes, fertiges Stück in eine Nische o.ä. zu setzen.

Für den Einsatz lösbarer Verbindungsbeschläge beim Bau von Möbeln sprechen aber auch noch andere Gründe, wie z.B. die Transportmöglichkeit und das Gewicht. Man stelle sich vor, einen Schlafzimmerschrank oder Betten zusammengebaut in den 4. Stock zu transportieren. Keiner käme auf die Idee, Möbel solcher Art fest zu verbinden, denn kein Treppenhaus, keine Diele und keine Tür wären groß genug, um Gegenstände solcher Größe transportieren zu können.

Da in diesem Buch vom funktionellen Möbelbau gesprochen wird, sollte auch auf die Gestaltung des Möbels eingegangen werden. Wir möchten uns jedoch damit begnügen, bezüglich der Gestaltung kurz die Punkte wie Formschönheit, Maßverhältnisse und Zweckmäßigkeit aufzureißen.

Die Zweckmäßigkeit ist die Basis aller Konstruktionsmerkmale. In ihr sind die erforderlichen Maße, wie Höhe und Breite des Möbelstückes für einen bestimmten Zweck enthalten, gleichgültig ob an einen Küchentisch oder an einen Kleiderschrank gedacht wird. Diese Maße sind den Bedürfnissen und Ansprüchen der Menschen entsprechend zu wählen, die damit umzugehen haben. Man wird einen Kleiderschrank nicht schmaler machen als ein Mantel breit ist, aber auch nicht wesentlich breiter, da er so unnötigen Raum in der Tiefe benötigen würde. Unter dem Punkt der Zweckmäßigkeit finden wir aber auch die Beförderungsmöglichkeit, auf die schon eingegangen wurde und die in diesem Buch besondere Berücksichtigung finden soll.

Bezüglich der Formschönheit wird zwar nach klarer Linienführung, werkstoffgerechter Verarbeitung und guten Maßverhältnissen verlangt, doch sind Zubehörteile, wie Beschläge, Möbelknöpfe oder Griffe sehr wichtig, denn sie können einer guten Arbeit erst den richtigen Ausdruck geben. Möbelbeschläge, Knöpfe und Griffe sind aber nur dann eine Zierde für ein Möbelstück, wenn sie richtig eingesetzt werden. Bei falscher Verwendung kann die Wirkung gemindert werden, weshalb vor einem übermäßigen Einsatz solcher Dinge gewarnt werden soll.

Im Handel erhältliche aufbügelbare Kantenumleimer

Holzarten				**Breiten**			
	17 mm	20 mm	22 mm	24 mm	25 mm	30 mm	45 mm
Kantenumleimer							
Eiche hell	25 m	5 m					
Eiche mittel		5 m 25 m					
Eiche natur	5 m	5 m 25 m					
Eiche rustikal	5 m 25 m	5 m 25 m					
Eiche Mooreiche		5 m					
Kiefer	5 m 25 m	5 m 25 m					
Kiefer hell		5 m 25 m					
Limba		5 m 25 m					
Mahagoni	5 m	5 m 25 m					
Makore		5 m 25 m					
Nußbaum	5 m 25 m	5 m 25 m					
Nußbaum hell		5 m 25 m					
Palisander	5 m	25 m					
Rüster		5 m 25 m					
Schwarz		25 m					
Teak	5 m	5 m					
Weiß	5 m 25 m	5 m 25 m	25 m	5 m 25 m		25 m	25 m

Holzarten	**Breiten**						
	17 mm	20 mm	22 mm	24 mm	25 mm	30 mm	45 mm
Echtholzkanten endlos							
Eiche		5 m			25 m		
Kiefer		5 m			25 m		
Limba		5 m			25 m		
Mahagoni		5 m			25 m		
Nußbaum		5 m 25 m					
Teak		5 m					

Abb. 21: Die Herstellung eines solchen Badezimmerschrankes ist unter Verwendung der Robbi-Beschläge und der aufbügelbaren Kantenumleimer nicht mehr als eine Samstag Vormittag-Beschäftigung

Möbelteile und ihr Zusammenbau

Nachdem wir uns mit einigen grundlegenden Punkten des Möbelbaus beschäftigt haben und Begriffe sowie Bauarten erwähnt wurden, soll uns jetzt der Zusammenbau der Möbelteile beschäftigen, wobei nicht die starren, sondern die lösbaren Schrankverbindungen im Vordergrund stehen. Es ist nicht Sinn und Zweck dieses Buches, auf das Dübeln, Federn, Zinken und Graten einzugehen, sondern es sollen die Verbindungs-

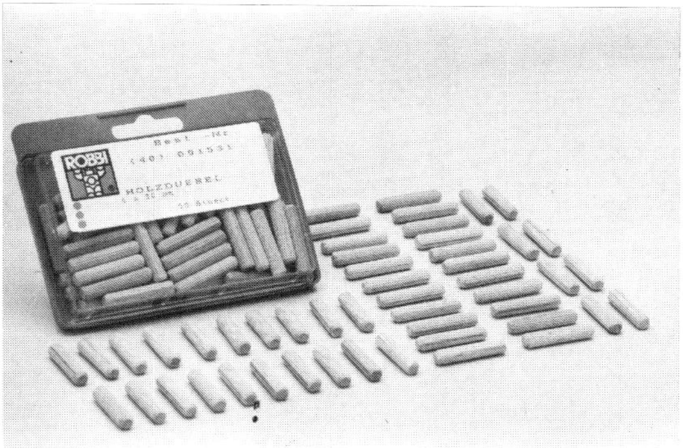

Abb. 22: Holzdübel werden in den Maßen 6/30, 10/40 + 8/40 angeboten und sind je nach Plattenstärke einzusetzen

Abb. 23: Um Dübellöcher exakt setzen zu können, ist stets die genaue Wandstärke anzureißen

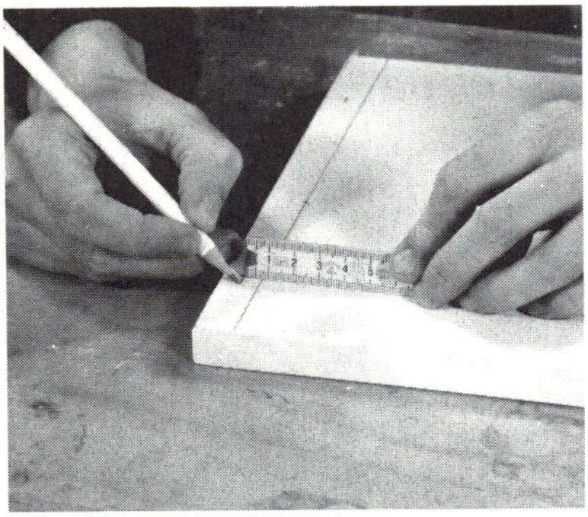

Abb. 24: Bei einer Brettstärke von 16 mm wird die Dübelbohrung bei 8 mm gesetzt

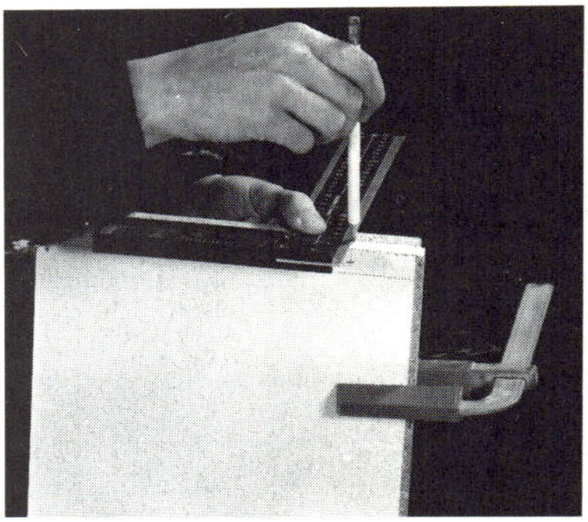

Abb. 25: Für einen exakten Sitz der einzelnen Teile zueinander ist ein genaues Übertragen der Maße vorzunehmen

arten vorgestellt werden, bei denen der Korpus, der aus den Seiten, dem Ober- und dem Unterboden, der Rückwand und aus Mittelseiten und Zwischenböden bestehen kann, durch Beschläge zusammengehalten wird.

Dazu werden die verschiedensten Eckverbindungen verwendet, die sich grob in Verbindungsschrauben und Verbindungsbeschläge unterteilen lassen.

Abb. 26: Dübellöcher sollte man nie aus der freien Hand bohren. Hat unser Bohrständer keinen Tiefenanschlag, ist ein solcher auf den Bohrer zu setzen

Abb. 27: Beim Bohren in die Schmalseite sind die Werkstücke fest mit dem Arbeitstisch zu verbinden. Ein Bohrständer garantiert einen senkrechten Verlauf der Dübelbohrung

Abb. 28: Auch mit diesem Werkzeug ist eine exakte Führung des Bohrers bei genauem Tiefenanschlag möglich

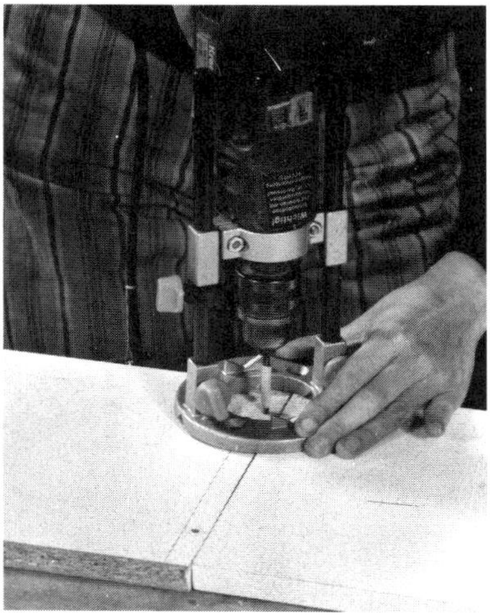

Abb. 29: Als Tiefenanschlag kann man auch Tesakrepp verwenden. Doch sollte stets mit einer genau senkrechten Führung gearbeitet werden

Abb. 30: Das Maß für die Bohrtiefe muß immer ohne Zentrierspitze gemessen werden. Daher in die Brettseite nie tiefer als die halbe Holzstärke bohren

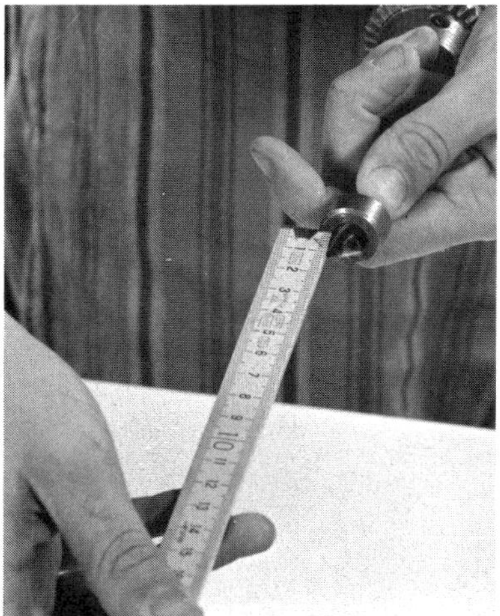

Abb. 31: An Bohrständern läßt sich die Bohrtiefe besonders leicht einstellen

Verbindungsschraube Direkta

Die Verbindungsschraube Direkta, die mit einer weißen oder braunen Kappe abdeckbar ist, verbindet Möbelteile stabil und paßgenau. Für den Einsatz dieser Schraube ist ein Stufenbohrer erforderlich, der extra erworben werden muß und den Schraubenpackungen nicht beiliegt. Dieser Stufenbohrer hat einen vorderen Durchmesser von 5 mm, einen Schaftdurchmesser von 7 mm und ist auf den Einsatz der Verbindungsschraube Direkta genau abgestimmt. Bei dieser Verbindung handelt es sich um eine lösbare Verbindung, wobei das Bohrgewinde im Hirnholz des Deckels oder Bodens läuft und der Schaft der Schraube im Seitenteil sitzt. Der Kreuzschlitz wird anschließend mit einer Kappe in weiß oder braun abgedeckt.

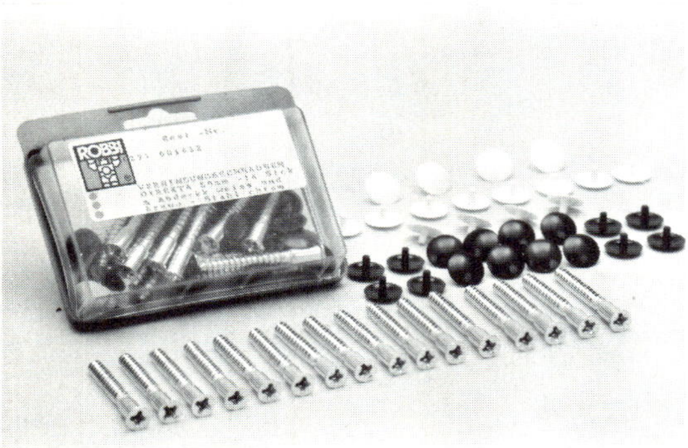

Abb. 32: Die Verbindungsschraube Direkta, 50 mm lang, mit Abdeckkappen weiß und braun, sind mit einem Stufenbohrer zu verarbeiten

Abb. 33: Der Stufenbohrer für die Verbindungsschraube Direkta weist zwei Durchmesser auf, und zwar 5 mm und 7 mm. Die 5 mm-Bohrung ist erforderlich, damit sich das Gewinde ins Holz schneiden kann. Der gewindelose obere Schaft benötigt eine Bohrung von 7 mm. Die Bohrung ist sowohl durch das Seitenteil als auch den Boden bzw. Deckel in einem Zug vorzunehmen. Die Teile sind dazu zu fixieren

Stahleindrehmuffen

Stahleindrehmuffen, auch Einschraubmuffen oder Einschraubmuttern genannt, werden zur sicheren Verankerung von Maschinenschrauben in Werkstoffen verwendet, bei denen ein stark beanspruchtes Gewinde leicht ausreißen würde. Deshalb werden sie besonders in Holz und Holzfaserstoffe aber auch in Kunststoffe eingesetzt. Die Stahleindrehmuffen haben innen ein metrisches Gewinde und außen ein Holzgewinde, an einem Ende einen axial gerichteten Schlitz, der zum Eindrehen der Einschraubmuffen mit einem Schraubenzieher dient. Beim Eindrehen in das gewindelose Bohrloch schneidet sich die Einschraubmutter mit den äußeren Gewindeschneidkanten ein Gewinde in den Werkstoff und sucht sich so einen sicheren Halt. Diese Eindrehmuffen gibt es mit den Innengewinden M 4, M 5, M 6 und M 8, wonach sich auch die Bohrungen für die Eindrehmuffe richten.

Abb. 34: Stahleindrehmuffen sind mit dem metrischen Gewinde M 4, M 5, M 6 und M 8 zu haben. Sie werden gern für Verbindungen verwendet, die oft gelöst und wieder zusammengesetzt werden müssen

Verbindungsbeschläge

Eine interessante Eckverbindung ist der Verbindungsbeschlag mit der 50 oder 80 mm Schraube und dem Eindrehbolzen, der das Verbindungsteil bildet. Zum Anbringen dieses Beschlages (50 mm) sind zwei Bohrungen erforderlich, wobei eine Bohrung von 10 mm Ø für das Verbindungsteil 45 mm von der Außenkante der Seitenwand gebohrt werden muß. 9 mm von der Unterkante des Deckels oder Bodens ist in die Seitenwand zu bohren, und zwar mit einem Durchmesser von 6,5 mm. Wird nun in die 10 mm Bohrung des Deckels oder Bodens das Verbindungsteil gesteckt

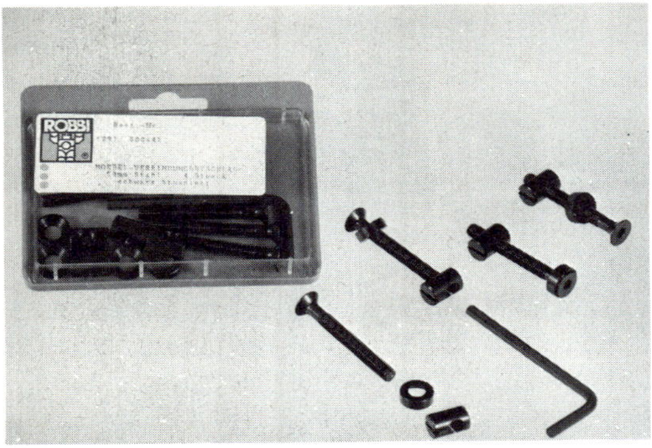

Abb. 35: Der Möbelverbindungsbeschlag mit der 50 mm- und 80 mm-Schraube aus Stahl schwarz brüniert ist ein Möbelverbinder mit metrischem Gewinde, der durch drei unterschiedliche Bohrungen eingearbeitet wird

Abb. 36: Zuerst wird die Holzstärke genau angezeichnet, was am einfachsten auf die hier gezeigte Art erfolgt

und durch das Seitenteil die Schraube gedreht, so faßt diese mit ihrem M 6-Gewinde das Verbindungsteil und zieht das Seitenteil mit dem Boden oder Oberteil zusammen. Die Schrauben dieses Verbindungsbeschlages werden mit einem Sechskant-Inbusschlüssel gedreht, so daß eine gute Kraftverteilung beim Zusammenziehen der Möbelteile gegeben ist.

Abb. 37: Montageanleitung zur 50 mm-Schraube

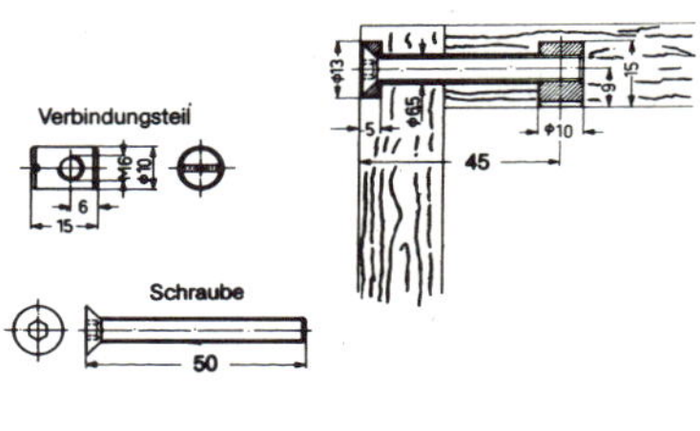

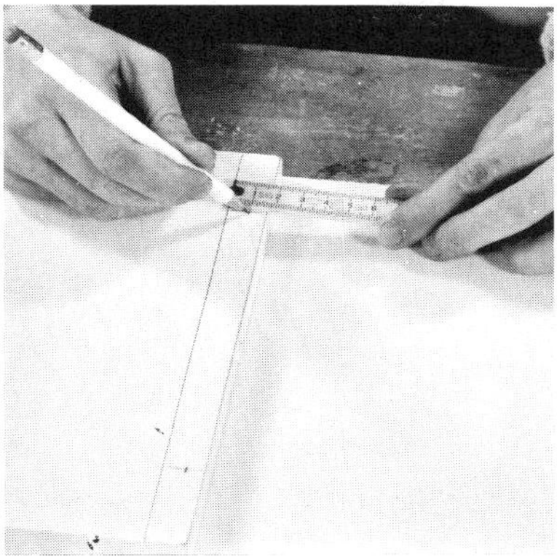

Abb. 38: 9 mm von der Anrißlinie ist der Bohrpunkt zu markieren

Abb. 39: Mittels Bohrständer wird eine 5 mm tiefe Bohrung mit einem Durchmesser von 13 mm ausgeführt

Abb. 40: Danach wird mit einem 6,5 mm-Bohrer das Seitenteil durchbohrt

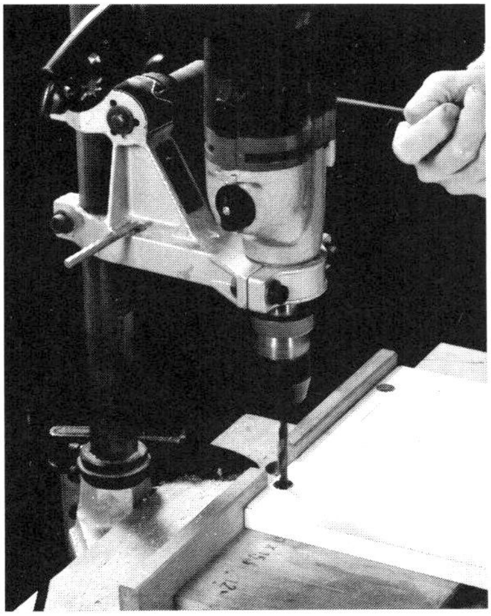

Abb. 41: 45 mm abzüglich der Seitenwandstärke (im gezeigten Fall 29 mm) wird die Bohrung für das Verbindungsteil angerissen

Abb. 42: 9 mm von der späteren Innenkante angerissen ist eine 27 mm tiefe Bohrung mit dem 6,5 mm-Bohrer auszuführen

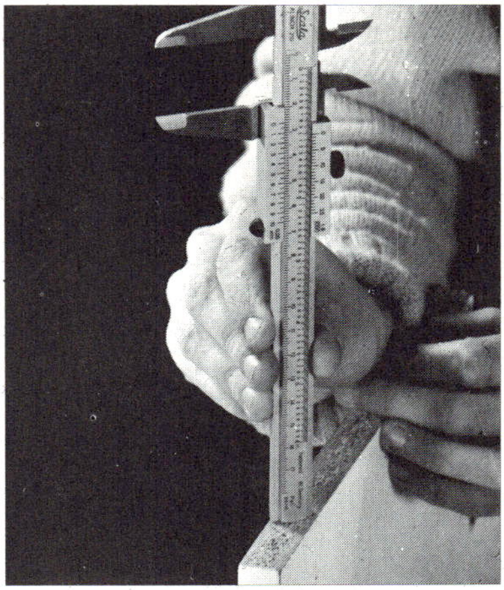

Abb. 43: Die Bohrtiefe kann mit einer Schieblehre exakt kontrolliert werden

Abb. 44: Nun erfolgt die 10 mm-Bohrung für den Verbindungsanschlag, die mit der 6,5 mm-Bohrung zusammentreffen muß

Abb. 45: Diese Bohrung muß 15 mm tief sein, um das Verbindungsteil aufnehmen zu können

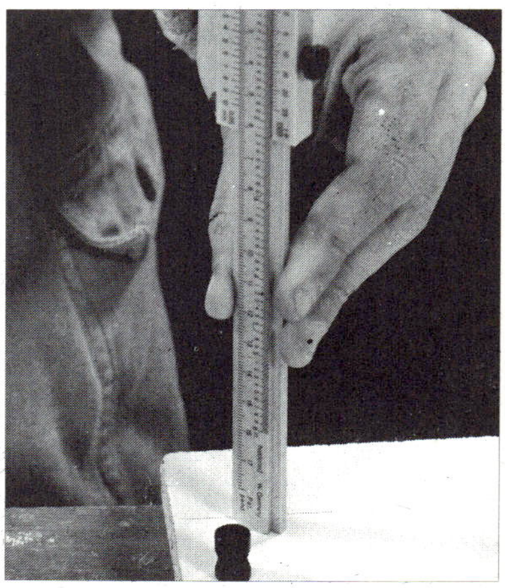

Abb. 46: Mit leichten Hammerschlägen wird das Verbindungsteil so eingesetzt, daß die Schrauböffnung in Richtung Seitenteil zeigt

Abb. 47: Beim Zusammensetzen von Boden und Seitenteil mittels der Schraube darf die 5 mm starke Scheibe nicht vergessen werden, da sie verhindert, daß sich der Schraubenkopf unnötig tief in das Holz eindreht

Abb. 48: Mit einem Inbusschlüssel kann die Schraube mit dem metrischen Gewinde fest angezogen werden und bringt so einen ausgezeichneten Halt zwischen Seiten- und Boden- bzw. Deckelteil

Abb. 49: Abschließend wird die Schraube mit einer braunen oder weißen Abdeckkappe abgedeckt

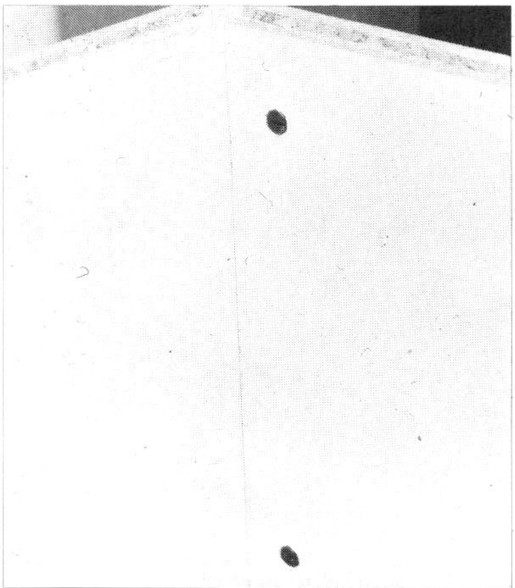

Abb. 50: Eine Küche aus eigener Werkstatt. Die Spanplatten wurden zugeschnitten erworben, in die einzelnen Teile, wie hier beschrieben, Möbelverbinder und Topfscharniere eingearbeitet und zur Dekoration wurden rot gestrichene Leisten aufgeleimt

Schrankbeschlag „Elite 25"

Ein interessanter Schrankbeschlag ist der „Elite 25", der aus vier Teilen besteht, und zwar der Kunststoffmuffe, dem Eindrehbolzen, dem eigentlichen Beschlag und einer Abdeckkappe. Die Kunststoffmuffe, bei der es sich um ein ähnliches Gewindeteil wie bei der Einschraubmuffe handelt, nur daß diese aus Nylon besteht und am Ende konisch zugerichtet ist, wird in eine Bohrung im Seitenteil unter Leimangabe eingeschlagen. In diese Kunststoffmuffe wird der Bolzen geschraubt, der durch eine 8 mm Ø Bohrung in Deckel oder Boden zu einer 25 mm Ø Topfbohrung geführt wird, in der sich der eigentliche Schrankbeschlag befindet. Durch Drehen des Beschlages fassen Haken hinter den Schraubenkopf des Bolzens und ziehen das Seitenteil an den Deckel oder Boden heran. Der konisch verlaufende Anzug am Verbindungsteil macht möglich, daß ein exakter Anschluß von Seiten-, Ober- bzw. Unterteil gewährleistet ist. Der Beschlag wird mit einer Kunststoffkappe in Weiß oder Braun abgedeckt.

Abb. 51: Ein gern verwendeter Schrankbeschlag ist der Elite 25, der mit Abdeckkappen in Weiß und Braun geliefert wird

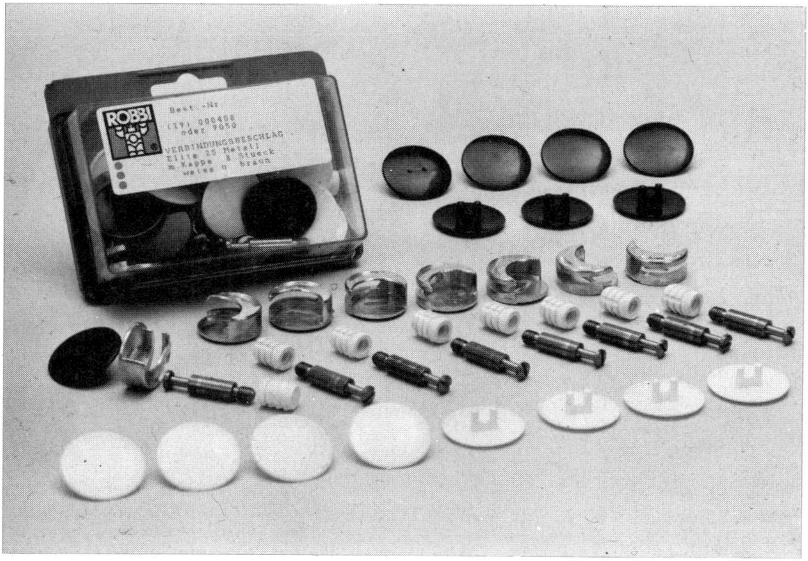

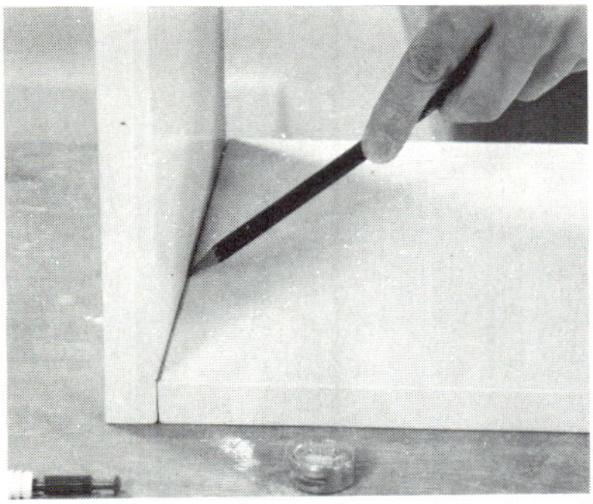

Abb. 52: Die genaue Brettstärke ist auf dem Seitenteil zu markieren

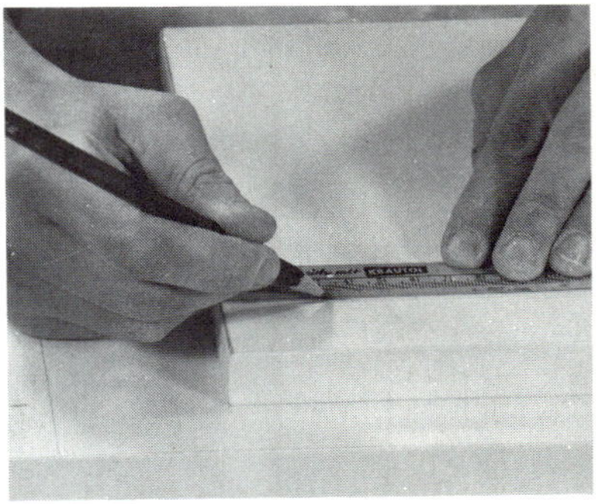

Abb. 53: 33,5 mm von der Kante entfernt ist die 25 mm-Bohrung anzureißen

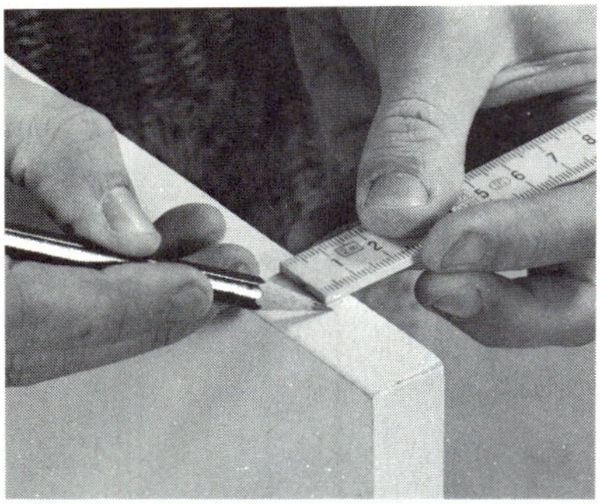

Abb. 54: 7 mm von der Innenkante ist die 8 mm-Bohrung für die Aufnahme des Stahldübels anzureißen

Abb. 55: Die Bohrtiefe wird auf 35 mm eingestellt, um bis zu der Topfbohrung zu gelangen

Abb. 56: Nun wird die Topfbohrung unter dem Bohrständer ausgeführt

Abb. 57: Für die Kunststoff-Muffe ist eine 10 mm-Bohrung 13 mm tief erforderlich

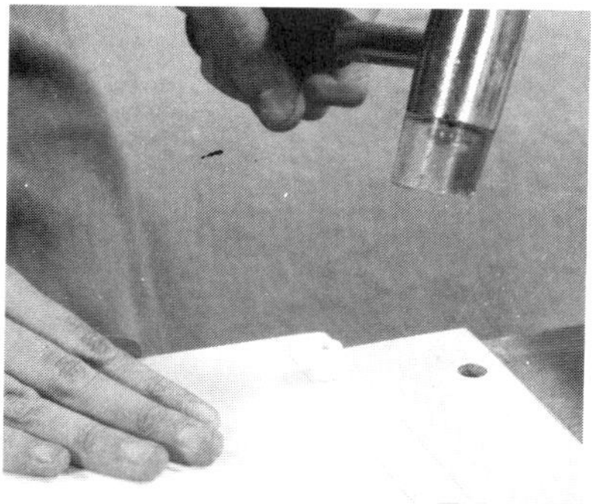

Abb. 58: Mit leichten Hammerschlägen wird die Kunststoff-Muffe in die Bohrung eingeschlagen

Abb. 59: In die Muffen werden die Stahldübel eingedreht und erhalten so einen ausgezeichneten festen Sitz

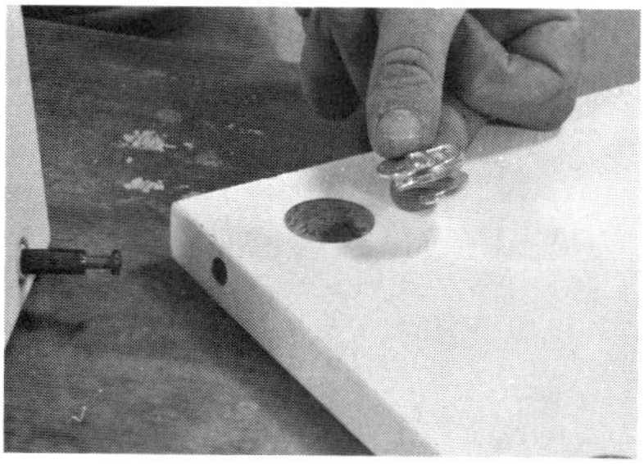

Abb. 60: Nun wird das Elite-Gehäuse in die 25er Topfbohrung durch leichtes Einschlagen eingesetzt, da eine Führungsnase die Teile in der Bohrung hält

Abb. 61: Beim Einsetzen der Zinkdruckgußteile ist darauf zu achten, daß der auf den Zinkdruckgußteilen befindliche Pfeil in Richtung Bohrloch zeigt

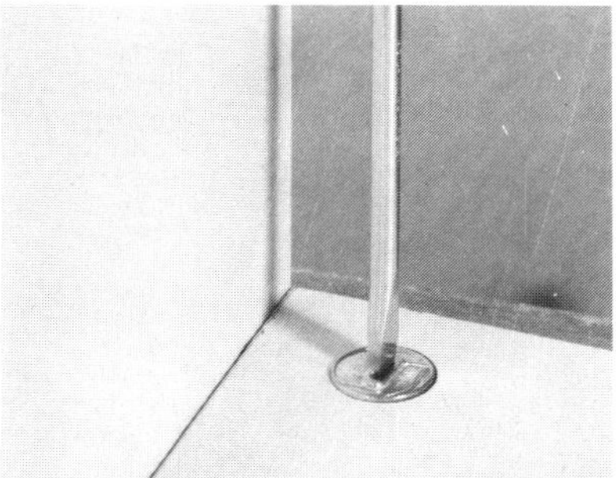

Abb. 62: Durch Drehen mit einem kräftigen Schraubenzieher zieht der Stahlbügel die Seitenwand fest an den Boden

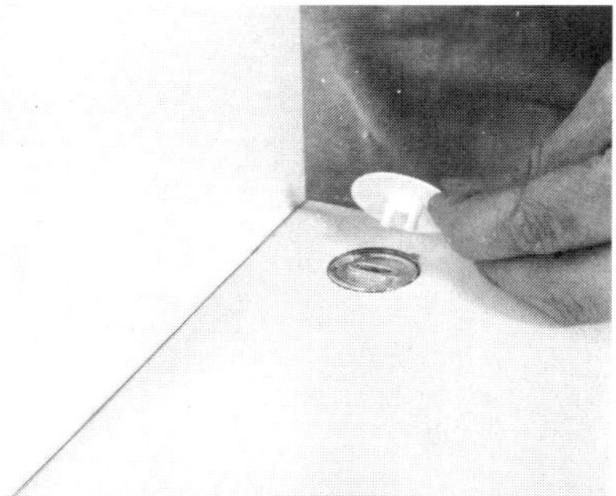

Abb. 63: Eine Kunststoffkappe gibt der Angelegenheit einen sauberen Abschluß

Schrankbeschlag „Trapez"

Ein sehr einfach zu montierender Schrankbeschlag ist der „Trapez", der in den Farben Weiß und Braun bzw. Ganzmetall vernickelt zu haben ist. Er besteht aus zwei Teilen, die mit Holzschrauben mit der Seitenwand bzw. dem Boden/Deckel verbunden werden. Dazu ist wichtig, daß das Trapezunterteil maßgerecht mit den Schrauben an der Seitenwand befestigt wird. Das Oberteil, das nur um 0,5 mm vom Rand zurückspringen darf, wird in der gleichen Weise am Ober- bzw. Unterteil befestigt. Bei der Montage der Möbelteile werden diese nur zusammengefügt und durch die Verbindungsschraube fest aneinandergezogen.

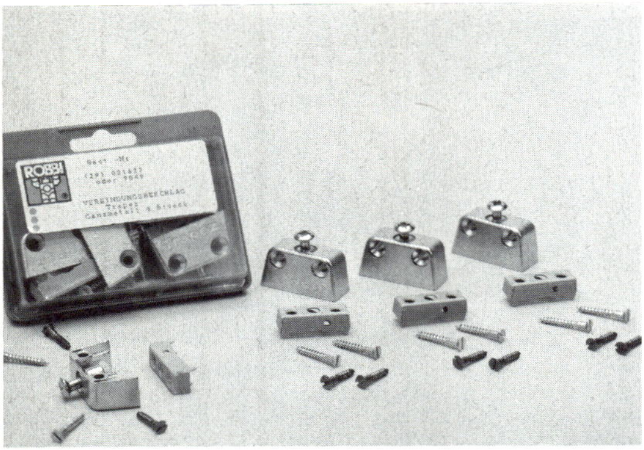

Abb. 64: Der Verbindungsbeschlag Trapez ist in Ganzmetall, in Braun und in Weiß zu haben. Er besteht aus einem ziehenden und einem haltenden Teil, ist ohne Bohrungen zu montieren, doch sollten Dübel o.ä. die zu verbindenden Werkstückteile fixieren

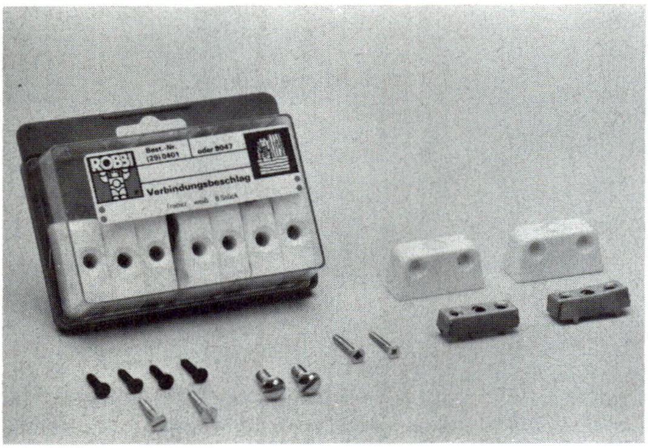

Abb. 65: Hier haben wir den Verbindungsbeschlag „Trapez" in Weiß, der wie in Abb. 64 beschrieben angewendet wird

Abb. 66: Dübel oder Lamellofedern fixieren die zu verbindenden Teile und ermöglichen ein besseres Anbringen des Verbindungsbeschlages

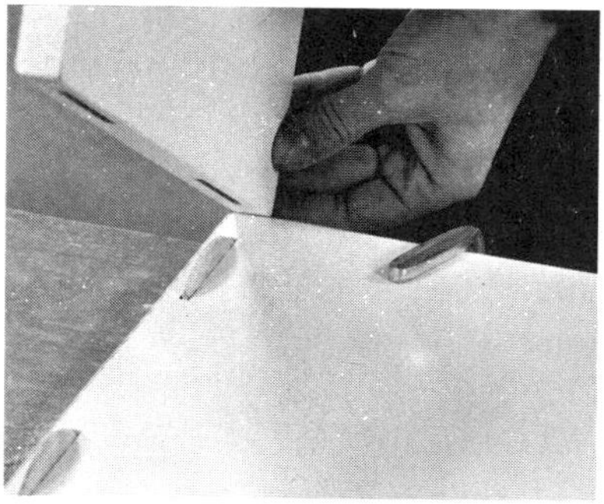

Abb. 67: Hier erkennen wir, wie Seiten- und Unterteil gehalten werden

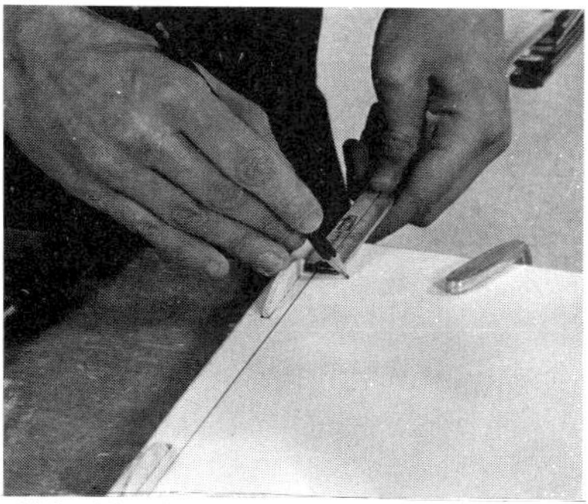

Abb. 68: Ca. 3-4 cm von der Außenkante sollte das Trapez-Unterteil angebracht werden

Abb. 69: Die auf dem Bild zu sehenden Hakennasen ermöglichen ein Fixieren der Unterteile vor dem Anschrauben

Abb. 70: So exakt an der Anrißlinie sollte das Unterteil sitzen

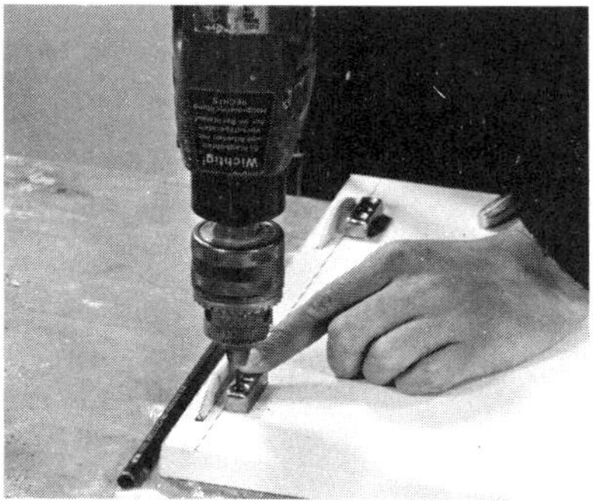

Abb. 71: Vor dem Anschrauben kann ein Vorbohren die Arbeit erleichtern

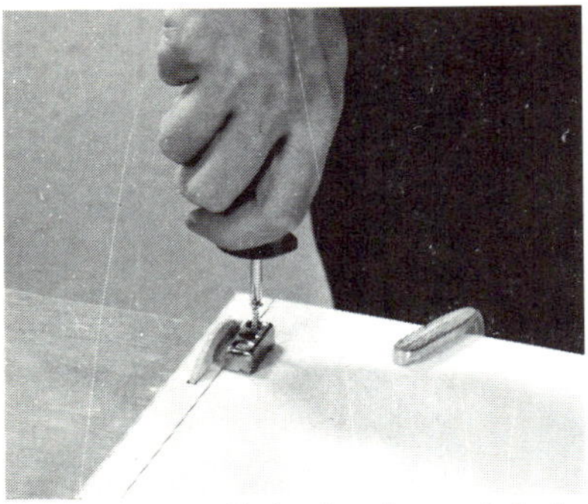

Abb. 72: Mit Holzschrauben wird das Trapez-Unterteil an dem Boden befestigt

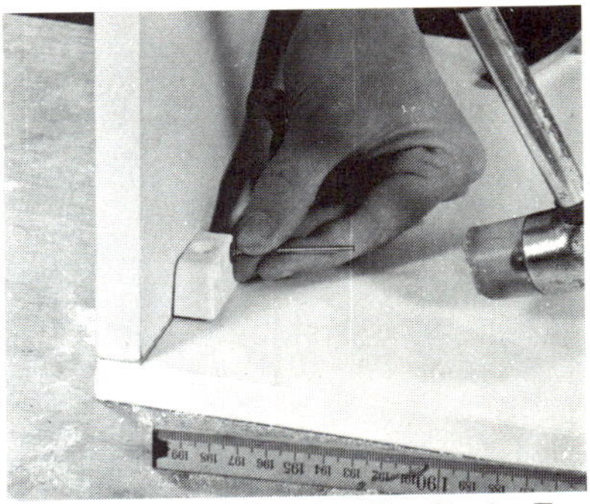

Abb. 73: Die Schraubstellen für das Trapez-Oberteil, das 1/2-1 mm über der Bodenfläche angebracht werden soll, sollten mit einem Körner angezeichnet werden

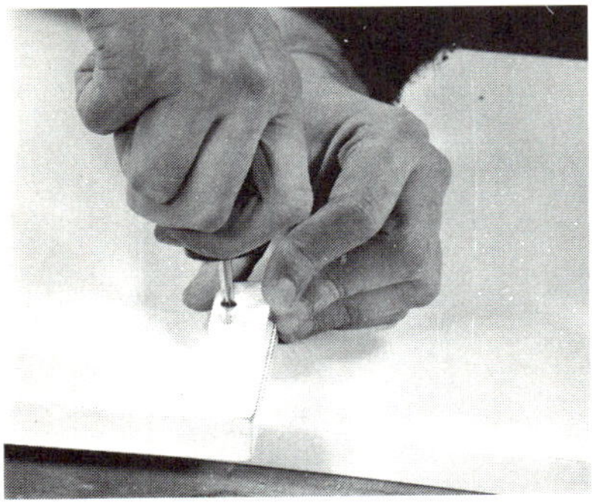

Abb. 74: Wie auch das Trapez-Unterteil wird das Trapez-Oberteil mit Holzschrauben befestigt

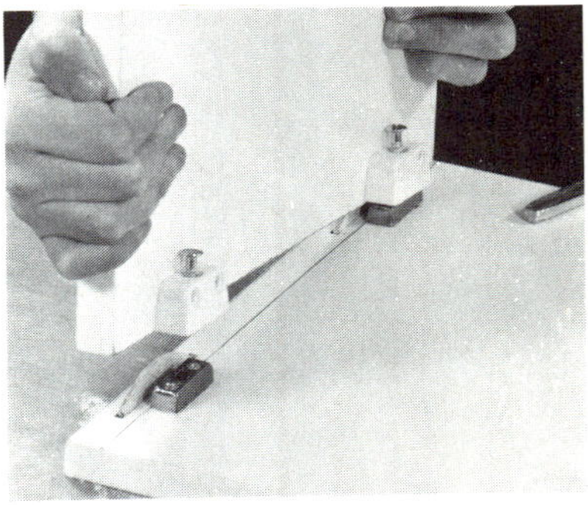

Abb. 75: Unter- bzw. Oberteil und Seitenteil so zusammengefügt ergeben eine gute Verbindung

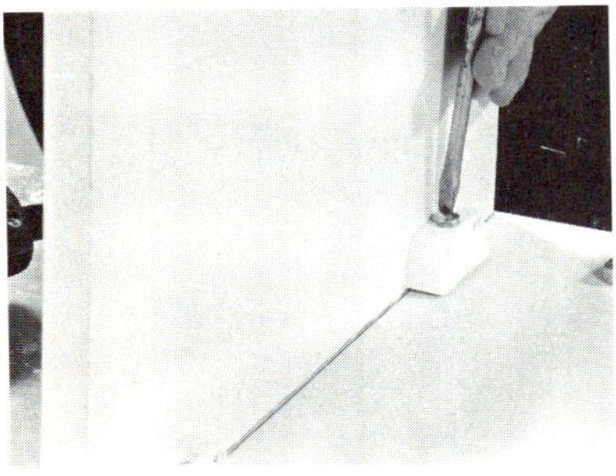

Abb. 76: Mit einer 5,5 mm Verbindungsschraube werden Ober- und Unterteil mit dem Seitenteil fest zusammengefügt

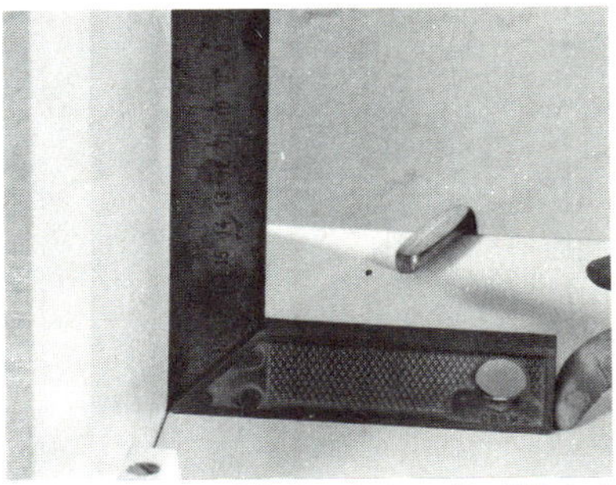

Abb. 77: Abschließend ist die Winkelgenauigkeit unserer Schrankelemente zu prüfen

Universal Verbindungswinkel

Nachdem wir nun die Verbindungsbeschläge abgehandelt haben, die Seitenwände und Ober- bzw. Unterteil zusammenhalten, soll übergehend auf die Universal-Verbindungswinkel hingewiesen werden. Bei ihnen handelt es sich um Winkel mit Schenkeln unterschiedlicher Länge, die sowohl zum Verbinden von Seiten- und Ober- bzw. Unterteil als auch für Regal- und Fachböden bestens geeignet sind. Die Schenkellänge beträgt 25 x 50 mm und die Montage ist relativ einfach. Wird der längere Schenkel mit dem aufliegenden Brett befestigt, so kann der untere Schenkel mit seiner Einlassung auf eine Schraube aufgesteckt werden. Der Vorteil dieser Verbindungswinkel ist, daß die unterschiedlichsten Anbringungsmöglichkeiten gegeben sind, wie aus der Zeichnung zu erkennen ist.

Abb. 78: Universalverbindungswinkel sind vielseitig einsetzbare Winkel, die leicht zu montieren sind. Ihre Schenkellängen betragen 50 x 25 mm und sie lassen sich neben vielen anderen Einsatzmöglichkeiten auch als Rückwandhalter verwenden

Abb. 79: Der Universal-Verbindungswinkel 50 x 25 mm

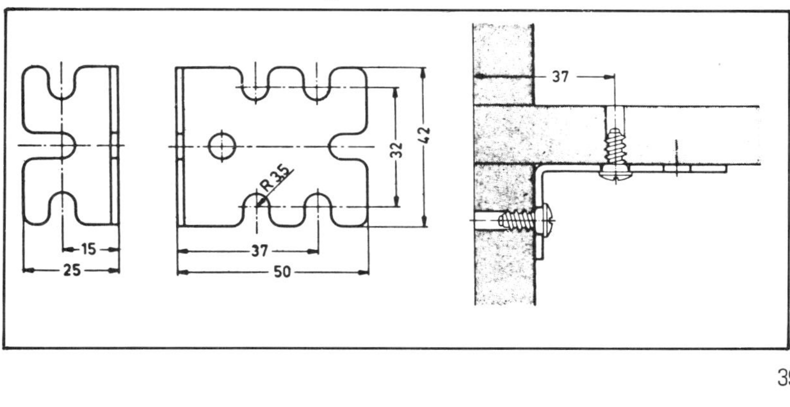

Möbelverbindungsbeschlag mit Spreizmuffe

Wer hat es nicht schon einmal erlebt, daß sich bei Regalen oder anderen Möbelstücken mit hohen Seitenteilen die Fachböden von den Fachbodenträgern trennten und selbständig machten, weil die Seitenwand sich so stark wölbte, daß die Länge der Fachbodenträger nicht mehr ausreichte, um dem Fachboden genügend Halt zu geben.

Diesem Übel kann man durch Einsatz eines Verbindungsbeschlages für Fachböden entgegentreten. Nicht jeder Fachboden ist jedoch mit diesem Beschlag zu versehen, sondern nur ein Boden, und zwar in etwa der Mitte der Seitenwand.

Dieser Möbelverbindungsbeschlag aus Ganzmetall ist mit einer Messingspreizmuffe und einem Dübel versehen und bildet so eine kraftschlüssige Verbindung mit hoher Belastbarkeit zwischen Seitenwand und Fachboden. Das Einsetzen des Fachbodens ist bei dieser Verbindung nur von oben möglich, da der Fachboden durch zwei Bohrungen, wie aus der Montagezeichnung und den Fotos zu ersehen, mit dem Möbelbeschlag verbunden ist. Die Montage dieses Beschlages gleicht in etwa der des Schrankbeschlages „Elite 25", bei dem sich ebenfalls in der Seitenwand ein Dorn befindet, in den der Beschlag einhakt. Der Beschlag selbst befindet sich im Fachboden, d.h., der Fachboden mit Beschlag wird auf diesen Dorn aufgesetzt.

Wird eine solche Möbelverbindung bei Fachböden verwendet, kann man die oberen und die unteren Fachböden getrost auf die Bodenträger unterschiedlichster Ausführung auflegen, da sich durch irgendwelche Belastung die Seitenwand nicht mehr wölben kann.

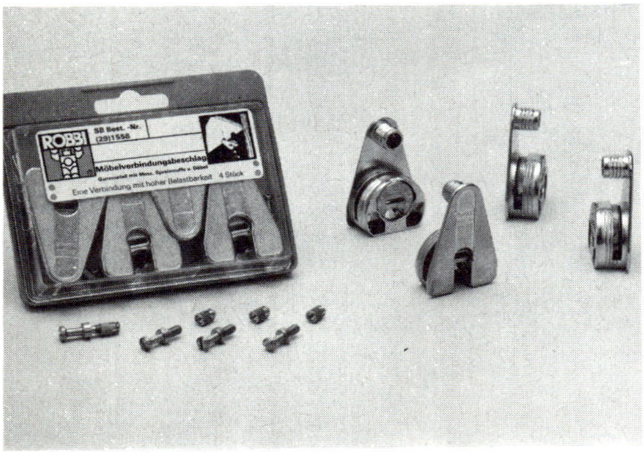

Abb. 80: Sowohl für die Verbindung von Rahmen als auch von Fachböden mit Seitenteilen eignet sich dieser hervorragende Möbelverbindungsbeschlag mit Spreizmuffe

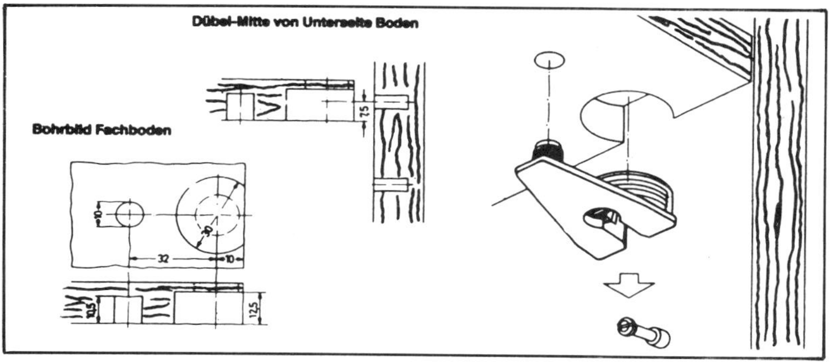

Abb. 81: Montageanleitung des Möbelverbindungsbeschlages mit Spreizmuffe für Fachböden

Abb. 82: Auch bei seiner Anbringung ist ein genaues Festlegen der Seitenwandstärke erforderlich

Abb. 83: Für das Einsetzen der Spreizmuffe ist eine Bohrung von 5 mm Stärke und 8 mm Tiefe erforderlich

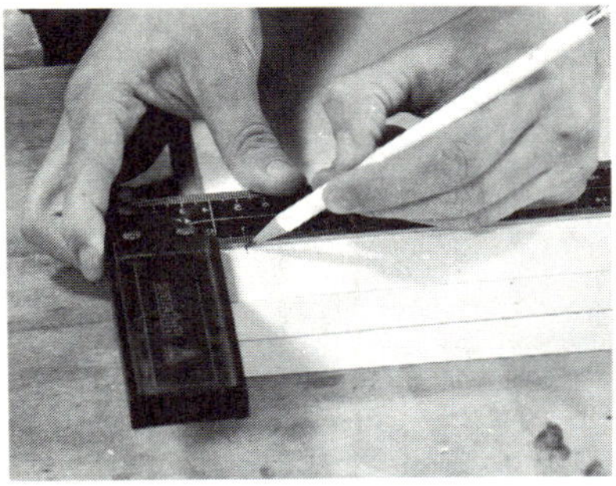

Abb. 84: 10 mm und 42 mm von der Außenkante sind die Bohrungen anzureißen

Abb. 85: Mit einem 30iger Scharnierlochbohrer bohren wir 12,5 mm tief, wobei die Außenkante aufgebohrt ist

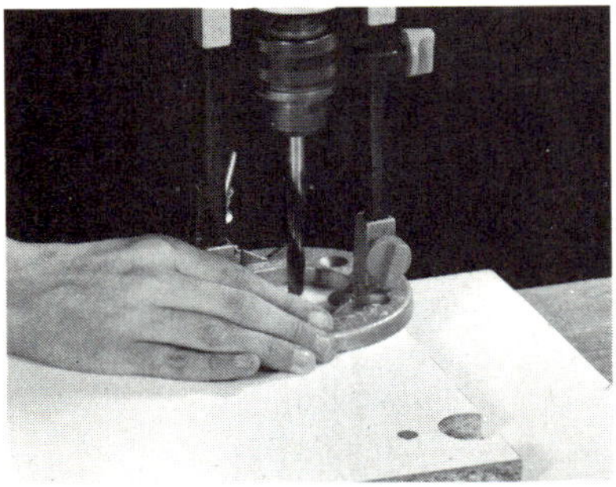

Abb. 86: Eine Bohrung mit einem Durchmesser von 10 mm und einer Tiefe von 10,5 mm wird unter Zuhilfenahme des Bohrmobils gesetzt

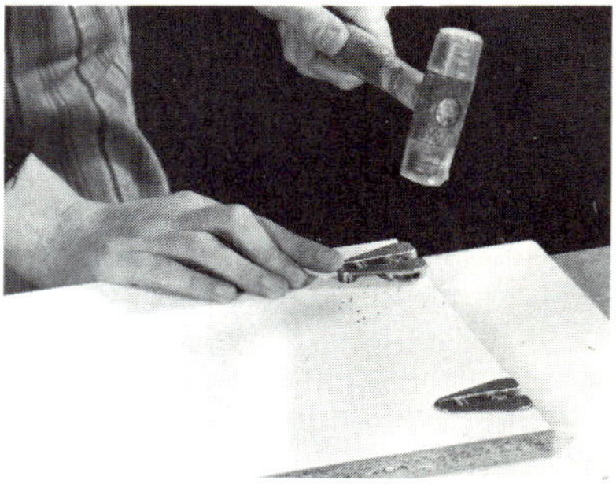

Abb. 87: Mit leichten Hammerschlägen wird der Verbindungsbeschlag in die Bohrungen eingetrieben

Abb. 88: In die 5 mm-Bohrungen des Seitenteils werden die Spreizmuffen geschlagen

Abb. 89: Die Metalldübel werden in die Messing-Spreizmuffen mit einem Schraubenzieher fest eingedreht

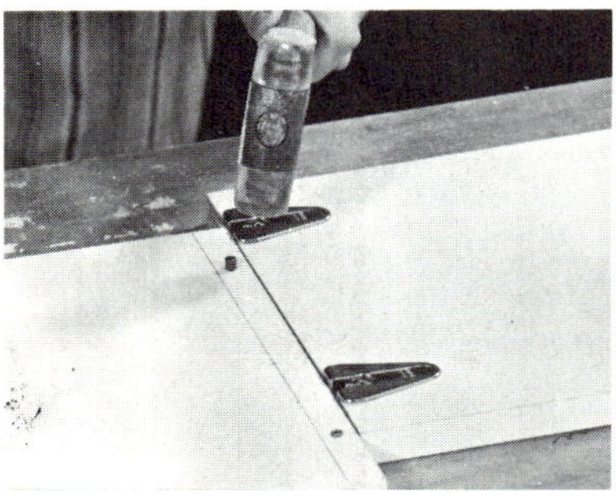

Abb. 90: Seitenteil und Boden oder Fachboden werden fest zusammengesteckt

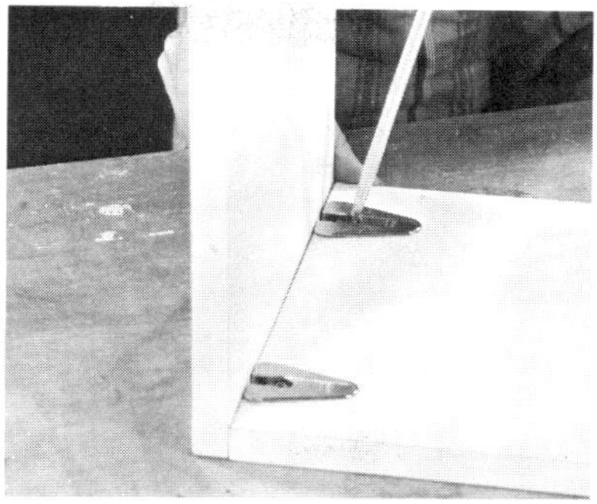

Abb. 91: Mit einem Schraubendreher wird die Seitenwand an den Boden bzw. Deckel herangeholt

Bodenträger

Bei den Bodenträgern unterscheiden wir zwischen Bodenträgern, deren Auflage mit einem Stift in der Seitenwand gehalten wird, dem Bodenträger mit Hülse, dem Duplo-Bodenträger, dem Bodenträger-Safety, dem Winkelbodenträger und dem Bodenträger mit Zapfen.

Der Einsatz der verschiedenen Bodenträger richtet sich einmal nach der Belastung der Fachbretter, zum anderen nach der Montageart. Wird der Bodenträger, dessen Auflage durch einen Stift gehalten wird, praktisch nur aufgenagelt, so ist für den Bodenträger mit Hülse eine Bohrung erforderlich. Diese Art Bodenträger eignet sich besonders gut für verstellbare Bodenträger, da die Hülsen im gewissen Abstand gesetzt und die Bodenträger dann nach Wunsch bzw. Abstand zwischen den Fachböden eingesetzt werden können.

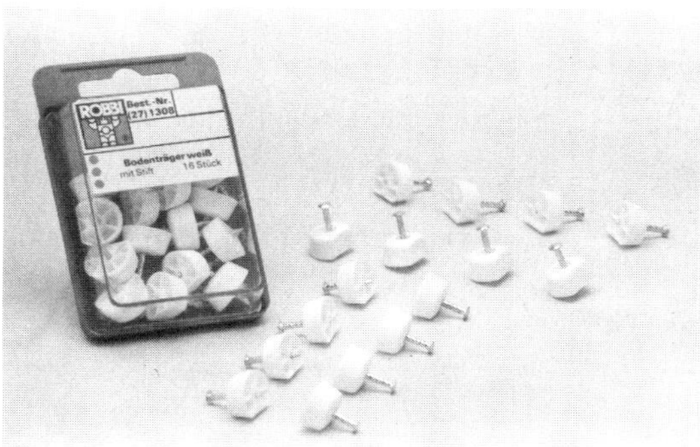

Abb. 92: Einfach anzubringen sind die Bodenträger mit Stift, die nur mit einem Hammer eingeschlagen zu werden brauchen. Sie sind in den Farben Braun und Weiß erhältlich

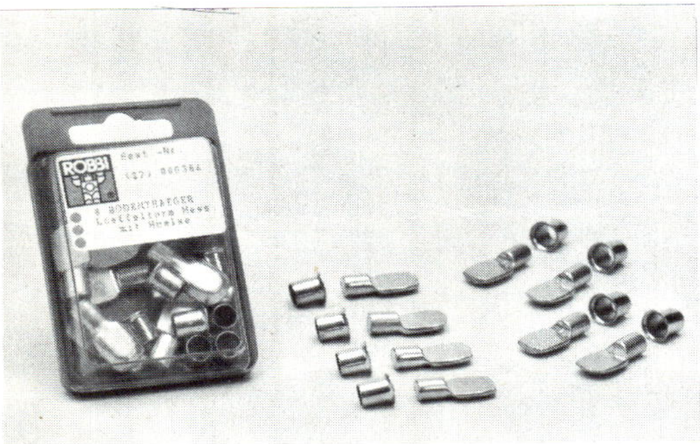

Abb. 93: Der Bodenträger mit Löffelform aus Messing besteht aus dem Träger und der Hülse. Dabei können die Hülsen als Lochleiste gesetzt werden, um ein schnelles Verstellen der Fachböden zu ermöglichen. In solchen Fällen können die Hülsen zwecks besseren Haltes in die Bohrungen mit 2-Komponentenkleber eingeklebt werden. Die Löffelbodenträger sind vermessingt oder vernikkelt zu haben

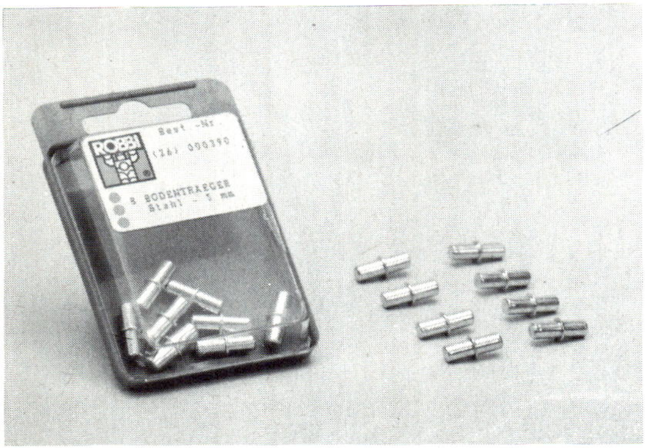

Abb. 94: Der Bodenträger Duplo, der aus Stahl besteht, benötigt zum Einsetzen nur eine 5mm-Bohrung von 8 mm Tiefe

Für den aus Metall bestehenden Bodenträger „Duplo" benötigt man eine Bohrung von 5 mm Ø und 8 mm Tiefe. Die Auflage beträgt ebenfalls 8 mm. Er zeichnet sich durch leichte Verarbeitung aus.

Der Bodenträger „Safety" ist in den Durchmessern von 3-6 mm zu haben, wobei der Kern aus chromatisiertem Stahl besteht, der Körper aus transparentem Kunststoff. Er hat eine hohe Belastbarkeit und läßt sich leicht verarbeiten.

Ein Bodenträger, der sowohl an der Seitenwand als auch am Fachboden befestigt werden kann, ist der Winkelbodenträger zum Anschrauben. Er besteht aus weißem Kunststoff, hat eine Auflagefläche von 10 x 18 mm, benötigt für seinen Zapfen eine Bohrung von 5 mm und kann, wie bereits erwähnt, sowohl mit der Seitenwand als auch mit dem Fachboden durch Schrauben verbunden werden.

Abb. 95: Ein Bodenträger für hohe Belastbarkeit ist der Bodenträger Safety, der mit den Zapfdurchmessern 3 mm, 4 mm, 5 mm und 6 mm zu haben ist. Er besteht aus Kunststoff, in dem ein stahlchromatierter Zapfen sitzt

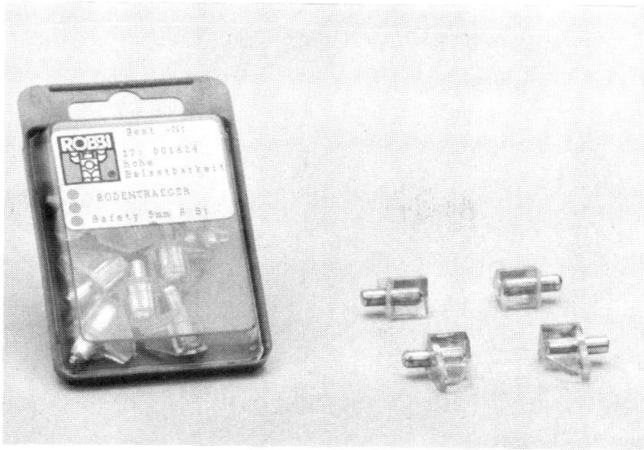

Abb. 96: Der Winkelbodenträger zum Aufschrauben mit Schrauben besteht aus Kunststoff. Sein Zapfen hat einen Durchmesser von 5 mm. Er kann sowohl an der Seitenwand als auch am Fachboden angeschraubt werden

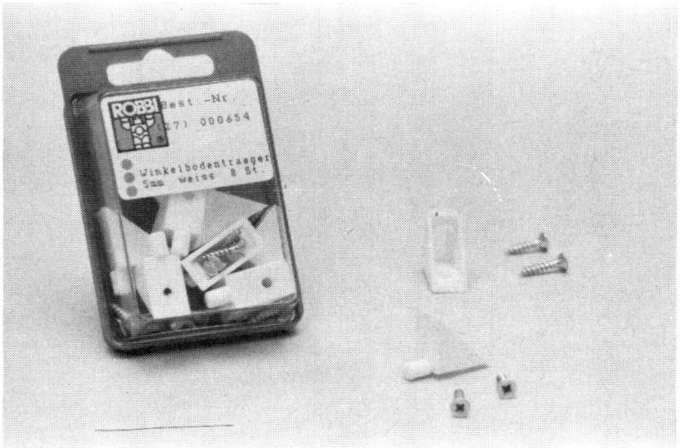

Abb. 97: Der Bodenträger mit Zapfen ist mit den Zapfendurchmessern 5 mm, 6 mm, 7 mm und 8 mm sowie in den Farben Braun und Weiß zu haben

Ein weiterer Bodenträger, der in seiner Funktion in etwa dem Bodenträger „Safety" gleicht, ist der Bodenträger mit Zapfen, der in Braun und Weiß zu haben ist und dessen Zapfen (je nach Belastung der Fachböden) 5-8 mm aufweisen.

Rückwandverbinder

Die Rückwand, ein dem Korpus Stabilität verleihendes Element, wird normalerweise durch Schrauben mit dem Korpus befestigt. Sie liegt in einem Falz, ist 3-5 mm stark und verhindert, daß sich der Korpus verziehen kann.

Nun brauchen aber Rückwände nicht immer durch Schrauben mit dem Korpus verbunden werden, da es die sogenannten Rückwandverbinder gibt, die nach dem Aufstellen des Korpus von vorn angebracht werden können. Die Rückwandverbinder bestehen aus Ganzmetall, werden durch eine 10 mm-Bohrung in der Rückwand von der Schrankseite her eingehängt und mit dem Seitenteil befestigt. Über eine Justierschraube wird die maximal 5 mm starke Rückwand an den Korpus angezogen und fixiert. Zum Eindrehen der selbstschneidenden Fixierschraube ist eine 5 mm-Bohrung im Seitenteil erforderlich.

Jeder, der einmal in die Verlegenheit kommt, Schrankelemente in Nischen aufzustellen, in die der montierte Korpus nicht eingepaßt werden kann, wird diese Rückwandmontage begrüßen. Die Rückwandbeschläge ermöglichen es, daß die Rückwand lose hingestellt werden kann, Seitenteile und Deckel des Korpus durch Schrankbeschläge fixiert werden und anschließend die Rückwand angehoben, eingehängt, angezogen und befestigt werden kann.

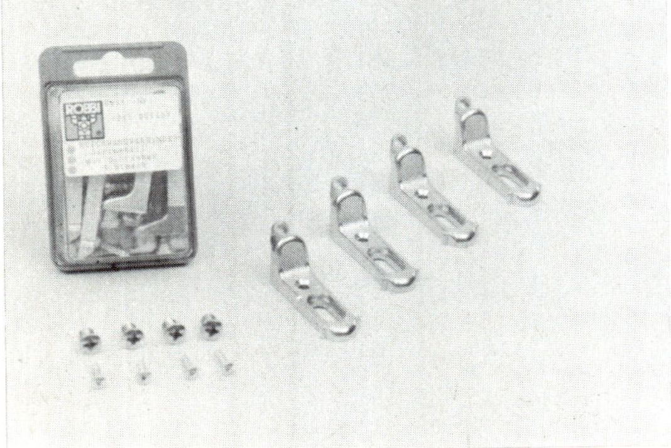

Abb. 98: Ein interessanter Möbelbeschlag ist dieser Rückwandverbinder, der den Einbau von Schränken in Nischen auch dann gestattet, wenn die Schrankelemente in der Nische erst zusammengesetzt werden müssen. Er besteht aus Ganzmetall und wird mit einer Schraube in einer 5 mm-Bohrung gehalten

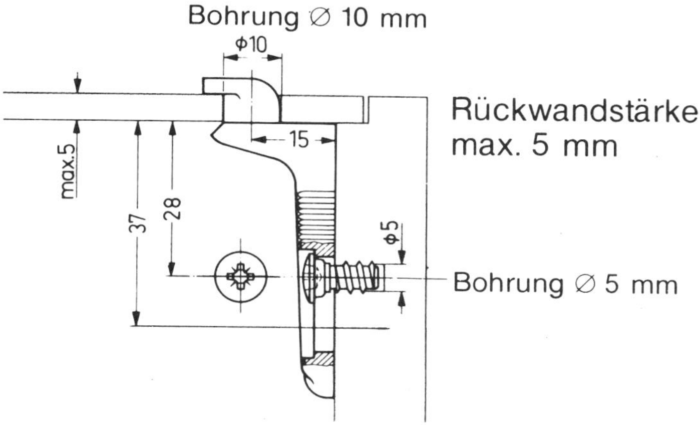

Abb. 99: Montageanleitung für den Rückwandverbinder in Ganzmetall

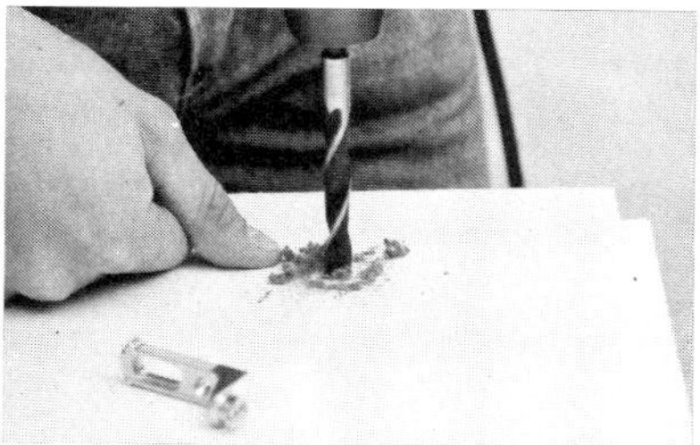

Abb.100: In die Rückwand ist zum Einhängen des Rückwandverbinders eine Bohrung von 10 mm vorzunehmen

Abb.101: In die Seitenwand setzen wir eine Bohrung von 5 mm Durchmesser zur Befestigung des Rückwandverbinders

Abb.102: Der Rückwandverbinder für Rückwände bis 5 mm wird eingehängt und die Rückwand angezogen

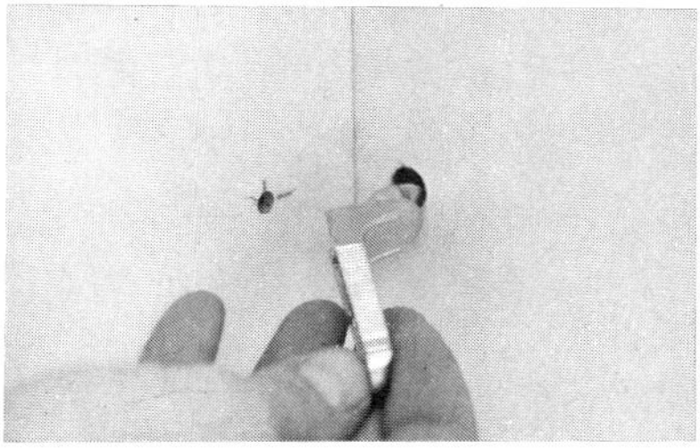

Abb.103: Nach dem Anziehen wird der Verbinder durch die Schraube in der Seitenwand gehalten

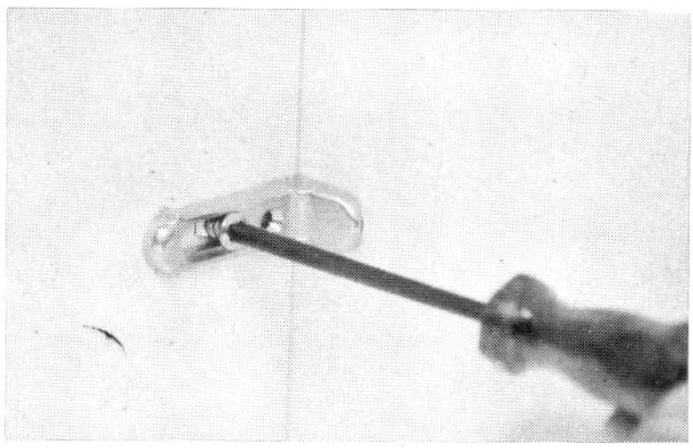

Im Handel erhältliche Beschläge

Artikel	Art	Ausführung	Farbe
Möbel-Verbindungsbeschlag		M 6 x 80 mm	schwarz brüniert
Schrankbeschlag	Trapez	Ganzmetall	vernickelt
Schrankbeschlag	Trapez	Kunststoff	braun
Schrankbeschlag	Trapez	Kunststoff	weiß
Verbindungsbeschlag	Trapez	Kunststoff	braun
Verbindungsbeschlag	Trapez	Kunststoff	weiß
Verbindungsbeschlag	Trapez	Ganzmetall	
Verbindungsbeschlag	Elite 25	mit Kappe	weiß + braun
Verbindungsbeschlag	System 32	Ganzmetall	
Verbindungsbeschlag		116 x 50 mm	schwarz brüniert

Im Handel erhältliche Bodenträger

Artikel	Ausführung	Farbe	Ø mm
Bodenträger	mit Stift	braun	
Bodenträger	mit Stift	weiß	
Bodenträger	mit Zapfen	braun	5
Bodenträger	mit Zapfen	braun	6
Bodenträger	mit Zapfen	weiß	5
Bodenträger	mit Zapfen	weiß	6
Bodenträger	mit Zapfen	weiß	7
Bodenträger	mit Zapfen	weiß	8
Bodenträger	Safety		3
Bodenträger	Safety		4
Bodenträger	Safety		5
Bodenträger	Safety		6
Bodenträger		verzinkt	5
Löffelbodenträger	mit Hülse	vermessingt	8
Löffelbodenträger	mit Hülse	vernickelt	8
Winkelbodenträger	mit Schrauben	weiß	5

Ein total zerlegbarer Wandschrank

Beschläge richtig eingesetzt, ermöglichen es, Möbelstücke, wie z.B. den hier gezeigten Wandschrank, so zu konstruieren, daß sie völlig zerlegbar sind. Das bringt den Vorteil mit sich, daß Möbelteile nicht nach Kubikmetern transportiert zu werden brauchen, sondern nur Bretter zu bewegen sind, die an Ort und Stelle montiert werden können. Die hier vorgestellte Schrankwand, die aus einem Unter- und aus einem Oberteil besteht, wurde so konstruiert, daß alle Eckverbindungen wie auch Böden durch den Verbindungsbeschlag Elite 25 zusammengehalten werden, die dem Ganzen eine äußerst hohe Stabilität verleihen. Für diesen Schrank gelangten folgende Materialien zum Einsatz:

Unterschrank: 38 Elite 25, 6 Schiebetürbeschläge für untenlaufende Türen mit einer Belastbarkeit bis 12 kg/Tür mit Laufschiene, 3 Griffmuscheln, 2 Griffe, 3 Paar Schubkastenführungen (Kugelvollauszüge) belastbar bis 40 kg, 2 Schubkastenführungen (Kugelauszug für 17 mm Nut), Rückwandschrauben

Oberschrank: 32 Elite 25, 13 Federscharniere Ganzmetall, 2 Klappenstützen Ganzmetall mit Teleskoparm, 2 Griffe, 2 Riegel, 2 Aufschraubschlösser, Rückwandschrauben

Obwohl im Beschlagsangebot viele Beschläge die gleiche Aufgabe erfüllen können, ist es bei der Konzeption eines Möbelstückes immer ratsam, so wenig wie möglich unterschiedliche Beschläge zu verwenden, da man sich so den Einbau der Beschläge erleichtern kann. Für die erforderlichen Bohrungen lassen sich so nämlich lohnend Schablonen anfertigen, nach denen die Bohrungen exakt vorgenommen werden können. Das erleichtert die Einbauarbeiten der Beschläge wesentlich und spart weiterhin viel Zeit. So gilt es also bei allen Konstruktionen immer zu überlegen, welchen Zwecken das Möbelstück dienen soll, welche Möglichkeiten des Anbringens von Beschlägen uns technisch gegeben sind (Heimwerker sind ja keine Industrieunternehmen) und wie mit geringstem Aufwand größtmöglicher Erfolg erzielt werden kann. Nach diesen Überlegungen kann man die Artikel aus dem reichhaltigen Angebot an Beschlägen wählen.

Wichtig beim Einsatz aller Möbelbeschläge ist, daß sie nach dem Zuschneiden und Vorbereiten des Holzes maßgenau angebracht werden. Danach ist das Möbelstück probeweise zusammenzubauen, um zu kontrollieren, ob alles seine Richtigkeit hat. Hat man das festgestellt und wurden erforderliche Korrekturen ausgeführt, sind alle Beschläge wieder abzumontieren. Nun kann die Oberflächenbehandlung des Holzes erfolgen. Ist der

Abb. 104: Unsere Schrankwand im fertigen Zustand

Abb. 105: Hier erkennen wir die verwendeten Beschläge bei der Fertigung dieses Möbelstücks

Lack trocken, werden die Bretter zum Montageort gebracht, und dort erst werden die Beschläge an den fixierten Stellen montiert. So vermeidet man, daß auf dem Transport die Holzoberflächen durch die Beschläge zerkratzt und anders beschädigt werden können.

Etwas abartig verwendet wurde der Verbindungsbeschlag Elite 25 beim Anbringen der Griffe an der Auszugsplatte. Hier wurden, wie bei der Eckverbindung, die Bohrungen vorgenommen, die Schrauben in die Griffe gedreht und dabei wie die Dübel des Verbindungsbeschlages eingesetzt.

An den oberen Klappen des Schrankes wurden statt der Klappenscharniere Topfscharniere Ganzmetall mit Feder verwendet, wodurch auf Magnetverschlüsse zum Zuhalten der Klappen verzichtet werden konnte.

Da aus Stabilitätsgründen die Schrankböden mittels Elite 25 mit den Seitenwänden verbunden sind, kamen auch keine Bodenträger zum Einsatz. Hier wurde zugunsten der Stabilität des Schrankes auf die Höhenverstellbarkeit der Böden verzichtet.

Abb. 106: Im Unterschrank war ein Tresor einzubauen, der eine zusätzliche Verstärkung im Holz benötigte. Auch diese Verstärkung wird mit den Beschlägen Elite 25 an Trenn- und Seitenwand befestigt

Abb. 107: Wurden vor dem Lackieren alle Möbelbeschläge montiert, ist das Anbringen der Beschläge nach der Oberflächenbehandlung durch die fixierten Punkte einfach. Die Einleimmuffen wurden vor dem Lackieren selbstverständlich nicht entfernt, so daß jetzt nur noch die Dübel einzuschrauben sind

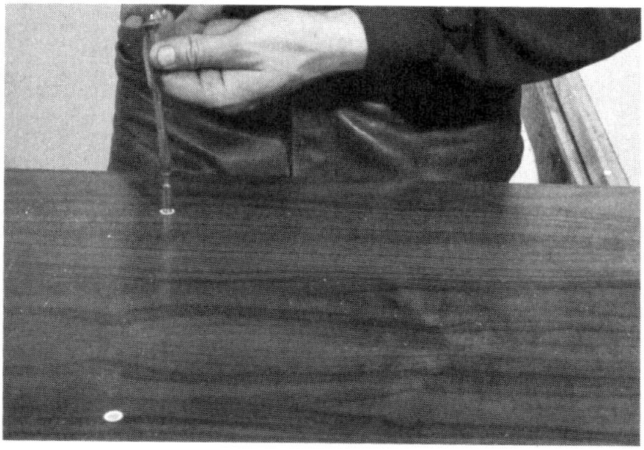

Abb. 108: Auch die Beschläge werden jetzt alle eingesetzt, wobei zu beachten ist, daß der Pfeil auf dem Beschlagsteil in Richtung Bohrung für den Dübel zeigt

Abb. 109: Nun beginnt der Zusammenbau, der einem Steckspiel gleichkommt

Abb. 110: Für die Aufnahme eines Schranktresors wurden ebenfalis mittels Elite 25 Verstärkungen in den Schrank eingebaut

Abb. 111: Das Steckspiel ist fortgeschritten und bis auf eine Seitenwand ist alles montiert

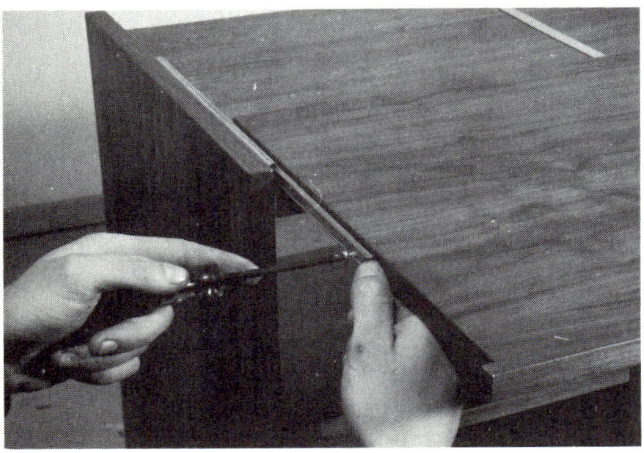

Abb. 112: Für die ausziehbare Platte werden im Unterschrank die Schubkastenführungen „Kugelauszug für 17 mm Nut" angebracht

Abb. 113: Für die Griffe, die an den Auszug anzubringen waren, wurden die Elite-Beschläge zweckentfremdet

Abb. 114: Die Schubkastenführungen „Kugelvollauszug belastbar bis 40 kg" werden montiert

Nach verwendeter Holzart kann auf diese Weise jede Schrankart gefertigt werden, gleichgültig ob es sich um Küchenschränke oder Wohnzimmerschränke handelt. Die Beschläge entlasten den Heimwerker in puncto Verleimung von Spannarbeiten, für die der Heimwerker nur in den seltensten Fällen die richtigen Werkzeuge besitzt.

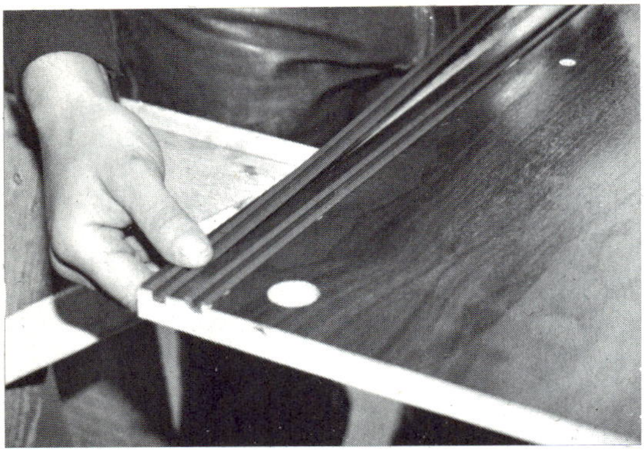

Abb. 115: Vor der Montage des Schrankes werden die Lauf- und Führungsprofile in den Boden und das Oberteil des Unterschrankes eingesetzt. Dazu wurden mit einer Oberfräse Nuten von 7,5 x 5,5 mm gefräst. Der Profilrand der Lauf- und Führungsprofile muß plan auf dem Unterboden aufliegen

Abb. 116: Nach vollzogenem Probeanschlag vor dem Lackieren können jetzt die Ganzmetallscharniere (vor der Montage der Schrankwand) schnell und paßgenau anbracht werden

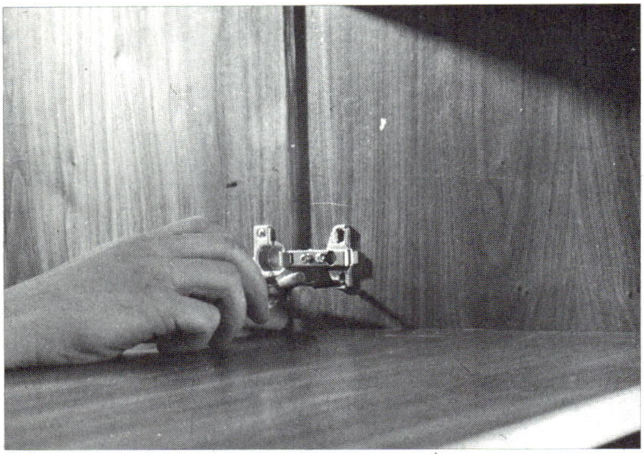

Abb. 117: Das Aufschrauben der Kreuzmontageplatte an die Seitenwand und damit das Anbringen der Tür an den Korpus ist durch die Vormontage ebenfalls erleichtert worden

Abb.118: An die linke Tür wird ein Riegel angebracht, der ebenfalls vor dem Lackieren montiert war

Abb119: Das Schließblech für den Riegel muß genau sitzen, doch läßt sich ein lockerer oder zu strammer Sitz durch leichtes Biegen schnell korrigieren

Abb.120: An die Seitenwand der Schließtür wird das Schließblech für das Schloß montiert

Abb.121: Die Bohrung für den Schlüssel war bereits vorgenommen, so daß jetzt keine Bohrarbeiten mehr erforderlich sind

Abb.122: Das Schloß wird an seine bereits fixierte Stelle montiert

Abb.123: Die Griffe an den Klappen des Schrankes werden nach bereits ausgeführten Bohrungen von der Rückseite befestigt

Abb. 124: An die Klappe kann jetzt auch die Bremsklappenstütze montiert werden

Abb. 125: Mit einem Federscharnier werden Klappe und Korpus verbunden

Abb. 126: Nun wird das Gegenstück der Bremsklappenstütze am Korpus angeschraubt

Abb. 127: Auf die Schubkästen werden die flachen Messinggriffe aufgeschraubt, die die Schiebetüren beim Schließen nicht behindern

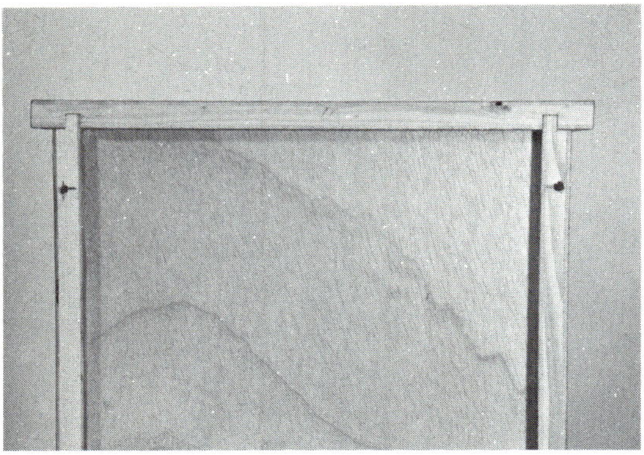

Abb. 128: Um den Schubkasten in den Kugelvollauszug einzusetzen, sind an der Unterseite zwei Bohrungen erforderlich

Abb. 129: Ebenfalls am unteren Teil der Rückseite greift auf jeder Seite ein Haken des Kugelvollauszuges in eine Bohrung, wodurch der Schubkasten einen sicheren Halt bekommt

Abb. 130: Der Schubkasten ist in den Kugelvollauszug eingesetzt

Abb. 131: In den Schiebetüren befinden sich die Schiebetürbeschläge Belastbarkeit für 12 kg/Tür. Das hier zu sehende Laufteil ist höhenverstellbar +/– 1 mm

Abb. 132: Das Führungsteil besitzt einen federnden Riegel und kann so leicht in das oben laufende Führungsprofil eingehängt werden. Sowohl Lauf- als auch Führungsteil werden in eine Topfbohrung eingedrückt

Beschläge zum Öffnen und Schließen

Nachdem wir uns mit den technischen Beschlägen für den konstruktiven Zusammenbau von Möbeln befasst haben, möchten wir zu den Beschlägen zum Öffnen und Schließen übergehen. Die Vielfalt der Beschläge ist sehr groß, da vom altbekannten Stangenscharnier bis zum Spezialscharnier alles vertreten ist.

Bei den Beschlägen für Drehtüren unterscheiden wir zwischen Fitschen, Bändern und Scharnieren. Bei den Fitschen handelt es sich um sogenannte Einstemmbänder, die mit Einstemmlappen versehen sind und die in die Korpus- oder Türkante einzustemmen sind. Die eingestemmten Lappen werden mit Schrauben befestigt. Fitschen sind aushängbar. Da Fitschen nur bei überfälzten Türen eingesetzt werden können, sind sie heute im Möbelbau nur noch selten zu finden.

Eine große Gruppe unter den drehbaren Beschlägen bilden die Bänder, die in der Regel aus dem Stiftlappen, also dem Korpusteil und dem Lochlappen, dem Türteil bestehen. Die Lappen können dabei gerade oder gekröpft sein, wobei zwischen den Kröpfungen A, B und D unterschieden wird.

Das Typische aller Bänder ist, daß die Türteile nach der Montage ein- und ausgehängt werden können. Das gilt auch für Einbohrbänder, die statt der Anschraublappen Zapfen haben. Mit Hilfe einer Einbohrlehre lassen sich die Löcher für die Zapfen leicht und exakt einbohren.

Scharniere unterscheiden sich von den Bändern grundsätzlich dadurch, daß sich die Türelemente nicht aushängen lassen. Das gilt sowohl für die Stangenscharniere als auch für alle Spezialscharniere, von denen die Topfscharniere am häufigsten eingesetzt werden. So haben die Stangenscharniere ein mehrgliedriges Gewerbe. Diese Lappen sind in der Regel gerade. Die Scharniere werden über die ganze Türkante befestigt.

Stangenscharniere werden für einschlagende Türen verwendet, jedoch nur dann, wenn ihre sichtbare Kante nicht störend wirkt. Wäre das der Fall, verwendet man Topfscharniere mit stark gekröpftem Montagearm.

Topfscharniere

Beim heutigen Möbelbau in der Plattenbauweise werden Türen am häufigsten stumpf aufschlagend, oder auch anders bezeichnet, vorliegend, montiert. Dabei sind es die Topfscharniere, die einen unsichtbaren Anschlag bei der stumpf aufschlagenden Tür ermöglichen, was sie im Möbelbau einen kleinen Siegeszug antreten ließ. Ihre relativ unkomplizierte Anbringung an Tür- und Seitenteil sowie das spätere leichte Einhängen der Türen haben ihr Zusätzliches an Beliebtheit gebracht.

Wenn wir von Topfscharnieren reden, hat das nichts damit zu tun, daß sie am häufigsten bei Küchenmöbeln eingesetzt werden, sondern weil einer ihrer wichtigsten Bestandteile der Scharniertopf ist, in den der Gelenkhebel beim Schließen der Tür einschwenken kann. Ein Topfscharnier besteht nämlich aus dem Scharnierarm, oft auch Montagearm genannt, dem Scharniertopf, dem Gelenkhebel, den Topfbefestigungsschrauben, der Scharnierarm-Befestigungsschraube, der Stellschraube sowie der Montageplatte. Dabei sind außer der Montageplatte und den Schrauben alle anderen erwähnten Teile eine Einheit, wodurch das Anbringen dieser Möbelscharniere so einfach wird. Der Topf der Möbelscharniere wird in zwei Durchmessern angeboten, und zwar mit 26 mm und 35 mm. Daß die Durchmesser etwas mit der Stabilität der Scharniere zu tun haben, dürfte selbstverständlich sein, weshalb man für leichtere Türen die 26er Töpfe und für schwerere Türen die 35er Töpfe verwenden sollte.

Ein wichtiger Faktor an den Topfscharnieren ist das sogenannte „Schlüsselloch" im Scharnierarm, wodurch das spätere Anbringen der Türen an den Korpus in der Hinsicht erleichtert wird, daß der Scharnierarm mit der

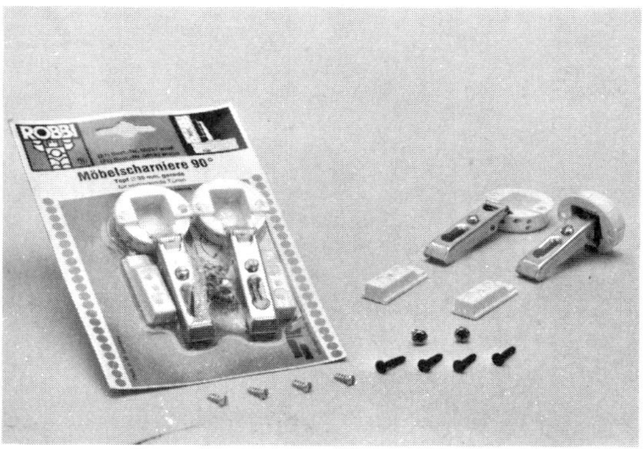

Abb. 133: Topfscharniere mit Ganzmetall-Kreuzmontageplatte für vorliegende Türen. Die Kreuzmontageplatte gewährleistet eine höhere Stabilität, was berücksichtigt werden sollte, wenn schwere Türen verwendet werden

Schlüssellochausnehmung über die vormontierte Befestigungsschraube gesteckt, nach hinten geschoben und festgeschraubt wird. Damit wird das Einhängen der Türen wesentlich erleichtert und die Montagezeit verkürzt.

Aber nicht nur der Durchmesser des Topfes ist ausschlaggebend beim Anbringen der Türen, sondern auch die Türhöhen erfordern Überlegungen, wieviele Scharniere an eine Tür angebracht werden sollen. Das hier gezeigte Schaubild kann natürlich nur Anhaltspunkte bieten, da Türgewicht, Türbreite, Materialqualität, Scharniertopf-Befestigung und Montageplatten-Befestigung entscheidende Faktoren für die Anzahl der Scharniere je Tür sind. Und da diese entscheidenden Faktoren in der Praxis von Fall zu Fall sehr unterschiedlich sind, sollte man im Zweifelsfall einen Probeanschlag

Abb. 134: Hier haben wir das Ganzmetallscharnier 90° für vorliegende Türen mit höhenverstellbarer Kreuzmontageplatte. Es ist für Türstärken von 16-28 mm geeignet, gleichgültig ob Massivholz, Spanplatten oder Tischlerplatten zum Einsatz gelangen

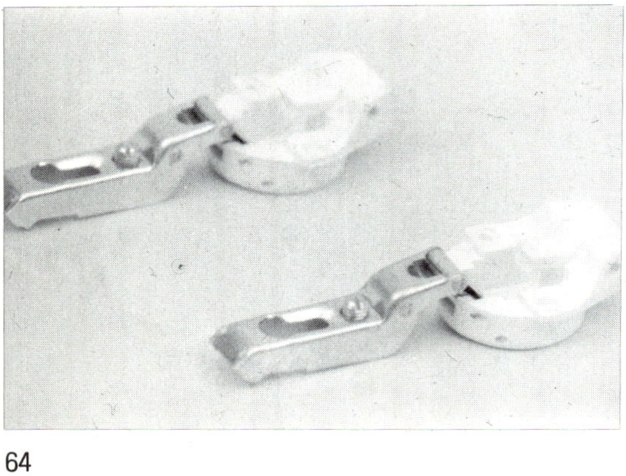

Abb. 135: Für den Mittelwandanschlag und für innenliegende Türen sind gekröpfte Möbelscharniere zu verwenden. Hier haben wir das Möbelscharnier 90° gekröpft 8 mm

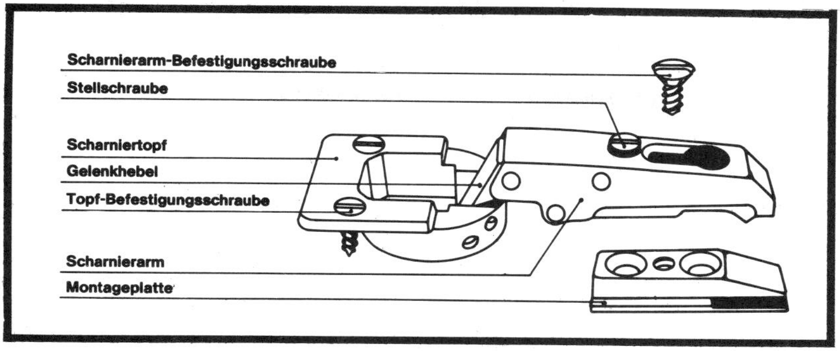

Abb. 136: Aus dieser Zeichnung erkennen wir, aus welchen Teilen ein Topfscharnier besteht. Unterschiedliche Ausführungen sind möglich

ausführen. Dabei ist zu bedenken, daß der Scharnierabstand aus Stabilitätsgründen so groß wie möglich festzulegen ist.

Beim Anbringen der Topfscharniere wird grundsätzlich der Topf in die Türinnenseite eingebohrt und zusätzlich durch die Topfbefestigungsschrauben fixiert. Für die Befestigung des Scharnierarms am Seiten- oder Korpusteil ist die Montageplatte anzubringen, auf die dann der Scharnierarm aufgeschraubt wird.

Sprachen wir eben von den unterschiedlichen Durchmessern der Töpfe, so gibt es bei den Topfscharnieren die Unterscheidung zwischen den normalen Möbelscharnieren mit 26 oder 35 mm Durchmesser sowie den Ganzmetall-Scharnieren mit 26 und 35 mm Topfdurchmesser. Der Unterschied zu den normalen Möbelscharnieren mit 26 und 35 mm Durchmesser ist

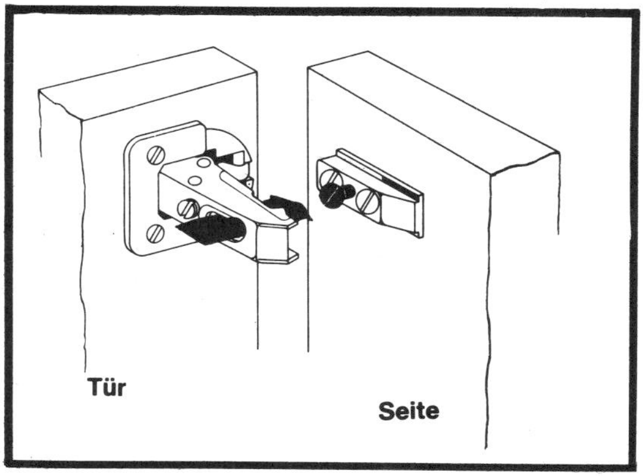

Abb. 137: Hier erkennen wir, wie der Scharniertopf mit Scharnierarm an der Tür und die Montageplatte an der Seite anzubringen sind

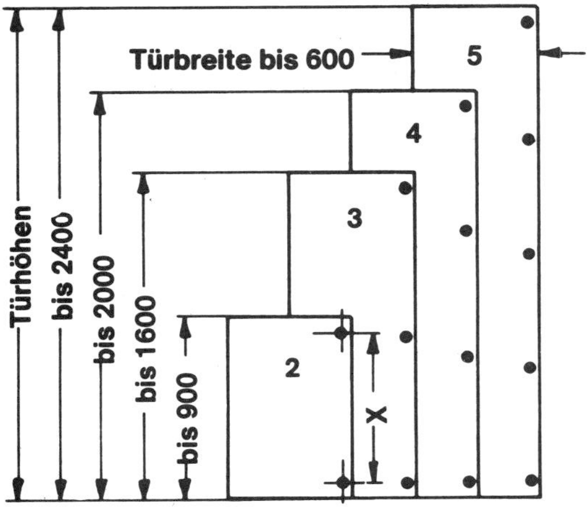

Abb. 138: Die Scharnieranzahl je Tür richtet sich nach Türgewicht, Türbreite und Materialqualität. Danach ist zu entscheiden, wieviel Scharniere in welcher Ausführung zum Einsatz gelangen

x = Scharnierabstand
(Richtwerte für 19 mm starke Spanplatten)

der, daß die normalen Möbelscharniere einen Topf aus Kunststoff haben. Beiden Scharnierarten ist eigen, daß sie einen Öffnungswinkel von 90° haben, d.h., daß die Tür ganz aufgeschlagen parallel mit der Seiten- oder Mittelwand verläuft. Wer ein Aufschlagen der Türen von 160-180° haben möchte, muß auf sogenannte Weitwinkelscharniere zurückgreifen, die in der Montage genauso einfach zu verarbeiten sind und die sowohl für die vorliegenden Türen als auch für den Mittelwandanschlag zu haben sind.

Mit dem Begriff „Mittelwandanschlag" haben wir ein weiteres Unterscheidungsmerkmal bei den Topfscharnieren, worauf beim Kauf der Topfscharniere und deren Einsatz unbedingt zu achten ist. Für vorliegende Türen brauchen sowohl die normalen als auch die Ganzmetallscharniere nicht gekröpft zu sein. Scharniere für den Mittelwandanschlag dagegen benötigen eine Kröpfung von 8 mm. Möchte man seine Türen innenliegend haben, benötigt man Scharniere mit einer Kröpfung von 16 mm. Merkmale, auf die beim Kauf und bei der Planung unbedingt zu achten ist.

Ein weiteres technisches Detail bei den Topfscharnieren ist die Höhenverstellbarkeit, die bei verschiedenen Scharnieren automatisch gegeben ist, bei anderen jedoch durch den Erwerb sogenannter Kreuzmontageplatten in Ganzmetall für Topfscharniere mit Topfdurchmesser 26 und

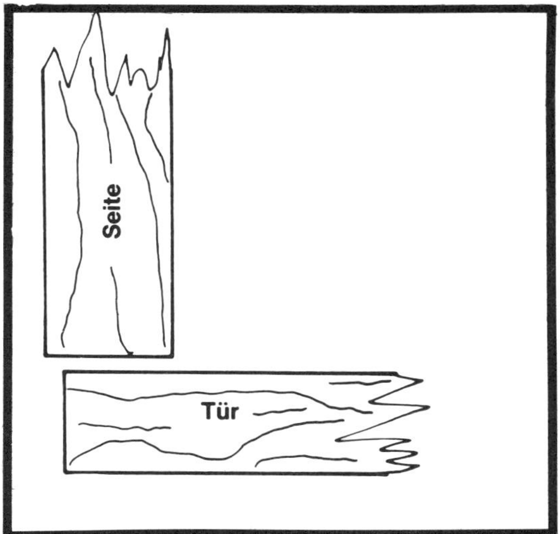

Abb. 139: So steht die Tür beim Seitenwandanschlag mit vorliegender Tür

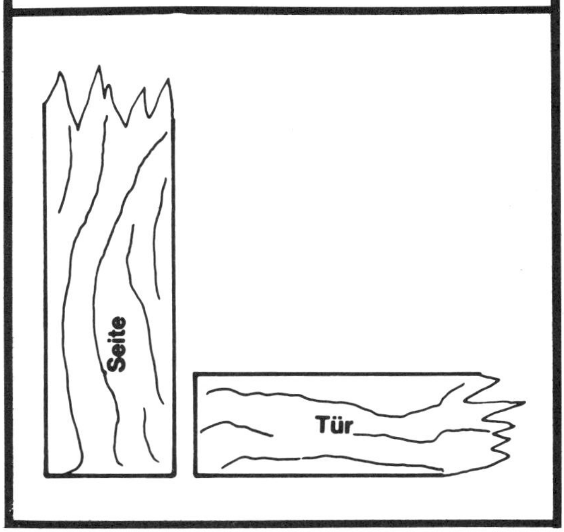

Abb. 140: Diese Zeichnung zeigt den Seitenwandanschlag mit innenliegender Tür

35 plus dem erforderlichen Zubehör zu haben sind. Diese Höhenverstellbarkeit kann bei der Montage das Ausfluchten der Türen erleichtern. Außenaufschlagende Türen sind nämlich die Sichtseite der Möbelfront, so daß es wichtig ist, sie sowohl vertikal als auch horizontal mit der nebenstehenden Tür ausrichten zu können.

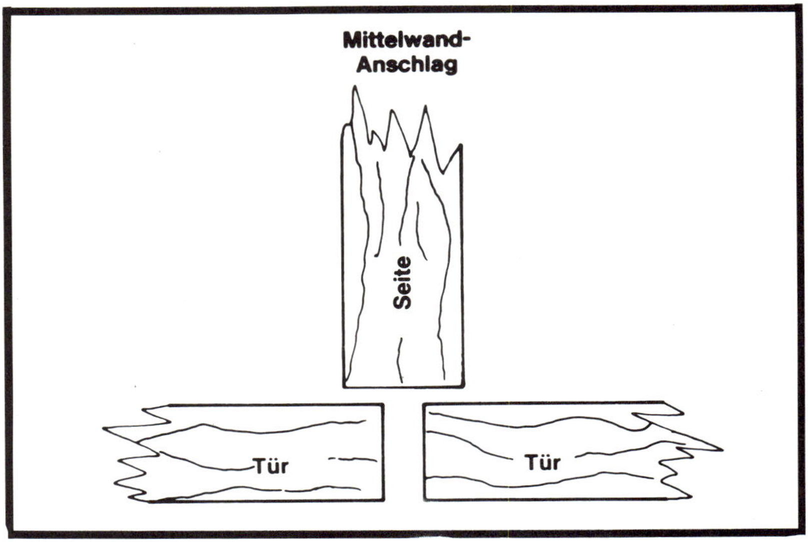

Abb. 141: Aus dieser Zeichnung erkennen wir, daß beim Mittelwandanschlag unbedingt gekröpfte Scharniere verwendet werden müssen, da es sonst unmöglich wäre, beide Türen gleichzeitig zu öffnen

Als letztes technisches Detail innerhalb der Topfscharniere soll auf die Federscharniere hingewiesen werden, die im Gegensatz zu den normalen Topfscharnieren eine Feder im Gelenk haben, die sowohl beim Öffnen als auch Schließen der Tür mit leichtem Zug oder Druck überwunden werden muß. Dadurch kann eine Tür weder allein auf- noch zugehen. Sie haben weiterhin den Vorteil, daß auf Magnet- oder Kugelschnäpper verzichtet werden kann, da die Türen im geschlossenen Zustand nicht aufgehen können. Die Federscharniere sind mit allen eben erwähnten technischen Details zu haben.

In unseren Abbildungen zeigen wir in einer Schritt-für-Schritt-Anleitung den Einbau, d.h. die Montage der Topfscharniere. Wir können jedoch aus Umfanggründen nur den grundsätzlichen Weg beschreiben, weshalb beim Anschlagen von Topfscharnieren die Anschlagsanleitung vor dem Fertigen des Möbels genau beachtet werden muß und, wie bereits erwähnt, oft ein Probeanschlag durchgeführt werden sollte. Anreißschablonen liegen jeder Packung bei und sollten unbedingt zur Anwendung gelangen. Das genaue Anreißen der Maße ist für einen exakten Sitz des Scharniers unerläßlich.

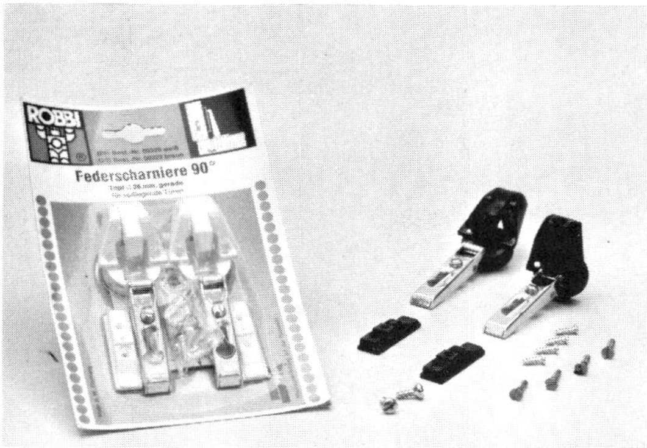

Abb. 142: Wie auch bei den Möbelscharnieren gibt es Federscharniere 90° gerade für vorliegende Türen je nach verwendetem Holzfarbton in den Ausführungen Weiß und Braun

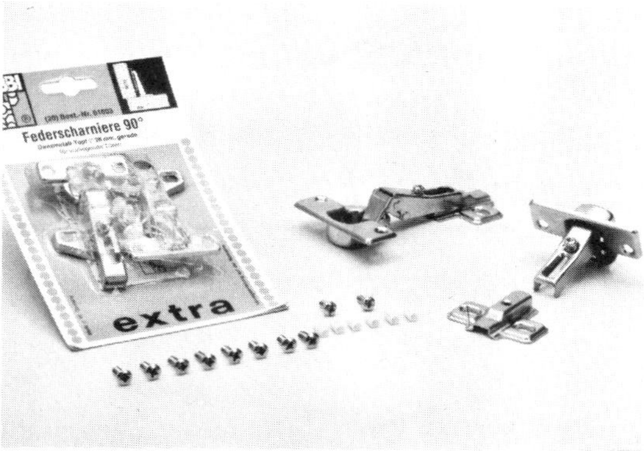

Abb. 143: Dieses Federscharnier 90° gerade für vorliegende Türen, Topfdurchmesser 26 mm, ist in Ganzmetall ausgeführt und besitzt auch eine Ganzmetall-Kreuzmontageplatte

Abb. 144: Für innenliegende Türen und für den Mittelwandanschlag müssen gekröpfte Scharniere verwendet werden, wobei auf den Grad der Kröpfung (für Mittelwandanschlag 8 mm, für innenliegende Türen 16 mm) geachtet werden muß

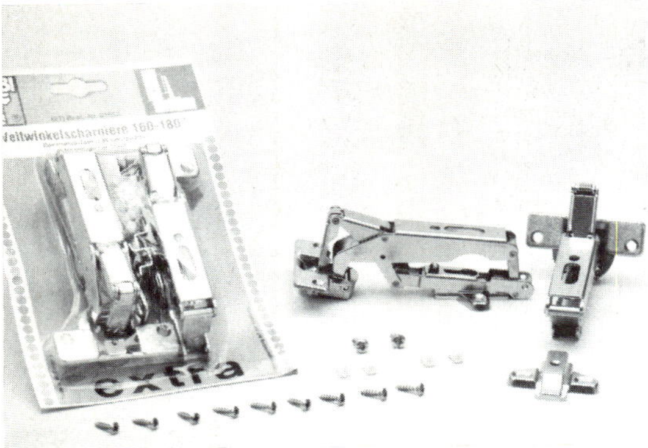

Abb. 145: Wer wünscht, daß seine Türen nicht 90°, sondern 160-180° aufschlagen, muß die hier gezeigten Weitwinkelscharniere verwenden, die es mit höhenverstellbarer Kreuzmontageplatte sowohl für vorliegende Türen als auch für den Mittelwandanschlag gibt

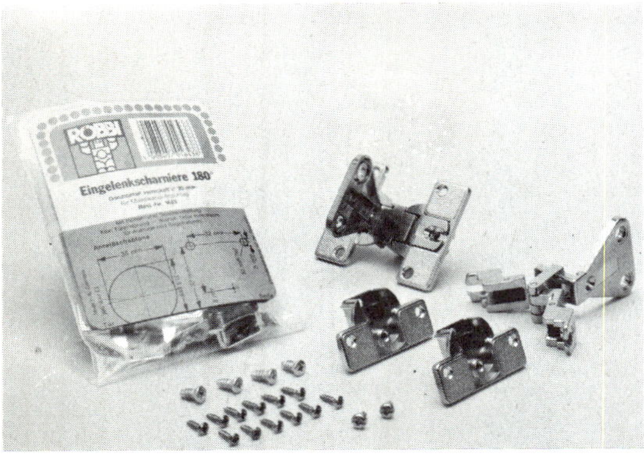

Abb. 146: Eine Sonderstellung unter den Scharnieren nimmt Eingelenkscharnier 180° in Ganzmetall vernickelt ein. Es wird für den Mittelwandanschlag eingesetzt und vermeidet den Türeinsprung, weshalb ein freier Innenraum gegeben ist, was besonders bei Auszügen und Registraturen wichtig ist. Die Scharniere haben sowohl eine Höhen- als auch eine Seitenverstellung

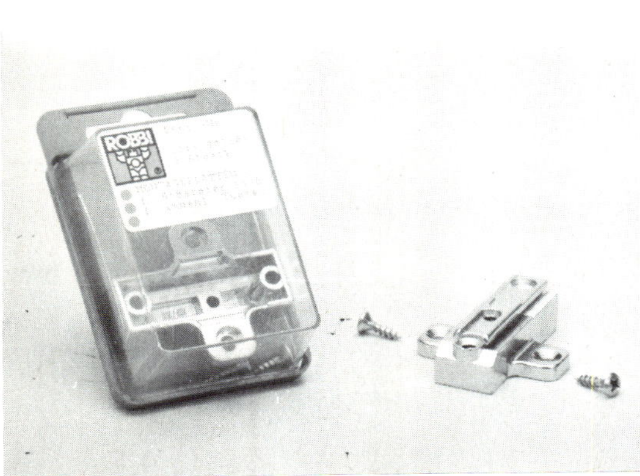

Abb. 147: Wer das Ganzmetall-Federscharnier 110° für vorliegende Türen auch für innenliegende Türen verwenden möchte, muß diese hier gezeigte Montageplatte für innenliegende Türen verwenden

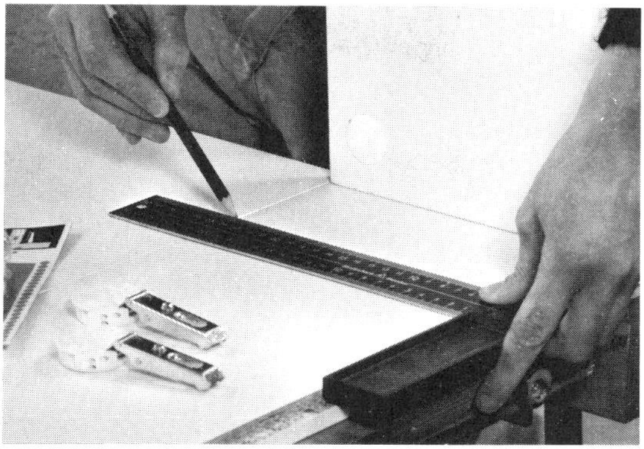

Abb. 148: Das Anbringen von Topfscharnieren ist auch möglich, wenn der Rahmen eines Schrankes bereits montiert ist, da auf das Seitenteil immer die Montageplatte angebracht wird. Nach dem genauen Anlegen der Tür an den Schrankrahmen wird mit einem Winkel die Stelle für das Anbringen markiert

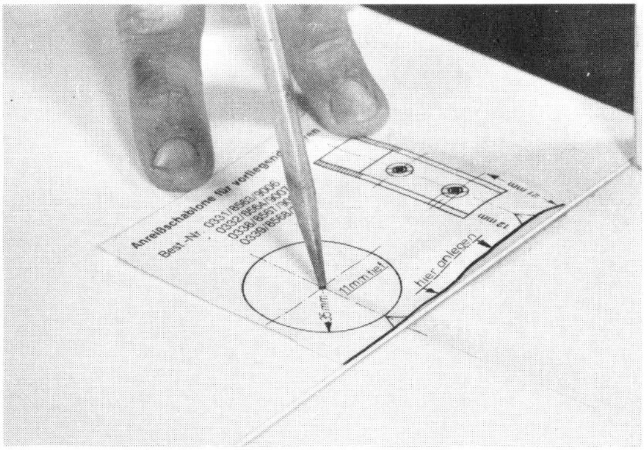

Abb. 149: Die den Robbi-Scharnieren beiliegenden Anreißschablonen erleichtern die Montage wesentlich. Hier wird an der Tür der Bohreransatz für die Topfbohrung markiert

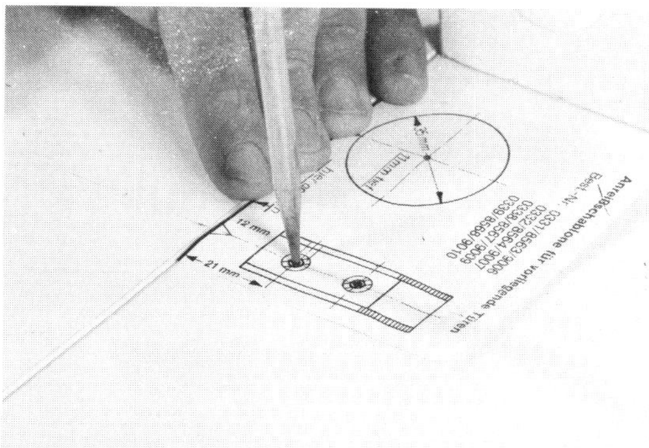

Abb. 150: Mittels der Schablone, genau an der angezeichneten Linie angelegt, werden die Bohrungen für die Montageplatte fixiert. Die Anreißschablonen vermeiden sehr viel Meßarbeit und die sich dabei einschleichenden Fehler

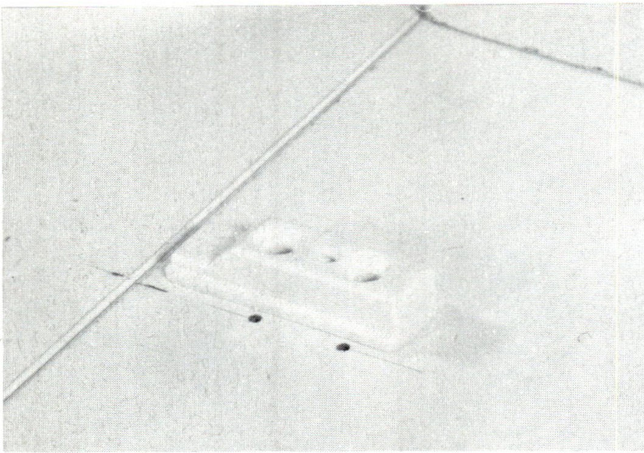

Abb. 151: Die Montageplatte neben den mittels der Anreißschablone fixierten Bohrlöchern

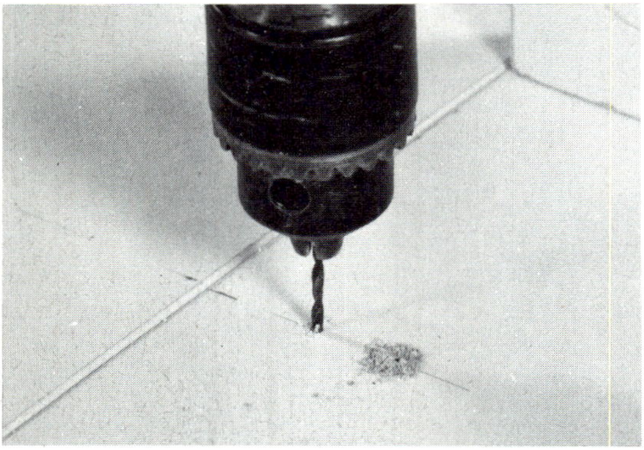

Abb. 152: Mit einem 4mm-Bohrer sollten die Schraublöcher immer leicht vorgebohrt werden

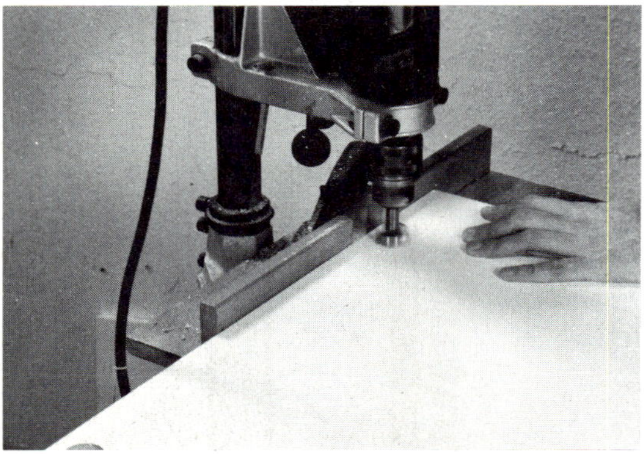

Abb. 153: Topfbohrungen sind stets auf dem Bohrständer auszuführen, um zu verhindern, daß die Bohrung durch Verkanten des Bohrers unsauber wird. Eine unsaubere Bohrung würde den festen Sitz des Topfes im Holz negativ beeinträchtigen

Abb. 154: Wichtig beim Setzen der Topfbohrungen ist, daß mit einem genauen Tiefenanschlag gearbeitet wird, um das Material nicht unnötig durch zu tiefe Bohrungen zu schwächen

Abb. 155: Ist die Topfbohrung sauber ausgeführt, sitzt der Scharniertopf stramm in der Bohrung, was einen haltbaren und festen Sitz des Topfscharniers garantiert

Abb. 156: Nun wird nach genauem Ausrichten des Scharnierarms der Topf mit zwei Schrauben gehalten

Abb. 157: Haben die Topfscharniere ihren Platz gefunden, werden die Montageplatten mit zwei Holzschrauben im Seitenteil befestigt

Abb. 158: Mit der Scharnierarm-Befestigungsschraube werden Scharnierarm und Montageplatte verbunden. Die im Vordergrund zu sehende Schraube ist die Stellschraube zum genauen Justieren der Tür

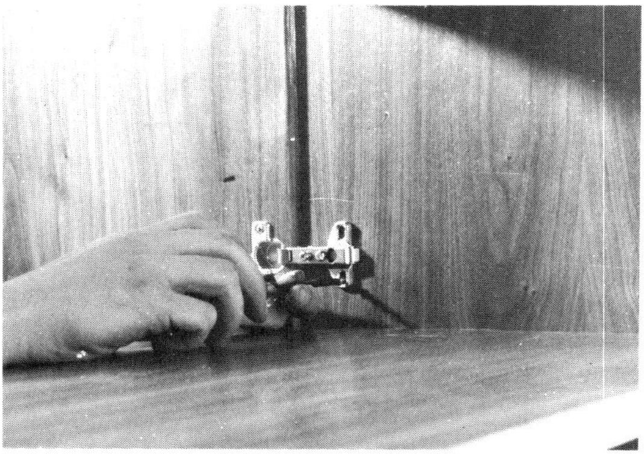

Abb. 159: Der Unterschied zwischen der normalen Montageplatte und der Kreuzplatte besteht nur in den weiter auseinanderliegenden Befestigungsschrauben am Seitenteil, wodurch eine höhere Stabilität gewährleistet ist

Im Handel erhältliche Topfscharniere

Artikel-Bezeichnung	Grad	Ø mm	Art	Ausführung	Anwendung
Federscharnier		35		Ganzmetall	für vorliegende Tür
Federscharnier	90	26		braun	für vorliegende Tür
Federscharnier	90	26		weiß	für vorliegende Tür
Federscharnier	90	26	gekröpft 16 mm	vernickelt	
Federscharnier	90	26	gekröpft 8 mm	vernickelt	
Federscharnier	90	26	gerade	vernickelt	
Federscharnier	90	35		braun	für vorliegende Tür
Federscharnier	90	35		weiß	für vorliegende Tür
Federscharnier	90	35	gekröpft 10 mm	vernickelt	
Federscharnier	90	35	gekröpft 10 mm	weiß	für Mittelwand
Federscharnier	90	35	gekröpft 16 mm	vernickelt	
Federscharnier	90	35	gekröpft 16 mm	weiß	für innenliegende Tür
Federscharnier	90	35	gerade	vernickelt	
Klappenscharnier		30		weiß-vernickelt	nicht aushängbar
Klappenscharnier		35		Ganzmetall	aushängbar
Möbelscharnier	90	26		braun	für vorliegende Tür
Möbelscharnier	90	26		weiß	für vorliegende Tür
Möbelscharnier	90	26	gerade	vernickelt	
Möbelscharnier	90	35		braun	für vorliegende Tür
Möbelscharnier	90	35		weiß	für vorliegende Tür
Möbelscharnier	90	35	gerade	vernickelt	
Weitwinkelscharnier		35	gerade	vernickelt	

Klappenscharniere

Klappenscharniere werden in den Ausführungen Ganzmetall aushängbar mit einem Topfdurchmesser von 35 mm und Weiß/vernickelt mit einem Topfdurchmesser von 30 mm angeboten. Nach einer genauen Bohrschablone werden sowohl im Boden- als auch Klappenteil mit dem entsprechenden Scharnierlochbohrer exakte Bohrungen ausgeführt und die Klappenscharniere eingesetzt. Bei diesen Scharnieren handelt es sich ebenfalls um von außen unsichtbare Scharniere für stumpf aufschlagende Klappen.

Ein Klappenscharnier, das besonders gern bei schwereren Klappen angewendet wird, ist das Klappenscharnier mit Feder. Dieses Scharnier hat den Vorteil, daß auf Klappenstützen und ähnliches verzichtet werden kann, da die im Scharnier vorhandene Feder die Klappe sowohl im geschlossenen als auch geöffneten Zustand festhält. Das Scharnier ist einfach zu montieren, da es nur an Korpusteil und Klappe geschraubt wird. Die Wirkung und Arbeitsweise dieses Scharniers ist eine andere als bei den eben beschriebenen Klappenscharnieren, da sich die Klappe beim Öffnen und Schließen wie in einem Freiraum bewegt, jedoch im geschlossenen Zustand fest am Korpus anliegt. Beim Anschlagen dieses Scharniers ist darauf zu achten, daß es sich um ein rechtes und ein linkes Klappenscharnier handelt. Eine weitere Bezeichnung für das Klappenscharnier mit Feder ist auch der Begriff „Liftbeschlag".

Abb. 160: Ein Klappenscharnier in Ganzmetall, das durch Topfbohrungen sowohl im Seitenteil als auch in der Klappe eingebaut wird. Dieses Topfscharnier ermöglicht ein Abnehmen der Klappe, da die Teile ineinandergesteckt und verschraubt sind

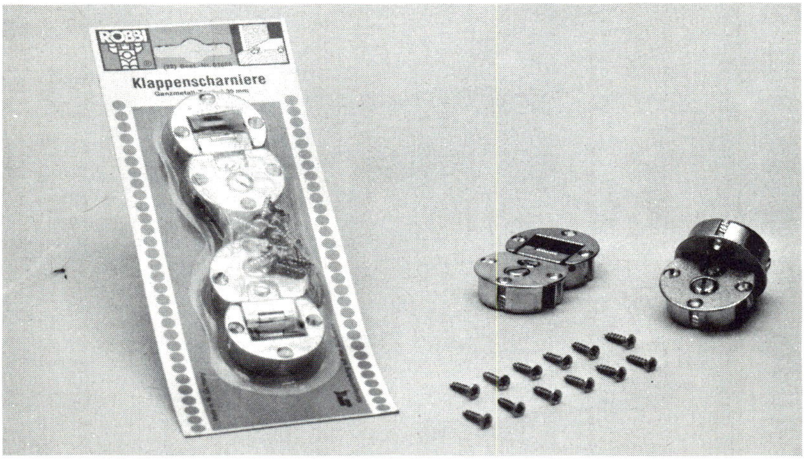

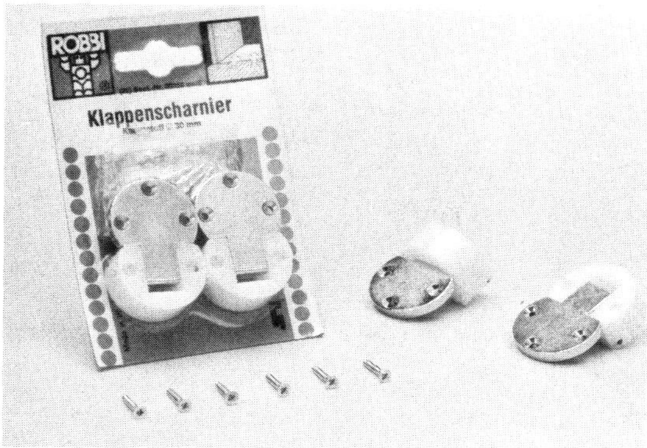

Abb. 161: Dieses Klappenscharnier wird im Türteil durch eine Topfbohrung von 12 mm gehalten. Im Seitenteil wird für dieses Scharnier nur 4 mm tief gebohrt. Es läßt sich auch nicht trennen, da beide Teile durch einen Gelenkstift gehalten werden

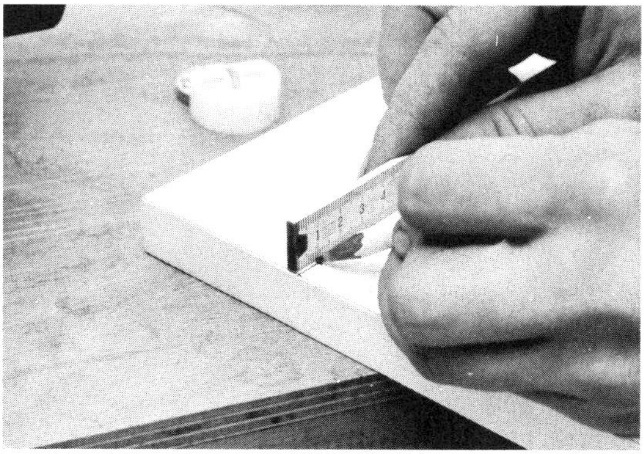

Abb. 162: Genaues Anreißen ist auch beim Anbringen der Klappenscharniere eine wichtige Voraussetzung für ein sauberes Öffnen und Schließen der Klappe

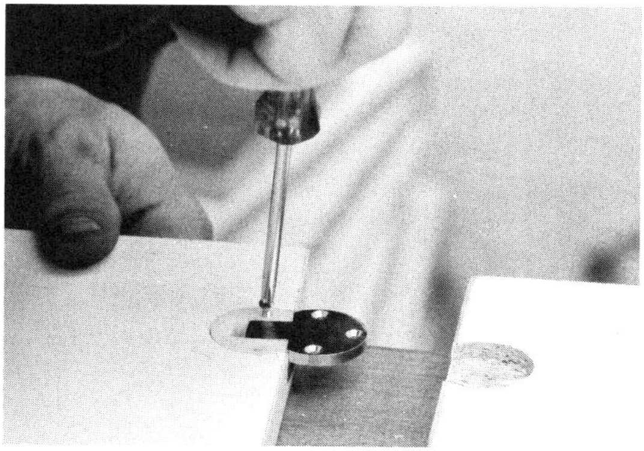

Abb. 163: Hier erkennen wir, daß die Bohrung so ausgeführt werden muß, daß ein Teil des Bohrers außerhalb des Materials läuft, um den kantengenauen Ansatz der Scharniere zu ermöglichen

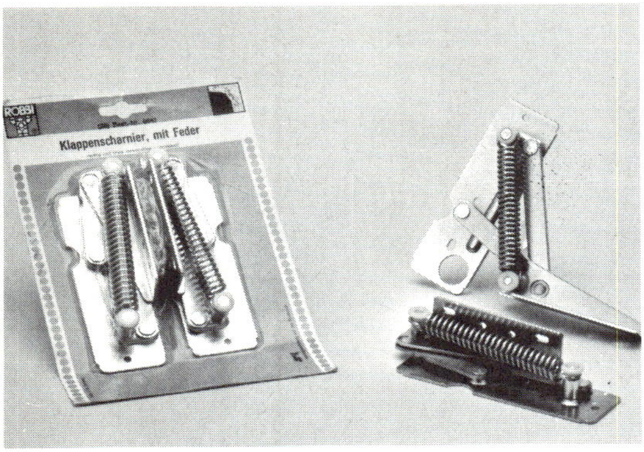

Abb. 164: Ein Klappenscharnier besonderer Ausführung ist dieses Klappenscharnier mit Feder, das auch unter der Bezeichnung Liftbeschlag zu haben ist. Es ist besonders für schwere Klappen geeignet

Abb. 165: Der Liftbeschlag wird erst am Korpus angeschlagen

Abb. 166: Nachdem der Liftbeschlag am Seitenteil montiert ist, werden die Schraubpunkte am Klappenteil angezeichnet

Abb. 167: Hier erkennen wir die Funktion des Liftbeschlages, Die Klappe wird beim Öffnen in der Höhenstellung verändert

Abb. 168: Beim Schließen der Klappe geht dieselbe nach oben und bewegt sich immer näher zum Seitenteil des Korpus

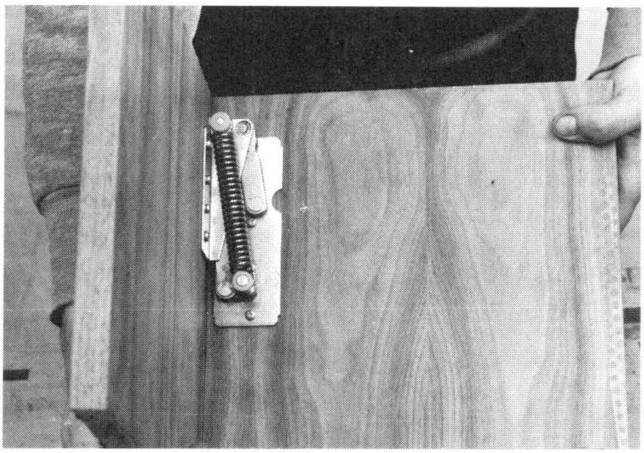

Abb. 169: Ist die Klappe geschlossen, liegt sie exakt am Seitenteil an. Das Federscharnier benötigt keinen Magnetschnäpper, um die Klappe in geschlossener Stellung zu fixieren

Scharnierlochbohrer

Obwohl für den Einbau von Möbel- und Klappenscharnieren sowie auch Schiebetürbeschlägen relativ wenig Werkzeuge erforderlich sind, benötigt man in jedem Fall sogenannte Scharnierlochbohrer in den entsprechenden Topfmaßen 26, 30 und 35 mm. Mit diesen Scharnierlochbohrern darf nie frei Hand gearbeitet werden, sondern nur unter Zuhilfenahme eines Bohrständers oder Bohrmobils, die den senkrechten Verlauf der Bohrung garantieren und ein Verkanten verhindern. Unsauber gebohrte Scharnierlöcher vermindern nämlich den Halt des Topfes in der Bohrung und somit das exakte Schließen der Tür. Durch das ständige Öffnen und Schließen der Türen würden sich die Töpfe in den Bohrungen schnell lockern, was als kaum reparabel zu betrachten ist. Diese Scharnierlochbohrer sind, wie auf den abgebildeten Verpackungseinheiten in allen Bau- und Heimwerkermärkten zu haben.

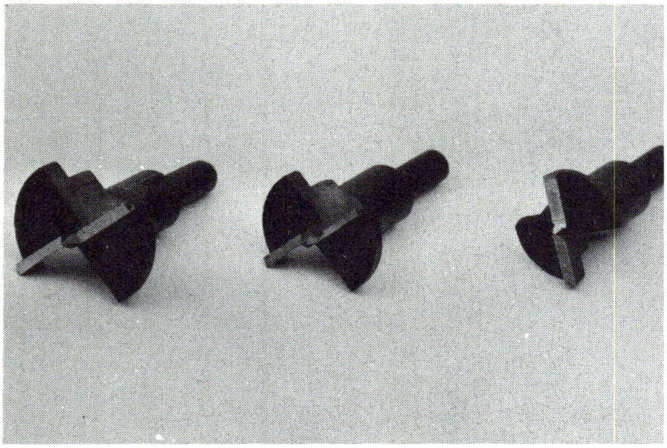

Abb. 170: Scharnierlochbohrer sind im Gegensatz zu Forstnerbohrern eine preiswerte Ausführung, um zu sauberen Topfbohrungen zu gelangen. Gegenüber den teuren Forstnerbohrern haben sie aber nur eine geringere Standzeit als diese

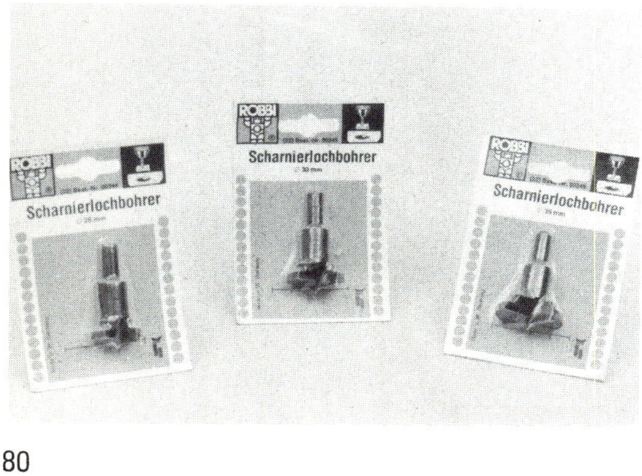

Abb. 171: Die Scharnierlochbohrer sind in den gängigen Größen 26 mm, 30 mm und 35 mm im Fachhandel erhältlich

Stangenscharniere

Nachdem wir uns mit dem am weitesten verbreiteten Scharnier, dem Topfscharnier, beschäftigt haben, möchten wir auf den Klassiker aller Scharniere, das Stangenscharnier, eingehen. Landläufig auch als Klavierband bekannt, weil diese Scharnierart vorwiegend für die Anbringung der Klavierdeckel verwendet wurde, wird dieses durchgehende Scharnier, das Stangenscharnier, oft ohne Überlegung an Möbeln verwendet, wo es gar nicht hinpaßt. Beim Klavierdeckel aus Stabilitätsgründen angebracht, sollte man bei besseren Möbeln auf das durchgehende Band verzichten, da es dort fast immer störend wirkt. Ausnahmen bestätigen die Regel, weshalb Stangenscharnier gekonnt angewendet, wie in der Abbildung gezeigt, auch einen guten Eindruck hinterlassen kann.

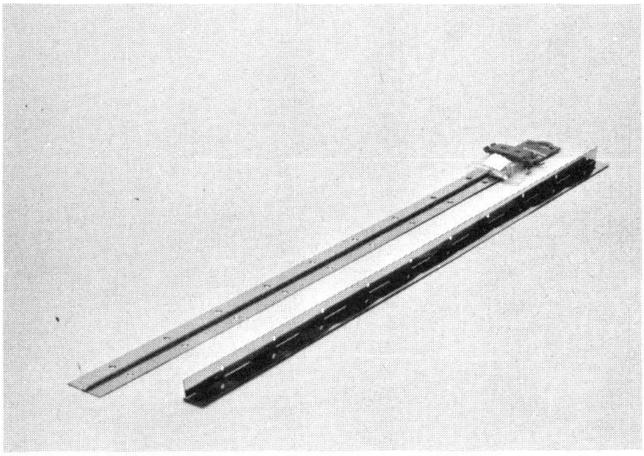

Abb. 172: Stangenscharniere in den Breiten 32 und 20 mm sind vermessingt in den Längen 400 mm, 600 mm, 900 mm, 1200 mm und 1500 mm zu haben

Abb. 173: Stangenscharniere, auch Klavierbänder genannt, kann man einfach auf die Oberfläche aufschrauben. Eleganter ist die Angelegenheit jedoch, wenn die Banddicke ausgefräst wird

Abb. 174: Wird der Fräser genau eingestellt, schließt das Scharnierband mit der Holzoberfläche exakt ab. In die Flächen wird gefräst, wenn die Teile zusammenklappen sollen. Sonst einmal in die Fläche und einmal in die Kante fräsen (Türen)

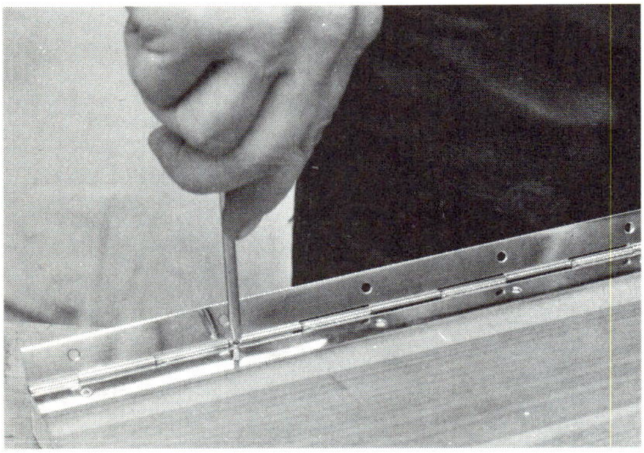

Abb. 175: Die Schraubabstände der Scharnierbänder liegen bei ca. 8 cm und es sollte aus Gründen der Haltbarkeit jede Bohrung mit einer Schraube versehen werden

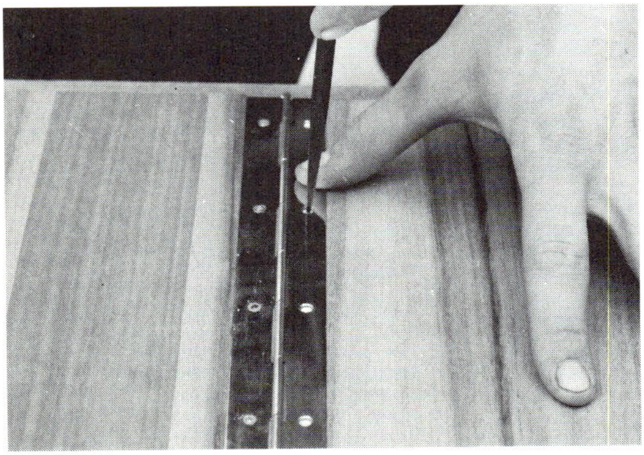

Abb. 176: Erst nachdem eine Seite durchweg befestigt ist, wird das andere Teil angeschraubt. Ein Vorstechen erleichtert das Schrauben

Abb. 177: Das eingelassene Stangenscharnier hinterläßt auch an wertvollen Hölzern einen guten Eindruck. Nur aufgeschraubt brächte das optisch einen hohen Qualitätsverlust

Abb. 178: Wurde das Stangenscharnier gleichmäßig aufgeschraubt, tritt das Gelenkband leicht über die Kante hinaus

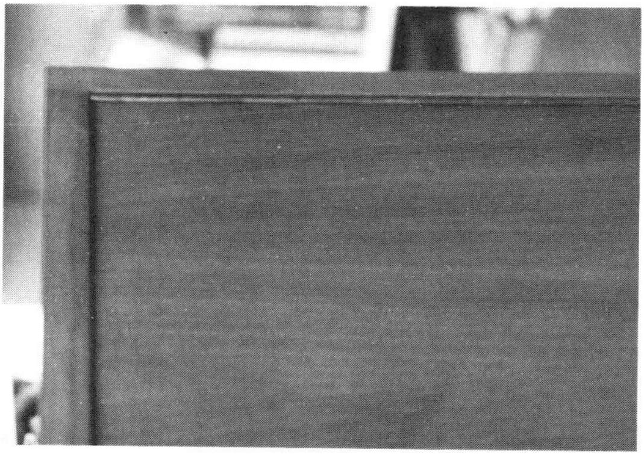

Abb. 179: Eine weitere Möglichkeit der Anbringung ist es, daß Scharnierband am Seitenteil bündig zu befestigen, so daß die Tür nach dem Anbringen leicht nach innen versetzt ist

Stangenscharniere werden in den Breiten 32 mm und 20 mm geliefert. In den meisten Fällen sind sie eisenvermessingt, doch gibt es sie auch in eisenvernickelt und Nirosta. Vermessingt sind sie in den Längen 400, 600, 900, 1200 und 1500 mm zu haben, in den anderen Ausführungen jedoch nur in 1200 mm Länge.

Die Anbringung der Stangenscharniere ist einfach, da sie nur mit Schrauben am Korpus und Türteil befestigt werden. Das hat jedoch den Nachteil, daß ein Abnehmen der Türen mit viel Schraubarbeit verbunden ist, da die Schraubabstände beim Stangenscharnier bei ca. 8 cm liegen. Wie bei allen Scharnieren sind die Türen also nicht aushängbar, sondern immer nur durch Schrauben lösbar. Kann das beim Topfscharnier mit weniger Schraubaufwand erfolgen, ohne die Verschraubung mit dem Korpus zu strapazieren, so ist beim Stangenscharnier ein öfteres Lösen nicht ratsam, da die Holzschrauben im Material Holz halten müssen, im Gegensatz zu den Topfscharnieren, wo die Montageplatte am Korpus sitzt und die Halteschraube mit metrischem Gewinde in die Montageplatte greift.

Aufschraubscharniere

Ein vielseitiges Scharnier zum Anschlagen von vorliegenden und einliegenden Türen sowie für den Mittelwandanschlag ist das Aufschraubscharnier, das verzinkt oder vermessingt mit und ohne Feder erhältlich ist. Aufschraubscharniere werden sowohl am Korpus als auch an der Tür mit Holzschrauben befestigt. Die unterschiedlichen Einsatzbereiche, wie Seitenwandanschlag mit vorliegender Tür, Seitenwandanschlag bei innenliegenden Türen und Mittelwandanschlag werden durch den Einsatz von Distanz-

Abb. 180: Das Aufschraubscharnier beim Seitenwandanschlag für vorliegende Türen

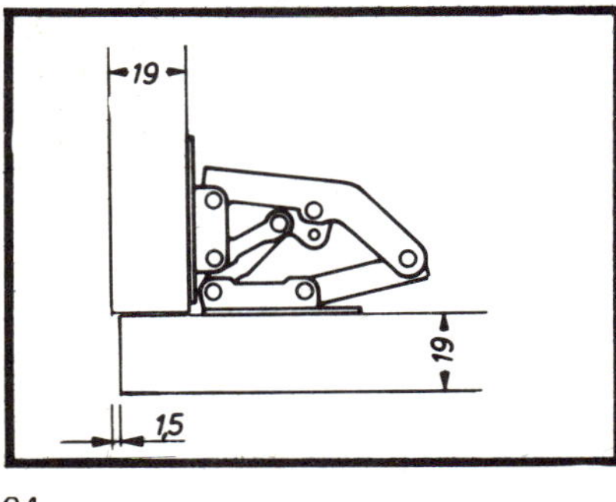

Abb. 181: Durch den Einsatz von Distanzplatten an der Seitenwand ist mit dem Aufschraubscharnier ein Seitenwandanschlag für innenliegende Türen möglich

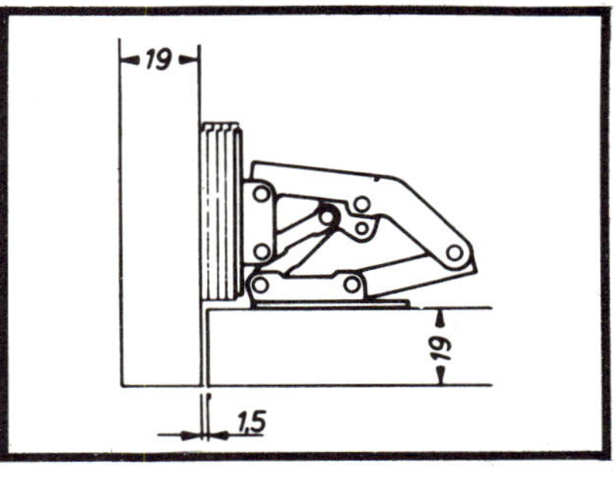

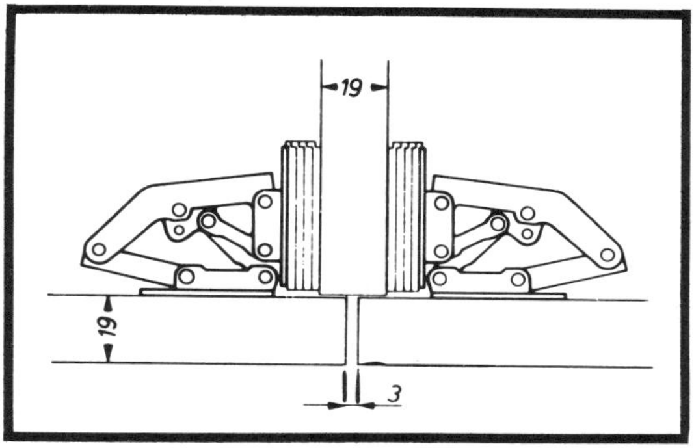

Abb. 182: Beim Mittelwandanschlag sind auf jeder Seite Distanzplatten einzusetzen

platten erzielt, die in ihrer Anzahl den Erfordernissen entsprechend eingesetzt werden. Durch diese Distanzplatten werden auch Maßdifferenzen bei Verwendung schwächerer Seiten- oder Mittelwände überbrückt sowie größere Fugenbreiten erzielt. Die Abbildungen sollen den Einsatz dieser Scharniere verdeutlichen.

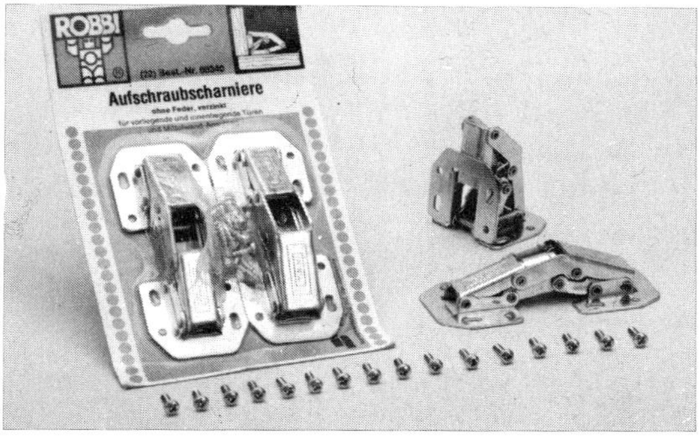

Abb. 183: Das Aufschraubscharnier, das leicht anzubringen ist, ist für vorliegende und innenliegende Türen sowie für den Mittelwandanschlag geeignet und mit und ohne Feder zu haben

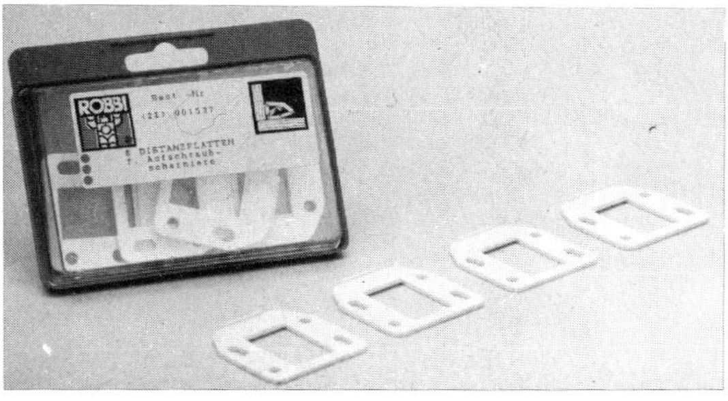

Abb. 184: Je nach Anschlagsart müssen die hier gezeigten Distanzplatten eingesetzt werden

Abb. 185: Montageschablonen sind zum Anreißen des Aufschraubscharniers nicht erforderlich, da nach genauem Ansetzen der Teile nur vorgestochen zu werden braucht

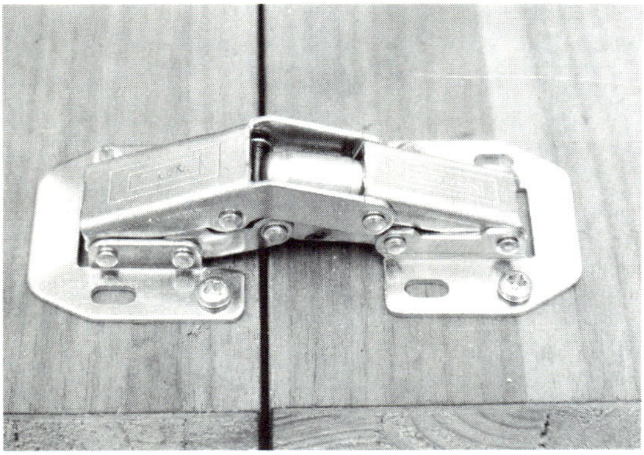

Abb. 186: Das Aufschraubscharnier im aufgeklapptem Zustand, also bei geöffneter Tür

Abb. 187: So bündig schließt die Tür, wenn das Scharnier ordentlich angebracht wurde

Pendeltürbänder

Pendeltürbänder ermöglichen ein Bewegen der Türen nach zwei Seiten, wobei eine Spiralfeder im Inneren des Bandes für das selbsttätige Schließen der Tür sorgt. Solche Türen haben den Vorteil, daß sie einen raschen Durchgangsverkehr ermöglichen, weshalb sie besonders gern in Gaststätten eingesetzt werden. Das muß aber nicht das Hauptanwendungsgebiet sein, denn Pendeltüren schützen Flure und Räume vor Zugluft, worauf man auch in Hobbykellern und ähnlichen Räumen verzichten kann. Aber auch bei der modernen Bauweise unserer Häuser sind halbe Pendeltüren zwischen Eßraum und Küche gern gesehen.

Für das Anbringen von Pendeltüren benötigt man nicht unbedingt ein Türfutter, da Pendeltürbänder an einen Blend- oder Blockrahmen angeschlagen werden können.

Die hier gezeigten Pendeltürbänder sind eisenlackiert, 75 mm hoch, haben einen Spannstift und sind für Türstärken von 18-25 mm geeignet. Bevor mit der Montage der Pendeltürbänder begonnen wird, ist der Spannstift zu entfernen, da sich sonst die Lappen nur unter hohem Kraftaufwand bewegen lassen und nach dem Loslassen sofort wieder zurückschlagen würden.

***Abb. 188:** Pendeltürbänder finden überall dort Einsatz, wo der Durchgang stark frequentiert wird. Die hier gezeigten Bänder sind für Türstärken von 18-25 mm geeignet und werden auch gern im Wohnbereich eingesetzt*

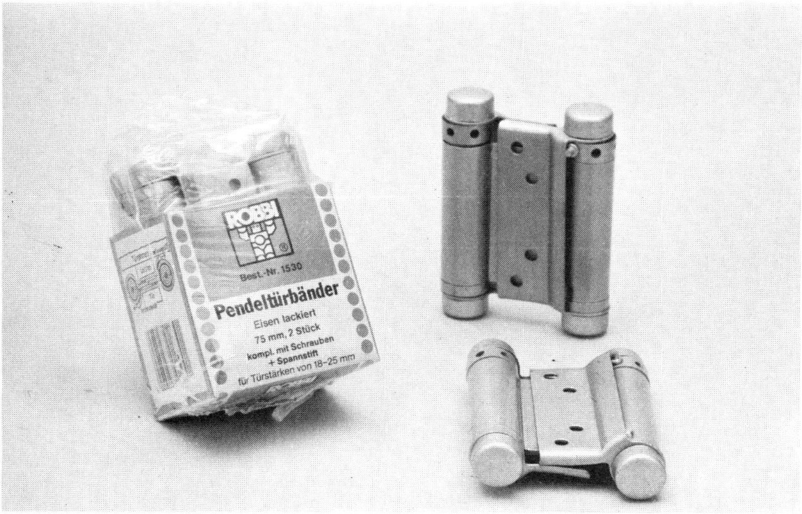

Mit so entspannter Feder lassen sich nun die Scharnierlappen aufschlagen, um die Pendeltürbänder exakt anzureißen. Nach der Ausstemmarbeit (die Kanten der Lappen müssen bündig mit der Holzkante abschließen) kann das Band verschraubt werden. Danach ist die zweite Seite anzureißen, auszustemmen und zu verschrauben. Sind Türelement und Blendrahmen oder Seitenwand durch die Pendeltürbänder verbunden, müssen die Spannstifte wieder eingesetzt werden. Dazu verwendet man, wie aus den Bildern zu ersehen, einen längeren Hebelstift, um den Druck der Feder leichter überwinden zu können.

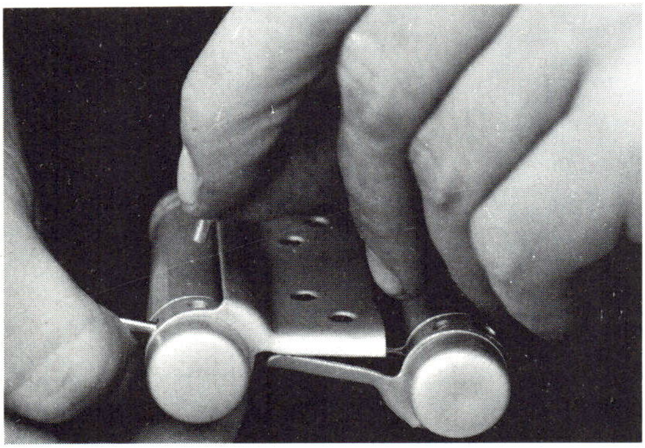

Abb. 189: Vor der Montage der Pendeltürbänder ist der Spannstift zu entfernen, wobei ein mitgelieferter Hebelarm gute Dienste leistet

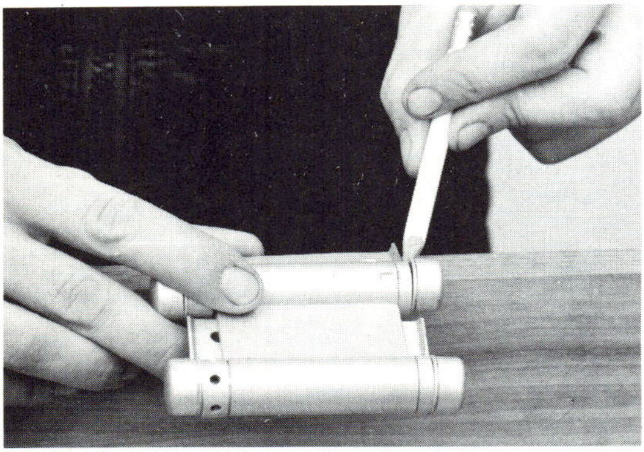

Abb. 190: Nach dem Entspannen lassen sich die Bandlappen ausklappen, was zum Anreißen unbedingt erforderlich ist

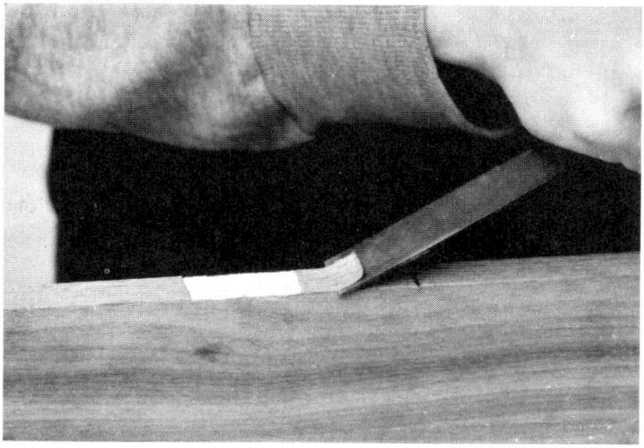

Abb. 191: Pendeltürbänder müssen eingelassen werden. Dazu ist ein sauberes Ausstemmen notwendig

Abb. 192: Mit vier Halteschrauben wird jeder Lappen des Pendeltürbeschlages befestigt

Abb. 193: Nach dem Anschlagen der einen Seite kann durch Überklappen des Scharniers das Anreißen am Türrahmen vorgenommen werden

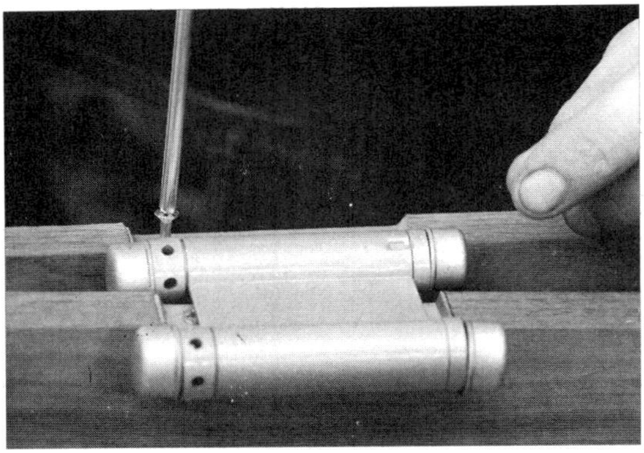

Abb. 194: Auch auf dieser Seite ist ein Ausstemmen notwendig, da ein Teil des Pendeltürbandes in dieser Vertiefung läuft

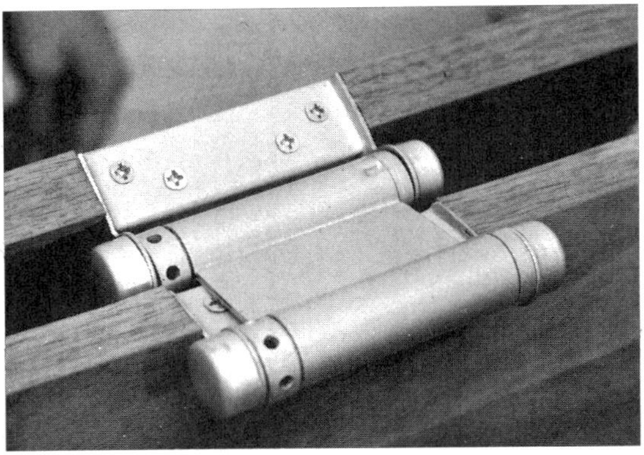

Abb. 195: Unser Pendeltürband ist ordentlich angebracht und wird nach Einsetzen des Stiftes sauber funktionieren

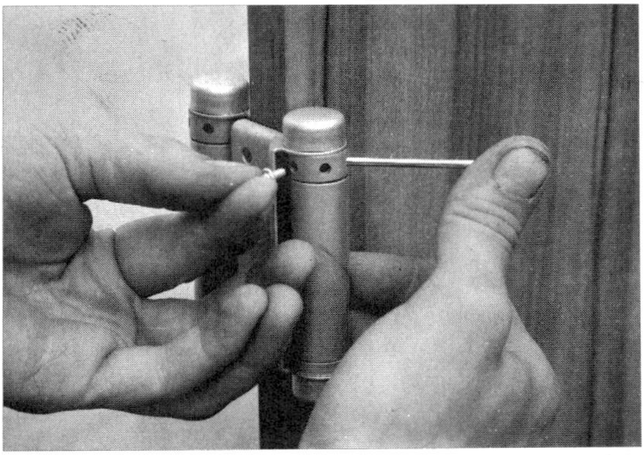

Abb. 196: Auf dieselbe Art, auf die anfangs der Spannstift entfernt wurde, ist er jetzt wieder einzusetzen, um die Tür wieder funktionstüchtig zu machen und pendeln zu lassen

Paraventscharnier

Ähnlich den Pendeltürbändern arbeitet das Paraventscharnier, nur mit dem Unterschied, daß kein Federdruck vorhanden ist, der die Verbindungsteile wieder in seine Ausgangsstellung zurückbringt. Die verbundenen Teile sind nach allen Seiten voll beweglich, wodurch das fächerartige Aufstellen von Paravents möglich wird. Das Paraventscharnier läßt sich auch nicht auf eine Ebene ziehen, sondern die beweglichen Teile des Scharniers sind immer nur in einer Richtung zu bewegen. Diese technische Eigenart der Paraventscharniere ist auch beim Einbau zu beachten, weshalb erst die eine Seite des Scharniers aufgeschraubt und nach Umschlagen der Lappen die zweite Seite befestigt werden kann.

Wer glaubt, daß Paravents der Vergangenheit angehören und nicht mehr in die heutige Zeit passen, der irrt. Gerade in den Zeiten erhöhter Freizeit, wo Stoffmalerei, Seidenmalerei und ähnliche Techniken gang und gäbe sind, wird der Paravent zweckverbunden als reines Ausstellungsstück und Raumtrenner gern verwendet. Er wirkt, stellt dar und ist Zierde jedes größeren Raums.

Abb. 197: Eine allseitige Beweglichkeit von aufstellbaren Raumtrennern garantieren die Paraventscharniere, die leicht anzubringen sind und kaum ins Auge fallen

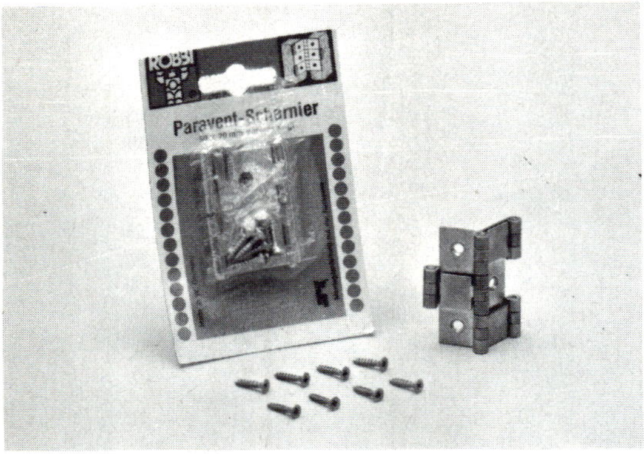

Abb. 198: Das Paraventscharnier mit den Maßen 50 x 20 mm ist dreiteilig und in vermessingter Ausführung erhältlich

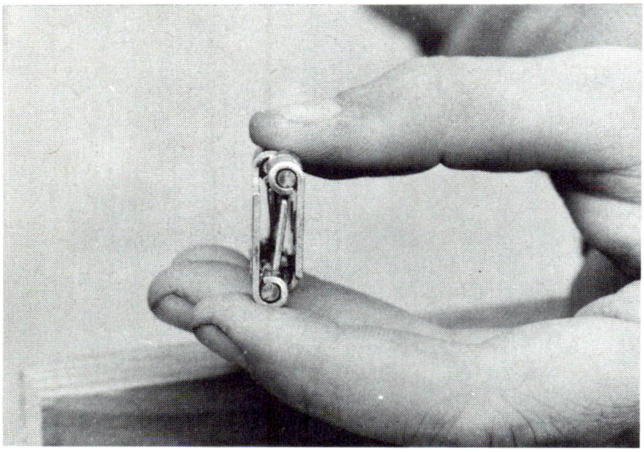

Abb. 199: Ein Paraventscharnier läßt sich nie ganz auseinanderklappen. Seine Dreiteiligkeit, die über zwei Dorne gehalten wird, ist hier deutlich erkennbar

Abb. 200: Die Anzahl der verwendeten Paraventscharniere richtet sich nach der Größe des Werkstückes. Bei über einem Meter sollten drei Scharniere verwendet werden, wobei das obere und untere jeweils 3 cm von der Kante gesetzt wird

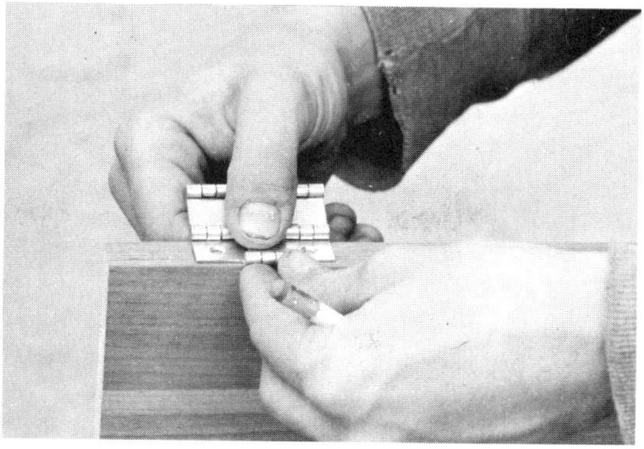

Abb. 201: Zum Anreißen läßt sich nur ein Lappen ausklappen. Es muß genau angerissen werden, da Paraventscharniere am besten wirken, wenn sie eingelassen sind

Abb. 202: Mit Stemmeisen und Holzhammer geht es nun wieder ans Werk, wobei auf die genaue Tiefe des Einstemmens zu achten ist, damit das Scharnier nicht zu tief liegt

Abb. 203: Ist die Einlassung sauber gearbeitet, kann das Scharnier eingesetzt werden

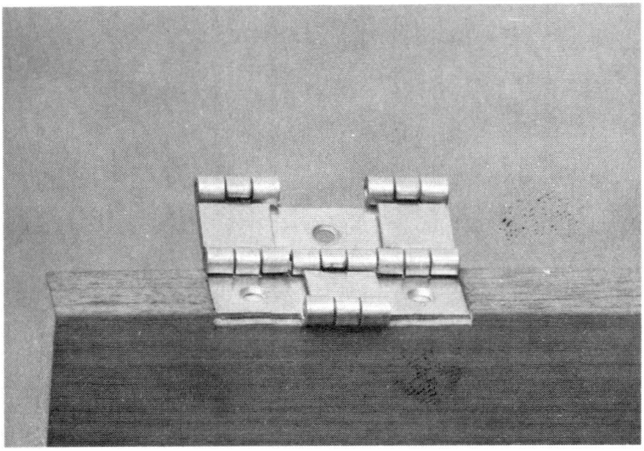

Abb.204: Beim Durchstemmen soll man sich nicht von der ausgestemmten Kante irritieren lassen. Das ist keine Unsauberkeit, sondern erforderlich, da beim Umschlagen das gegenseitige Gewerbe diesen Platz benötigt

Abb.205: Um die dritte Halteschraube zu befestigen, ist das Scharnier wieder einzuschlagen . . .

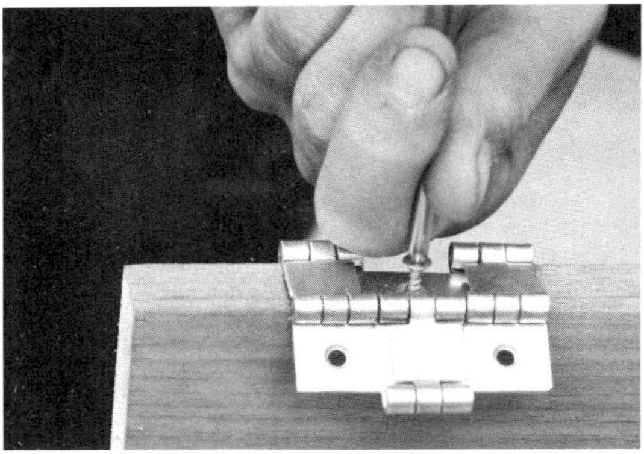

Abb.206: . . . und wieder aufzuschlagen. Zwei Schrauben sind jetzt verdeckt

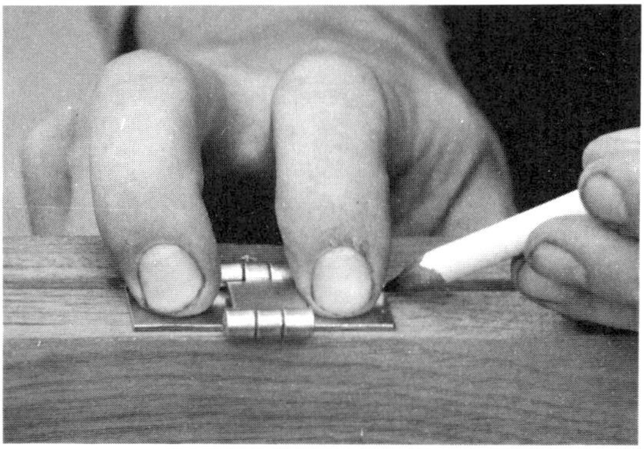

Abb.207: In dieser aufgeschlagenen Stellung wird die zweite Seite des Scharniers angerissen

Abb.208: Nach dem Ausstemmen ist der zweite Lappen anzuschrauben, . . .

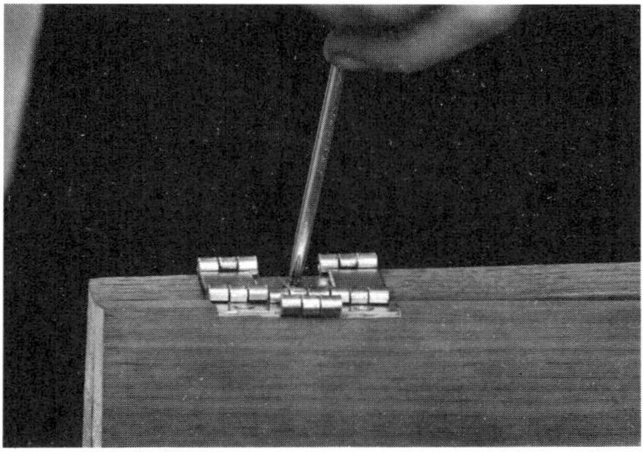

Abb.209: . . . der ganze Rahmen zurückzuschlagen und die dritte Befestigungsschraube des zweiten Lappens zu setzen

Lamellentürscharniere

Lamellentürscharniere sind dreiteilige Scharniere. Da die Lappen nur an einem Dorn hängen, lassen sich die Türen auch nur nach einer Seite öffnen, worauf beim Anschlagen unbedingt geachtet werden muß. Die Scharniere werden durch jeweils zwei Schrauben an jedem Türteil gehalten, wobei zwei der beweglichen Lappen, der obere und der untere, an einer Türseite, der dritte mittlere Lappen mit den zwei Bohrungen an der anderen Türseite angeschraubt wird.

Die Scharniere werden einfach aufgeschraubt. Auch von diesen Scharnieren sollten ab einer bestimmten Türhöhe und einem gewissen Türgewicht (siehe Topfscharniere) immer drei Scharniere zum Einsatz gelangen, um eine höhere Stabilität zu gewährleisten. Werden die Lamellentürscharniere von Tür zu Tür im richtigen Wechsel angebracht, lassen sich die Türen beim Öffnen falten. Dieses Falten der Türen ist jedoch nicht nur bei der Raumtrennung ideal, sondern auch an Möbelteilen, die eine überdurchschnittliche Breite haben und die bei der Verwendung Regalcharakter zeigen sollen. Die Vorderfront läßt sich dann durch die Lamellentürscharniere in mehrere Segmente unterteilen, ohne daß offenstehende Türen hinderlich werden. Angebracht ist es, zu den einzelnen Türelementen am Korpus Magnetschnäpper anzubringen, damit die Lamellentüren im geschlossenen Zustand sauber am Korpus anliegen.

Abb.210: Lamellentürscharniere vermessingt dreiteilig sind in den Maßen 90 x 25 mm und 80 x 20 mm im Handel erhältlich

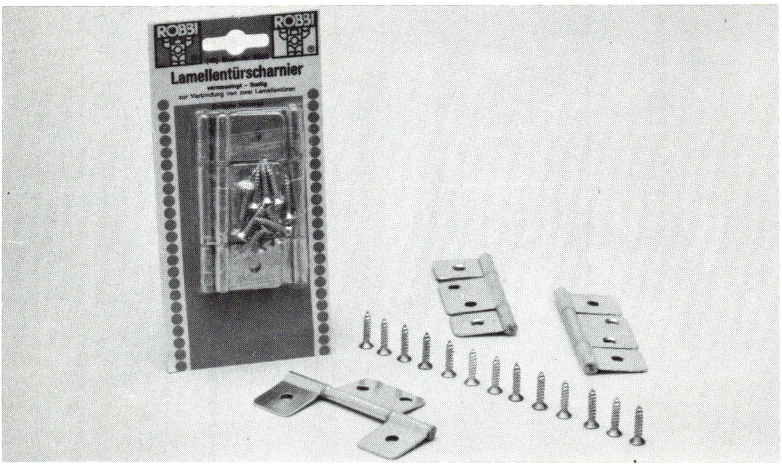

Lamellentürscharnier
mit Schrauben
vermessingt, 3-teilig 86 x 59 mm

Befestigung am Korpus durch Lamellentür-Scharnier bzw. durch Ganzmetall-Möbel-scharniere Ø 26 mm

Das Verschließen der Tür erfolgt durch Magnet-schnäpper 6 kg, der gleichzeitig den Tür-Anschlag bildet. Zusätzliche Führungsschienen sind nicht erforderlich!

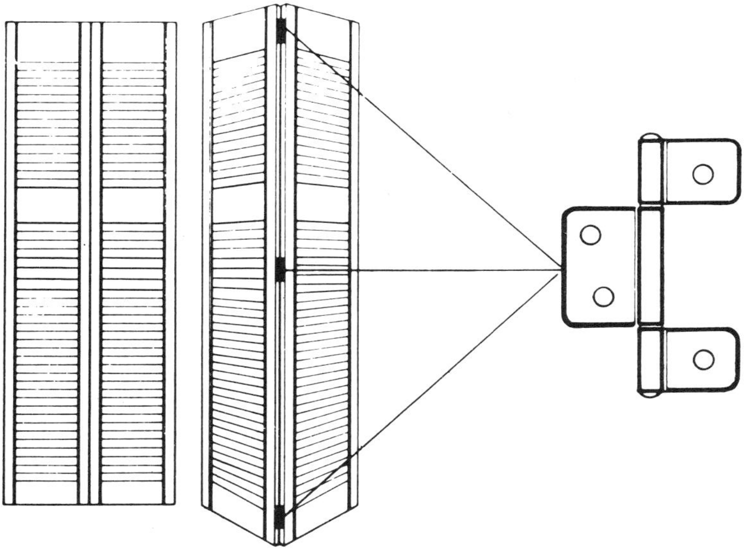

Glastürscharniere

Wer die Materialien Holz und Glas kombinieren möchte, indem der Korpus aus Holz und die Türen aus Glas sein sollen, benötigt sogenannte Glastürscharniere für einliegende oder vorliegende Türen, die eine maximale Öffnung von 170° haben. Die Konstruktion dieser Glastürscharniere erfordert keine Glasbohrung, da das Glas in einer U-förmigen Aufnahme durch kräftige Madenschrauben gehalten wird. Diese Glastürscharniere sind in matt/vernickelt zu haben. Die Anbringung der Scharniere am Korpus erfolgt mit Holzschrauben, wobei der Scharnierarm eine Schlüssellochbohrung aufweist, die ein leichtes Montieren der Glastüren ermöglicht. Eine der Packung beiliegende Montageschablone sorgt für eine exakte Anbringung dieser Scharniere. Zu diesen Glastürscharnieren gibt es die entsprechenden Griffe und Druckmagnetschnäpper in matt/vernickelt, deren Montage ebenso einfach ist, wie die der Scharniere. Für Phonoschränke werden Glastürscharniere links/rechts sowie Griffe in braun lackiert angeboten.

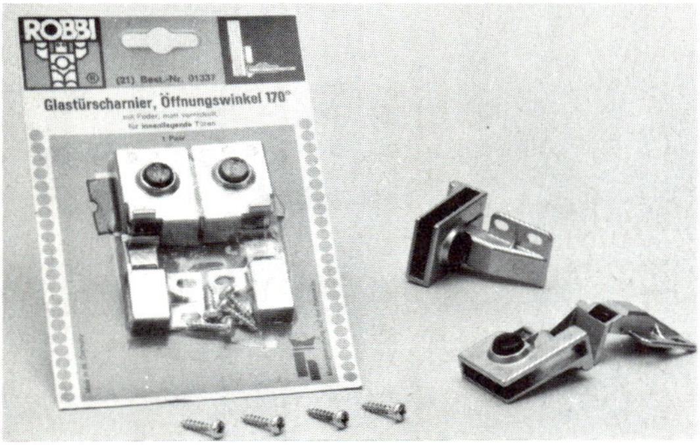

Abb.212: Wer an Schränken Glastüren liebt, muß Glastürscharniere verwenden, die es vernickelt sowohl für innenliegende Türen als auch für vorliegende Türen gibt. Für Phonoschränke gibt es die Phono-Glastürscharniere braun lakkiert rechts und links sowie einen Griff, ebenfalls braun lackiert

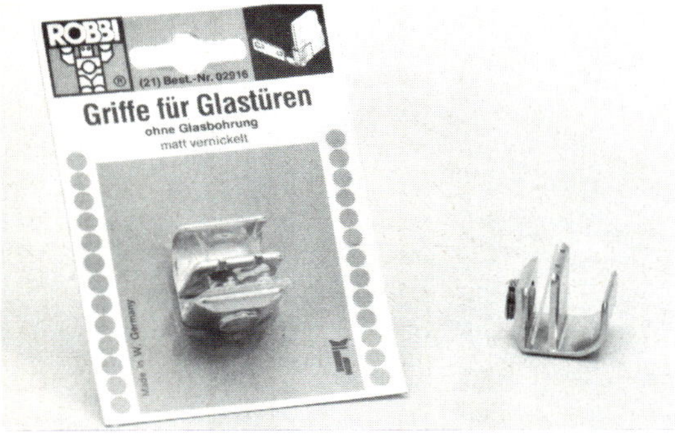

Abb.213: Da Glastüren sich leicht öffnen lassen sollen, sind Griffe für Glastüren erforderlich, die besonders gerne eingesetzt werden, weil keine Glasbohrung vorgenommen zu werden braucht

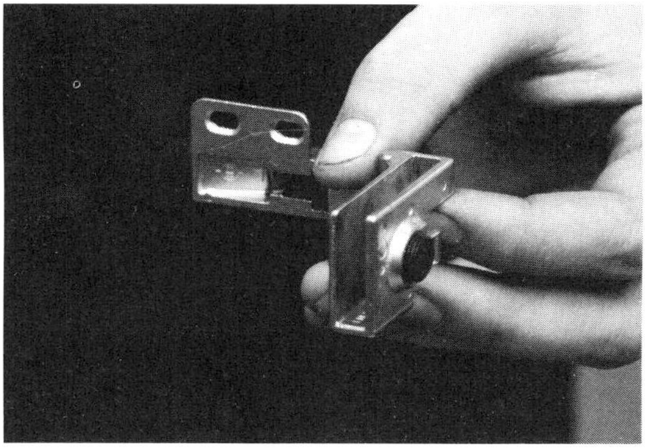

Abb. 214: Das Glastürscharnier besitzt an der einen Seite eine Befestigungsmöglichkeit für den Holzkorpus. Dieses Teil wird durch Holzschrauben mit dem Korpus verbunden

Abb. 215: Die Glasscheibe wird in eine U-förmige Ausnehmung des Scharniers eingesetzt und durch eine Druckschraube gehalten

Abb. 216: Auf die gleiche Art wird auch der Griff für die Glastüren befestigt, so daß auf riskante Bohrungen im Glas verzichtet werden kann

Scharniere

Ähnlich anzubringen wie das Stangenscharnier sind die schmalen Scharniere, die käntigen Scharniere, die breiten Scharniere und die Schatullenscharniere. Werden die schmalen, käntigen und breiten Scharniere in das Material eingelassen, so kann man die Schatullenscharniere aufschrauben, da ihre Lappen so dünn sind, daß ein Einarbeiten auch aus optischen Gründen nicht erforderlich ist. Der Einbau der Scharniere (außer den Schatullenscharnieren) ist bei allen Ausführungen gleich, d.h., sie sind durch Ausstemmen des Materials in die Tür- und Korpusseite einzulassen. Aufgrund ihrer Anwendungsbereiche werden sie heute nur noch gerade angeboten, d.h., daß auf die gekröpften Ausführungen, wie sie früher zu haben waren, verzichtet wird. Bei Anforderungen dieser Art wird heute auf die Topfscharniere zurückgegriffen. Wenn auch in unserem Fall von schmalen, breiten und käntigen Scharnieren gesprochen wird, so haben wir es in allen drei Versionen mit dem käntigen Scharnier zu tun, da bei allen drei Scharnieren der Dorn mit dem Lappen eben ist, was das Hauptmerkmal des käntigen Scharniers ausmacht.

Bei den hier genannten Scharnieren handelt es sich um sogenannte gerollte Scharniere, bei denen das Ende der einzelnen Lappen jeweils um den Stift herumgerollt ist. Bei diesen Scharnieren ist darauf zu achten, daß ent-

Abb.217: Einen breiten Raum bei der Verbindung von Türen mit Kisten- oder Schrankteilen nehmen die Scharnierbänder ein, die als schmale Scharniere, käntige Scharniere, breite Scharniere und Schatullenscharniere zu haben sind

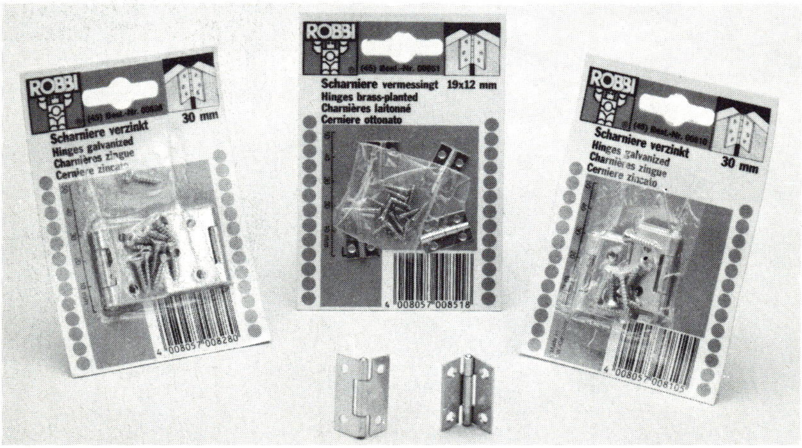

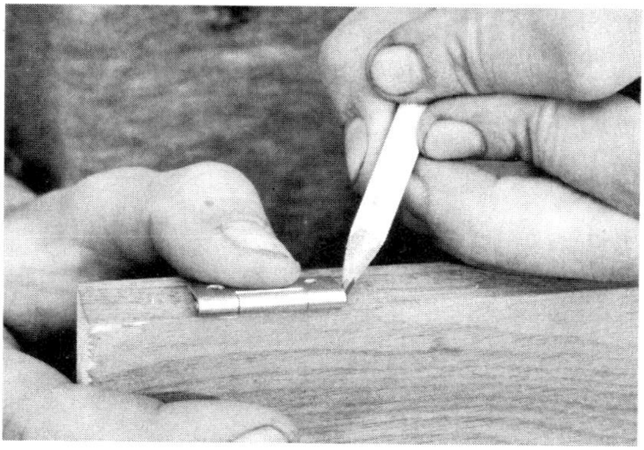

Abb. 218: Auch diese Scharniere sollten unbedingt eingelassen werden, wozu ein genaues Anreißen wieder erforderlich ist

Abb. 219: Ein exaktes Ausstechen gewährleistet einen guten Sitz der Scharniere und ein sauberes Schließen des Möbels

Abb. 220: Da die Scharniere selten über die ganze Breite der Kante gehen, soll auch nur der erforderliche Teil ausgestemmt werden. Das macht etwas mehr Mühe, sieht aber ordentlicher aus

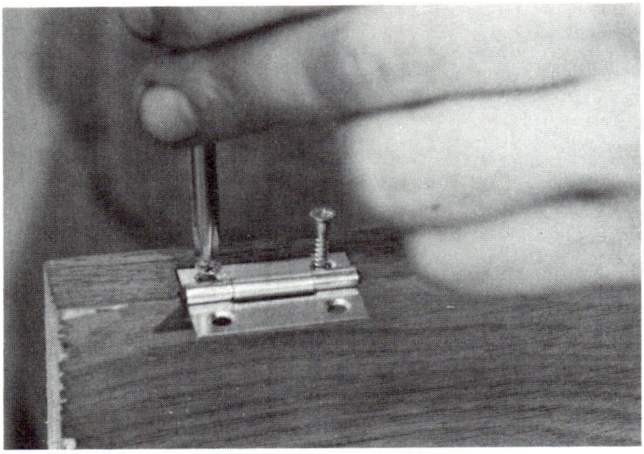

Abb.221: Nach dem Aufschrauben auf der Kante ist ein genaues Anreißen auf der Fläche erforderlich

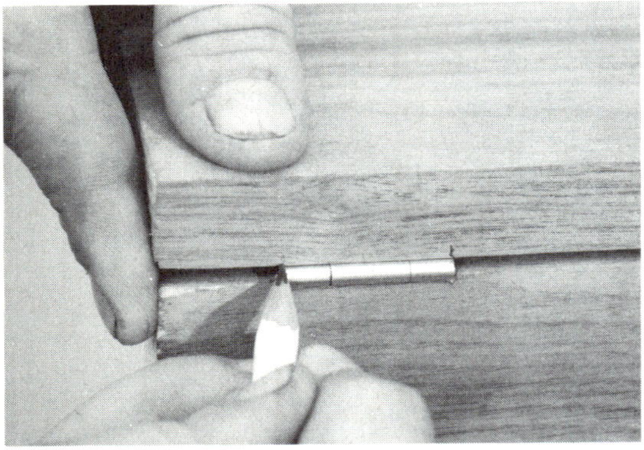

Abb.222: Nach dem Ausstemmen wird das Scharnier aufgeschraubt und schließt so sauber in der Kante ab

Abb.223: Ein sauber eingelassenes Scharnier ist eine haltbare Verbindung

Abb.224: In geschlossenem Zustand hat das Gewerbe einen leichten Überstand

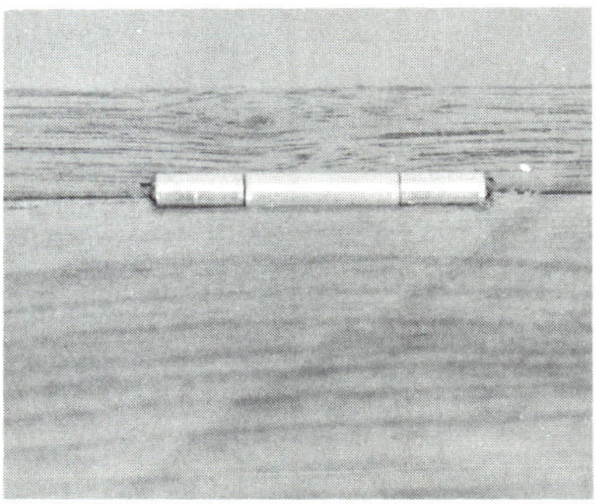

sprechend dem Durchmesser des Gewerbes die Lappen tiefer eingelassen werden müssen. Da der Dorn bei diesen Scharnieren beidseitig gedöppt, d.h. gestaucht ist, bildet sich eine Art flacher Kopf auf beiden Seiten, der verhindert, daß der Dorn herausgenommen werden kann. Die Tür ist nicht aushängbar, ohne daß die Lappen abgeschraubt werden.

Bei den Tischbändern, die in der Verarbeitung einfach aufgeschraubt, aber auch eingelassen werden können, beziehen sich die Maßangaben auf die Lappenbreite, wobei das Maß beider Lappen angegeben wird. Die Tischbänder sind verzinkt zwischen 60 und 140 mm zu haben.

Im Handel erhältliche Scharniere

Artikel	Ausführung	Maße
Schmale Scharniere	verzinkt	30 mm
Schmale Scharniere	verzinkt	40 mm
Schmale Scharniere	verzinkt	50 mm
Schmale Scharniere	verzinkt	60 mm
Schmale Scharniere	verzinkt	80 mm
Käntige Scharniere	verzinkt	30 mm
Käntige Scharniere	verzinkt	40 mm
Käntige Scharniere	verzinkt	50 mm
Käntige Scharniere	verzinkt	60 mm
Käntige Scharniere	verzinkt	80 mm
Käntige Scharniere	Messing	40 mm
Käntige Scharniere	Messing	50 mm
Käntige Scharniere	Messing	60 mm
Breite Scharniere	verzinkt	30 mm
Breite Scharniere	verzinkt	40 mm
Breite Scharniere	verzinkt	50 mm
Breite Scharniere	verzinkt	60 mm
Breite Scharniere	verzinkt	70 mm
Breite Scharniere	verzinkt	80 mm
Breite Tischbänder	verzinkt	60 mm
Breite Tischbänder	verzinkt	80 mm
Breite Tischbänder	verzinkt	100 mm
Breite Tischbänder	verzinkt	120 mm
Breite Tischbänder	verzinkt	140 mm
Schatullen-Scharniere	vermessingt	19 x 12 mm
Schatullen-Scharniere	vermessingt	25 x 15 mm
Schatullen-Scharniere	vermessingt	30 x 19 mm
Schatullen-Scharniere	vermessingt	40 x 25 mm
Lamellentürscharniere	vermessingt	3-teilig, 90 x 25 mm
Lamellentürscharniere	vermessingt	3-teilig, 80 x 20 mm

Bänder

Möbelbänder, Schmuck-Zierbänder, Einbohrbänder und Türbänder

Wie bereits bei den Scharnieren erwähnt, unterscheiden sich die Bänder von den Scharnieren dadurch, daß sie aushängbar sind. D.h., die Tür bzw. der bewegliche Teil kann immer vom Korpus getrennt werden, ohne daß eine Schraubverbindung gelöst werden muß.

Bänder sind in den unterschiedlichsten Ausführungen zu haben, z.B. als Einschlagbänder, Einbohrbänder, aufschraubbare Möbelbänder, Renovierbänder und Zapfenbänder. Alle diese Bänder gibt es in den verschiedensten Maßen, verzinkt, vermessingt, vermessingt brüniert oder vernickelt.

Bestehen die Aufschraubbänder aus dem Stiftlappen (dem Korpusteil) und den Lochlappen (dem Türteil), so haben die Einbohrbänder anstelle der Anschraublappen Einbohrzapfen. Letztere lassen sich mit Hilfe einer Einbohrlehre zum exakten Bohren der Löcher für die Zapfen leicht anbringen. Sollte eine Einbohrlehre nicht vorhanden sein, lassen sich diese Bänder auch gut so anreißen.

Für Rahmenunterteile werden Einschlagbänder angeboten, die am Stiftteil zwei Zapfen aufweisen, für die die Bohrungen nach den angegebenen Maßen vorzunehmen sind. Dann werden diese Stiftteile in die Bohrungen im Rahmen eingeschlagen.

Sowohl bei den Einbohrbändern als auch bei den Aufschraubbändern gibt es neben den normalen Ausführungen auch noch Zierbänder, bei denen Form und Länge des Gewerbes bzw. der Rolle unterschiedlich ausgeführt sind. Zierbänder können die unterschiedlichsten Zierknopfformen aufweisen, um allen Ansprüchen und Wünschen gerecht zu werden.

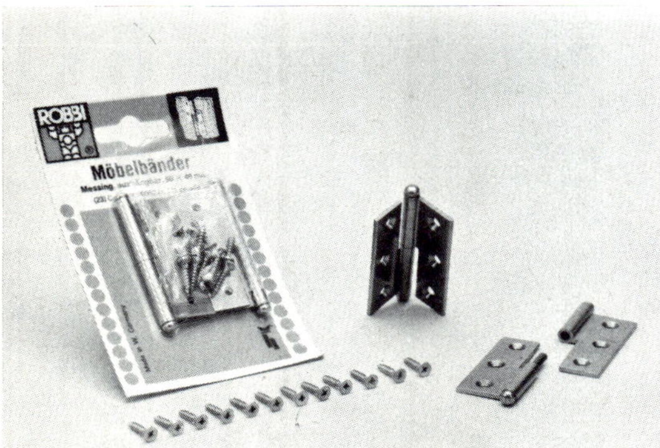

Abb.225: Möbelbänder gibt es in den verschiedensten Ausführungen. Ihr wichtigstes Merkmal gegenüber den Scharnieren ist die Möglichkeit des Aushängens. Gerade Bänder, wie das hier abgebildete, werden für stumpf aufschlagende Türen oder für einschlagende Türen, die mit der Korpuskante bündig sind, verwendet

Bei der Verwendung von Bändern mit Anschraublappen sollte noch darauf hingewiesen werden, daß auf einen Links- und Rechtsanschlag geachtet werden muß.

Neben den Aufschraub- und Einbohrbändern gibt es als Spezialbänder die sogenannten Zapfenbänder, mit denen sich einschlagende Türen und Klappen verdeckt anschlagen lassen.

Beim Anbringen der Zapfenbänder, die ja in der Möbelfront nicht sichtbar sind, ist zuerst der Drehpunkt zu ermitteln. Den findet man, wenn man den Querschnitt durch die geschlossene und geöffnete Tür mit dem Anschluß zur Schrankseite anzeichnet. Der Schnittpunkt dieser beiden Linien ist auch der Drehpunkt, der an Boden und Deckel ermittelt werden muß.

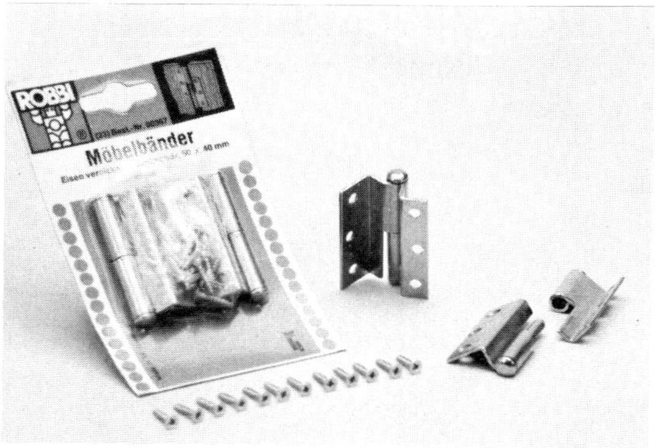

Abb.226: Für zurückstehende, vorstehende und überfälzte Türen sind Bänder der entsprechenden Kröpfung zu verwenden

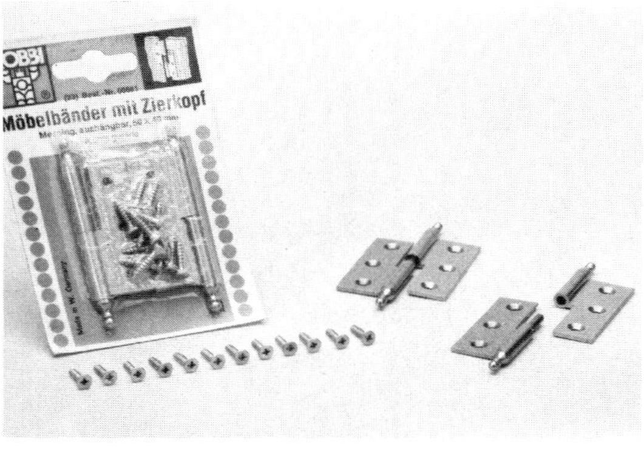

Abb.227: Neben den normal ausschauenden Möbelbändern gibt es auch solche mit Zierkopf in den verschiedensten Ausführungen

Das ist eine Regel, die von jeher für das Einsetzen von Zapfenbändern gilt. Das Zapfenband war nämlich lange vor dem Scharnierband zum Anschlagen von Türen bekannt und war in seiner ersten Ausführung nicht mehr als ein runder Holzzapfen, der Türen und Deckel beweglich machte. So hat das Zapfenband bis heute seine Funktion beibehalten, nämlich die, Türen und Deckel so anzuschlagen, daß der Beschlag am Äußeren des Möbels nicht sichtbar ist. Zwischenzeitlich haben Zapfenbänder konstruktiv einige Änderungen erfahren, wie aus der folgenden Beschreibung zu erkennen ist. Das hier vorgestellte Zapfenband hat den Vorteil, daß zum nachträglichen Einsetzen der Tür Ausnehmungen für den unteren Zapfenbandteil nicht erforderlich sind.

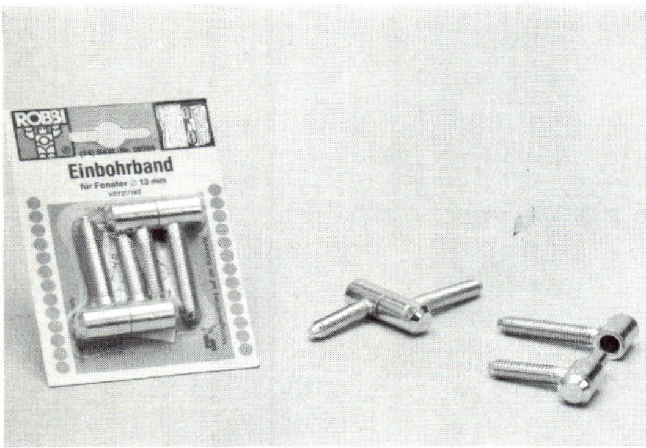

Abb.228: Hier haben wir ein Einbohrband für Fenster und leichte Türen

Abb.229: Ebenfalls für Fenster und leichte Türen ist dieses Einbohrband mit Zierkopf geeignet, das einen Bohrdurchmesser von 13 mm aufweist

Das hier vorgestellte Zapfenband für innenliegende Türen ist für Türstärken von 16, 17, 18, 19 und 20 mm geeignet. Es hat einen Öffnungswinkel von 140^{0}. Beim Anbringen der Bänder ist darauf zu achten, daß die Fuge zwischen Tür und Seitenwand je nach Holzstärke unterschiedlich breit sein muß. Für eine Türstärke von 16 mm ist eine Fuge von 1,2 mm, für 17 mm 1,5 mm, für 18 mm 2 mm, 19 mm 2,5 mm und für 20 mm 3 mm erforderlich. Ebenfalls ist je nach Materialstärke der Tür auf einen Abstand zwischen Bohrung und Seitenwand zu achten, der bei 16 mm Türstärke 16,2, bei 17 mm 16,5, bei 18 mm 17, bei 19 mm 17,5 und bei 20 mm 18 betragen muß.

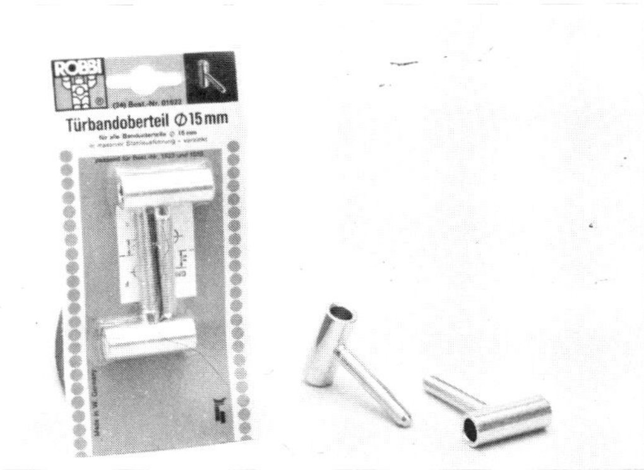

Abb.230: Für alle in Rahmen verwendeten Rahmenunterteile mit einem Durchmesser von 15 mm sind diese Türbandoberteile einsetzbar

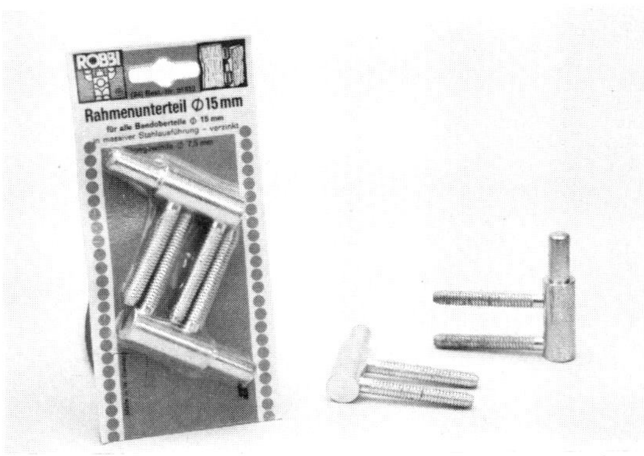

Abb.231: Der typische Vertreter eines Einschlagbandes. Im Rahmenteil sind zwei Bohrungen erforderlich, in die das Band eingeschlagen wird

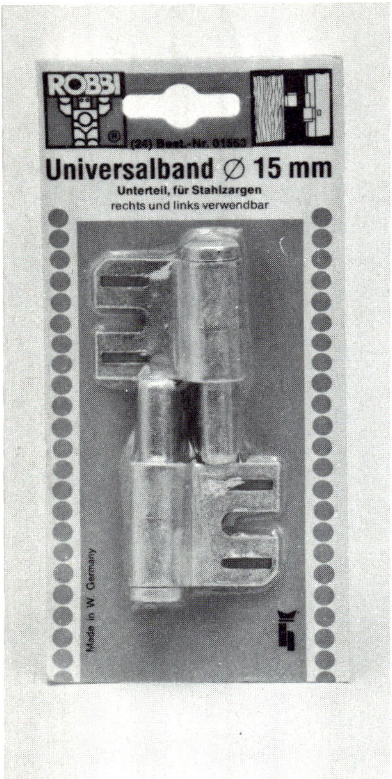

Abb. 232: Für Stahlzargen wird dieses Universalband verwendet, das rechts und links eingesetzt werden kann

Die Türen lassen sich mittels zweier Halterungen in das Zapfenband schieben. In der Halterung, die sich an der Tür befindet, ist eine Justierschraube, die ein Ausrichten der Türen ermöglicht. Der Metallzapfen selbst bewegt sich in einer Kunststoffmuffe, für die eine Bohrung von 8 mm erforderlich ist und die in die Boden- und Deckplatte eingeleimt wird.

Ein Zapfenbandscharnier für vorliegende Türen kann erforderlich sein, wenn z.B. Lamellentüren angeschlagen werden sollen. Dabei ist zu beachten, daß die Türstärke mindestens 28 mm und höchstens 32 mm breit sein kann. Die Stärke der Seitenwand sollte 16 mm nicht unterschreiten, was bei Möbeln auch kaum der Fall sein dürfte.

Abb.233: Wem seine Türbänder nicht zusagen, kann für alle Einbohrbänder von 15 mm Ø diese Universalmassiv-Messingaufsteckhülsen verwenden

Abb.234: Aufschraubbänder sollten bei besseren Möbeln immer eingelassen werden. Dazu ist ein genaues Anreißen erforderlich, wobei auch die Stemmtiefe angezeichnet werden muß

Abb.235: Mit einem Stecheisen wird das zu entfernende Material abgetragen

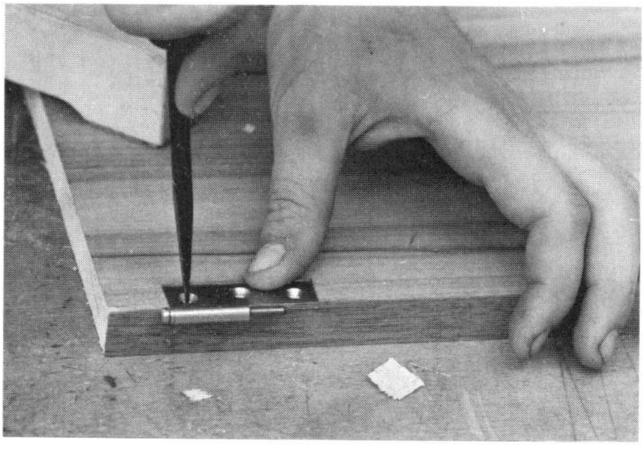

Abb.236: Der Stiftteil des Bandes paßt haargenau und kann nun angeschraubt werden

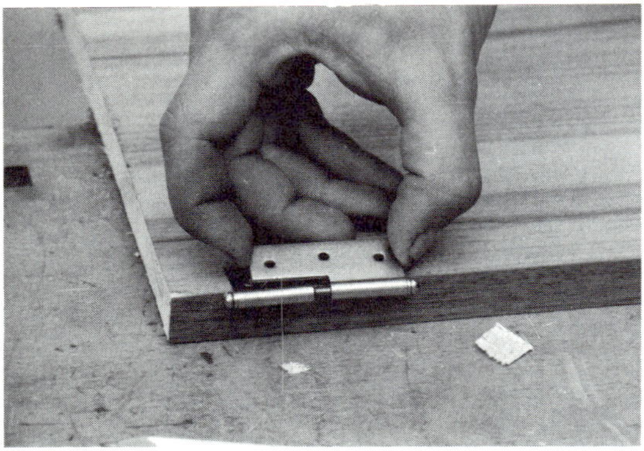

Abb.237: Das Lochteil des Bandes wird zum Anreißen auf das Stiftteil aufgesetzt

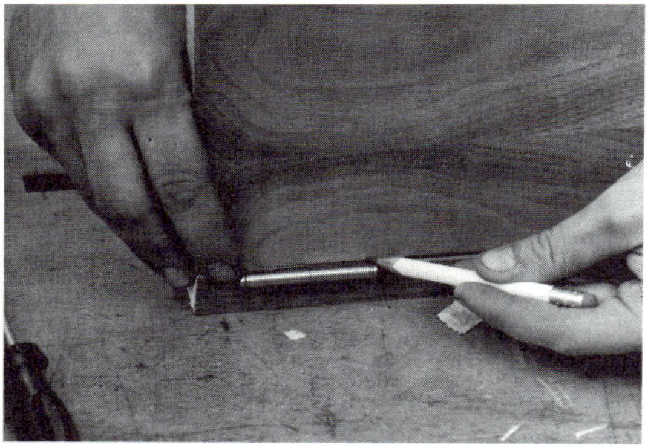

Abb.238: Die exakte Breitenangabe des Stiftteils sichert einen späteren guten Sitz

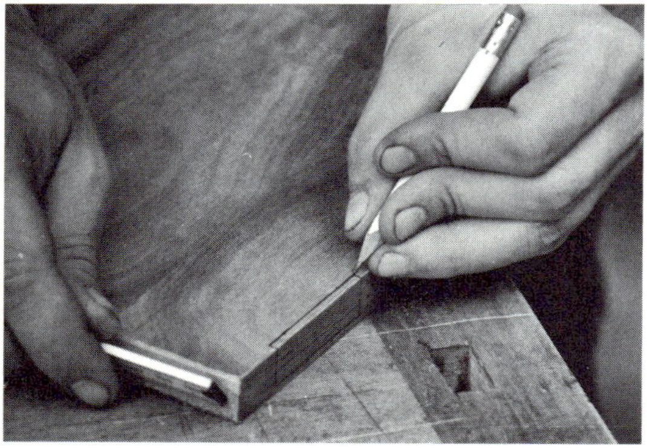

Abb.239: Auch die Tiefe, d.h. die Materialstärke des Bandes ist wieder zu kennzeichnen, um beim Ausstemmen einen genauen Anhaltspunkt zu haben

Abb.240: Das Lochteil des Bandes sitzt exakt in der Kante und garantiert so ein gutes Schließen der Tür

Abb.241: Sitzen Stift und Bandteil exakt, macht das Einhängen der Tür überhaupt keine Schwierigkeiten

Abb.242: Ein gut eingepaßtes Aufschraubband garantiert, daß Korpus und Türteil exakt schließen

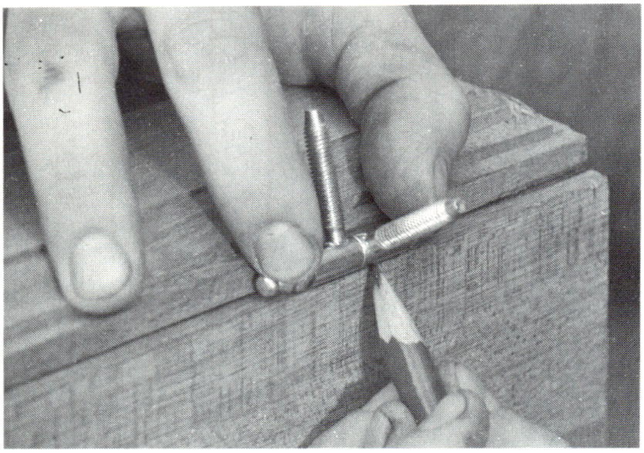

Abb.243: Das Anreißen der Einbohrbänder kann sowohl mit als auch ohne Schablone erfolgen, doch muß im letzteren Fall unbedingt exakt gearbeitet werden. Die Bohrung für den Stiftteil des Bandes ist bereits vorgenommen

Abb.244: Vorsichtig und ohne zu verkanten, wird die Bohrung im Türteil gesetzt

Abb.245: Da für Einbohrbänder keine Einlassungen erforderlich sind, ist das Eindrehen in die Bohrung mit wesentlich weniger Arbeitsaufwand verbunden. Hier wird das Stiftteil in den Korpus eingedreht

Abb.246: Auch das Setzen des Lochteils in die Tür ist nicht mehr als ein Einschrauben. Diese Bänder sitzen im Massivholz natürlich am besten

Abb.247: Tür und Korpus lassen sich durch die exakt sitzenden Einbohrbänder leicht zusammenstecken

Die Montage dieses Zapfenbandscharniers ist äußerst einfach und aus der Zeichnung gut zu entnehmen.

Abschließend zu diesem Thema sollen noch die Tischbänder und Kistenbänder erwähnt werden, die eigentlich zu den Scharnieren gezählt werden müssen, da ihnen das typische Merkmal des Bandes, nämlich die Möglichkeit des Aushängens der Tür oder des Deckels, fehlt. Ihre Montage entspricht der Montage der Scharniere.

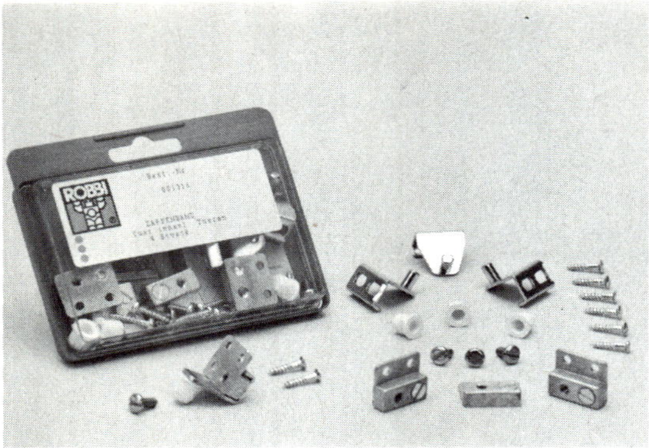

Abb. 248: Bei einschlagenden Türen und Klappen, die verdeckt angeschlagen werden sollen, sind diese Zapfenbänder einzusetzen. Ihre Montage ist einfach und die Tür läßt sich leicht montieren

Abb.249: Der Zapfen des Bandes bewegt sich in einer Einleimmuffe, die in einer 8 mm Bohrung sitzt

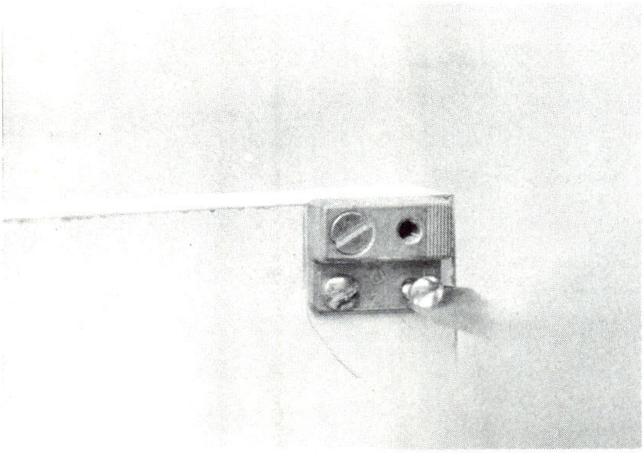

Abb.250: Maßgenau ist die Halterung an der Tür anzubringen

Abb.251: Die Tür wird jetzt nur noch in den Bandteil eingesteckt und mittels einer Schraube werden die beiden Bandteile verbunden

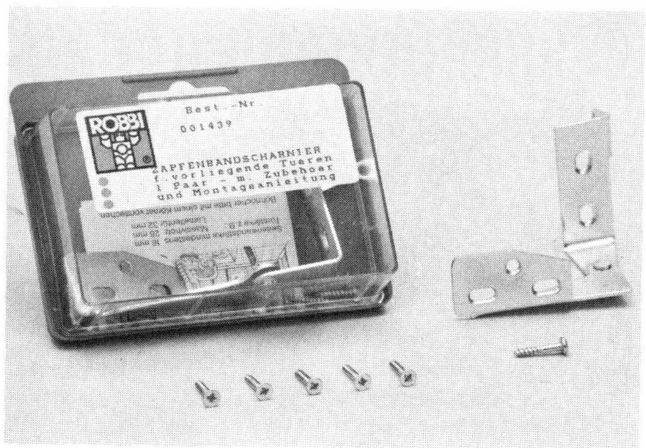

Abb.252: Für vorliegende Türen, z.B. Lamellentüren, wird dieses Zapfenbandscharnier verwendet, das sich leicht montieren läßt

Abb.253: Hier erkennen wir die Montage des Bandes an einer Lamellentür

Abb.254: Tischbänder, die eigentlich eher zu den Scharnieren zählen, da sie nicht aushängbar sind, werden in den verschiedensten Breiten angeboten

Abb.255: Eine spezielle Form unter den Tischbändern nimmt das sogenannte T-Band ein, das in 100 mm und 150 mm zu haben ist

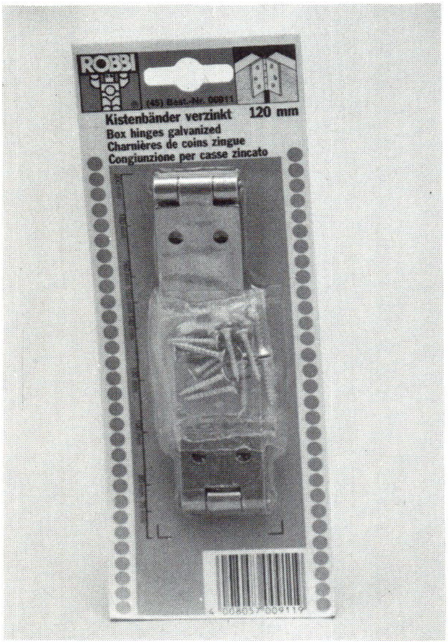

Abb.256: Robust und stark sind diese Kistenbänder, die in den Maßen 120, 140, 160, 180 und 200 mm angeboten werden

Manche mögens antik

Das Interesse an antiken Möbeln nimmt immer mehr zu. Daher ist es nicht erstaunlich, daß im Beschlagsangebot Bänder und Scharniere zu finden sind, die den unterschiedlichsten Zeitepochen entsprechen. So sind in dem Angebot der antiken Beschläge solche zu finden, die in die Zeit der sogenannten Bohlenmöbel zurückführen. Es sind rustikale schmiedeeiserne Arbeiten. Und damit diejenigen, die es wirklich alt haben möchten, nicht enttäuscht sind, wird ein Teil der Beschläge sogar gut verrostet geliefert, wobei natürlich Schrauben u.ä. Zubehör genau der Zeitepoche entsprechen und genauso gut verrostet sind.

War das Angebot in der ebenerwähnten Zeit noch gering, so haben das 18. und 19. Jahrhundert bezüglich des Beschlagsangebotes der Phantasie freien Lauf gelassen. Auch aus diesen unterschiedlichsten Stilrichtungen bis hin zum Jugendstil findet man alles, was man haben möchte. Dabei ist das angebotene Programm gut durchdacht, denn von Schlüsselschildern, Griffen bis zu den Knöpfen ist alles zu haben. Auch Schlüssel werden angeboten, die je nach Schloß zugefeilt werden können, um so eine echte Schließfunktion zu übernehmen.

Abb.257: Bänder und Scharniere für Truhen und Schränke, wie sie früher verwendet wurden

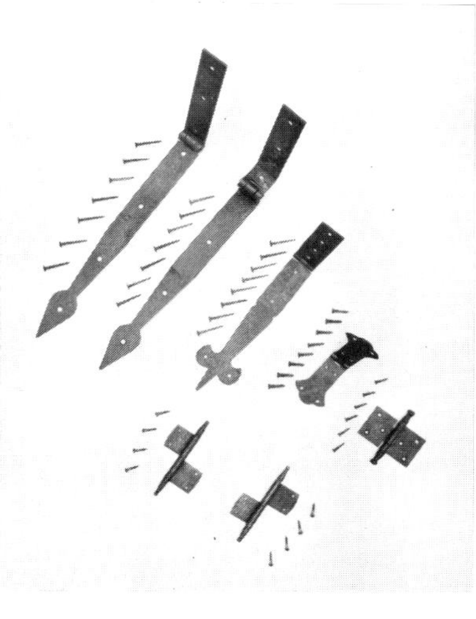

Abb.258: Natürlich müssen auch die Verschlüsse der Zeit entsprechen

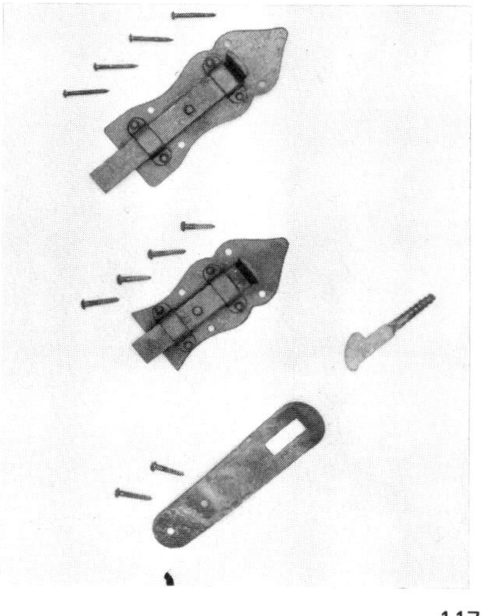

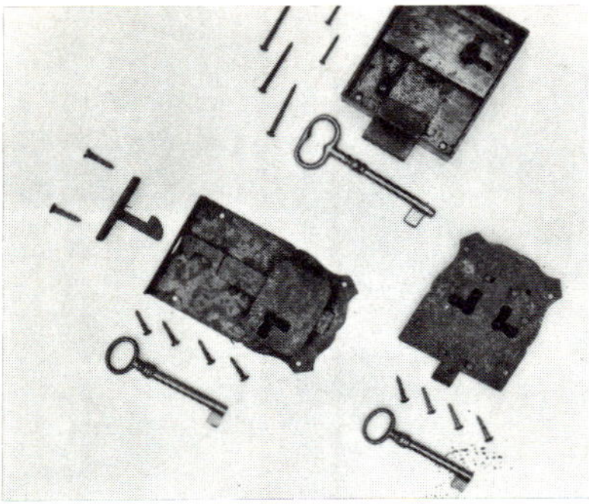

Abb.259: Auch alte Kastenschlösser können dem Stil entsprechend eingesetzt werden, zu welchen die Schlüssel zugefeilt werden müssen

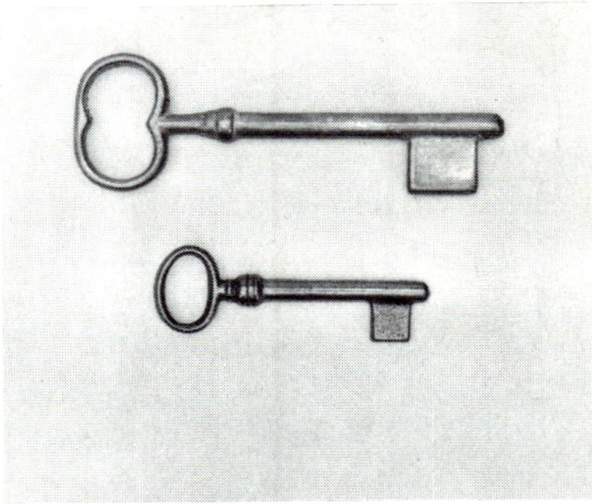

Abb.260: Um das Schlüsselprogramm so klein wie möglich zu halten, müssen die Schließen im Bart je nach Schloß gefeilt werden

Abb.261: Griffe und die dazugehörenden Bleche, wie sie früher an Truhen und Kommoden verwendet wurden, sind Liebhaberstücke und werden besonders von passionierten Heimwerkern gesucht

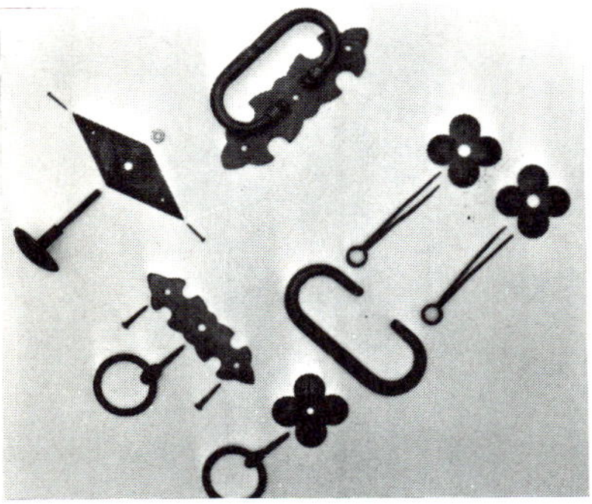

Abb.262: Schließbleche unterschiedlichster Ausführung

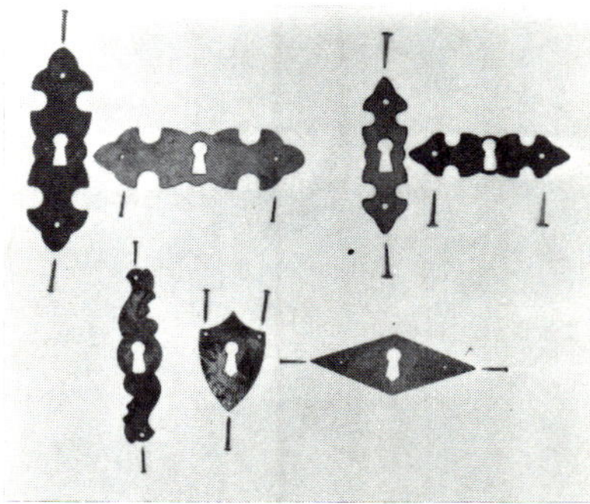

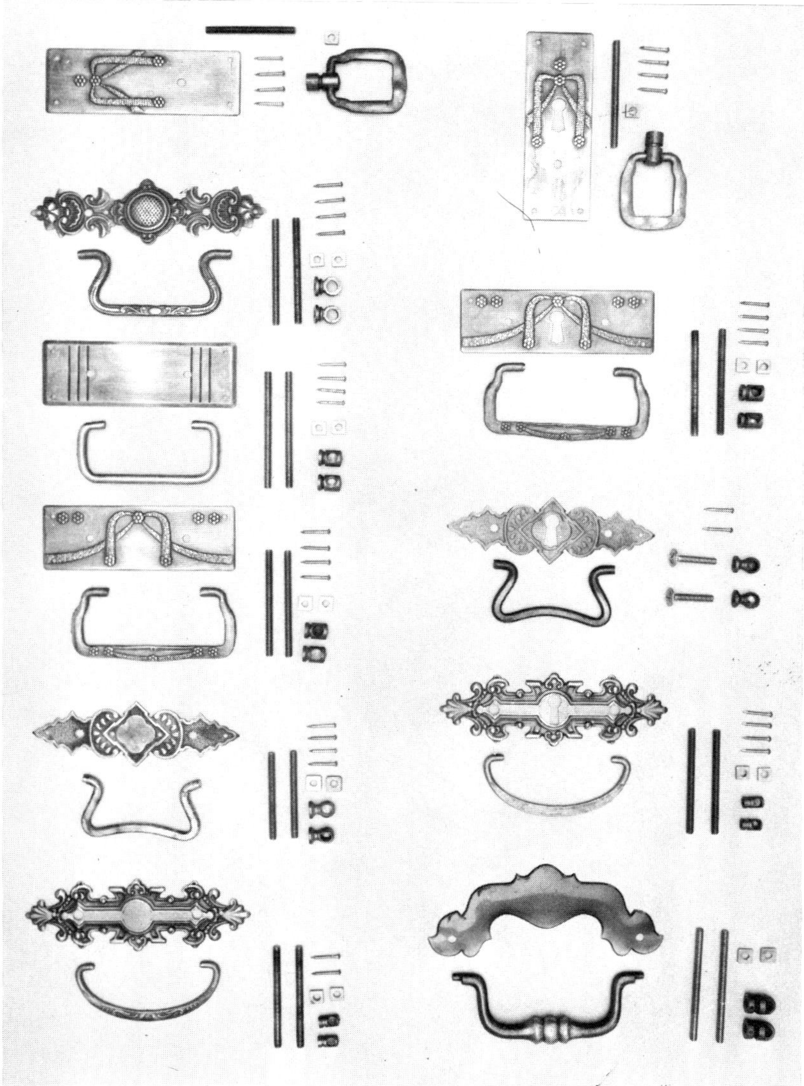

Abb.263: Eine Auswahl an Griffen vergangener Zeiten, die vermessingt und in Hocnglanz angeboten werden

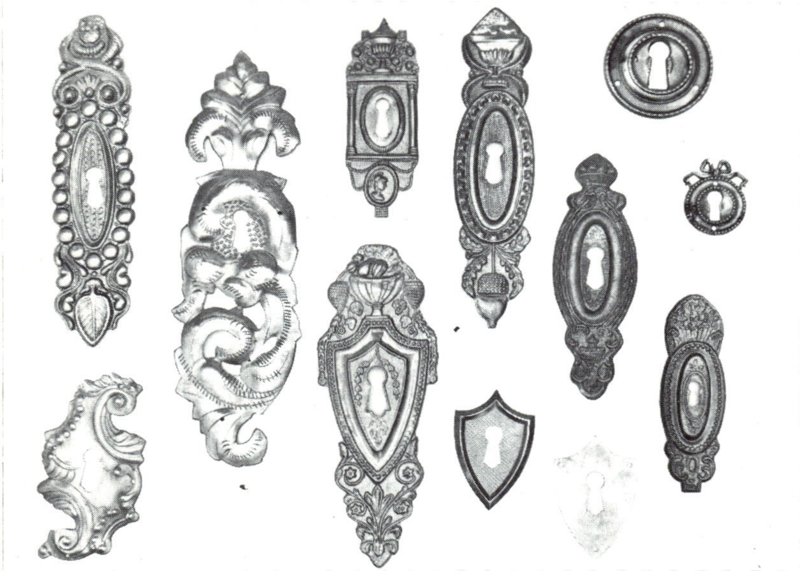

Abb.264: Schließbleche vermessingt vergangener Epochen

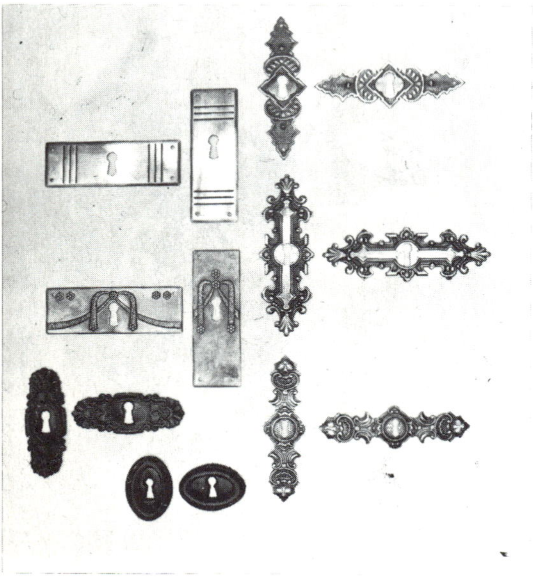

Abb.265: Eine Auswahl an Schließblechen, die zu den Griffen in Abb. 263 gehören

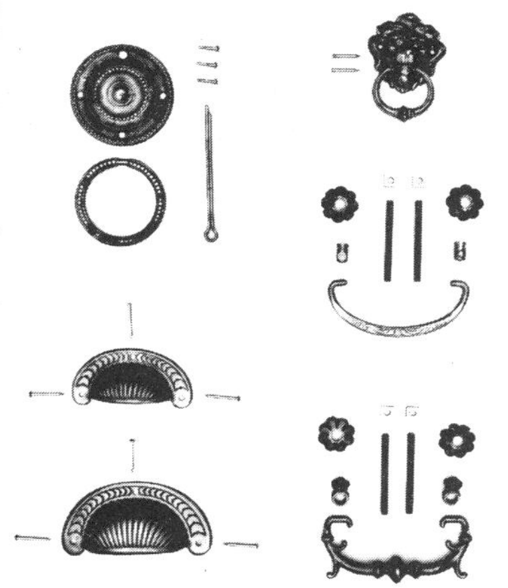

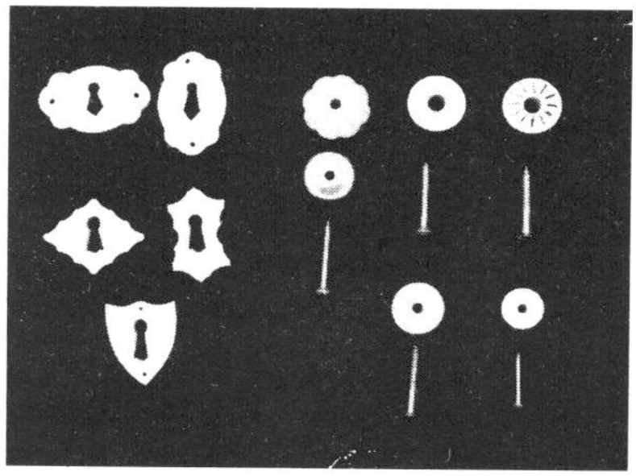

Abb.267: Wer es ganz in Weiß haben möchte, muß auf die hier gezeigten Schlüsselschilder und Griffe zurückgreifen

Abb.266: Messing war das Material, das sich in den unterschiedlichsten Formen für Möbelbeschläge prägen ließ

Das Einbohrband mit Zierkopf, auf den Abbildungen 243-247 in seiner Montage gezeigt, wurde bei dem aus Massivholz gefertigten Schrank (Abb. 1) verarbeitet. Auf ihr ist auch zu erkennen, wie harmonisch diese Zierköpfe in Verbindung mit antiken Beschlägen wirken, die als Schlüsselschilder längs und quer sowie auch als Griffe verwendet wurden. Bei der Herstellung von Möbeln nach alten Vorbildern sollte man sich für die Auswahl der Beschläge etwas Zeit nehmen, denn Beschläge sind Gestaltungselemente, die ein Möbelstück auf- und abwerten können.

Abb.268: Noch eine Auswahl an Griffen für kleine und mittlere Schubkästen

Abb.269: Möbelrollen, wie sie in früheren Zeiten zum Einsatz kamen

Im Handel erhältliche Bänder

Artikel	Ausführung	Maße
Möbelbänder	mit Zierkopf, Messing brüniert, links gerade	50 x 40 mm
Möbelbänder	mit Zierkopf, Messing brüniert, rechts gerade	50 x 40 mm
Möbelbänder	mit Zierkopf, Messing, links gerade	50 x 40 mm
Möbelbänder	mit Zierkopf, Messing, rechts gerade	50 x 40 mm
Einbohrbänder	mit Zierkopf, hell antik	13 mm
Einbohrbänder	mit Zierkopf, schwarz gefärbt	13 mm
Einbohrbänder	mit Zierkopf, vermessingt	13 mm
Einbohrbänder	mit Zierkopf, hell antik, 70 mm lang	8 mm
Einbohrbänder	mit Zierkopf, schwarz gefärbt, 70 mm lang	8 mm
Einbohrbänder	mit Zierkopf, vermessingt, 70 mm lang	8 mm
Einbohrbänder	verzinkt	13 mm
Einbohrbänder	vermessingt	15 mm
Einbohrbänder	verzinkt	15 mm
Einbohrbänder	vermessingt	8 mm
Einbohrbänder	vernickelt	8 mm
Einbohrbänder	verzinkt	10 mm
Renovierband	zum Anschrauben	Ø 15 mm
Renovierband	zum Anschrauben, gelb-chromatisiert	Ø 13 mm
Renovierband	zum Anschrauben, gelb-chromatisiert	Ø 8 mm
T-Bänder	verzinkt	100 mm
T-Bänder	verzinkt	150 mm
Türbandoberteil	verzinkt	Ø 15 mm
Universal-Türband	für Stahlzarge	
Pendeltürband		75 mm
Zapfenband	für Lamellentüren	
Zapfenband	vernickelt	

Klappenstützen, Klappenhalter und Bremsklappenhalter

Klappen, die nach ihrer Funktion die gleiche Aufgabe haben wie Türen, nämlich einen offenen Korpus gegen Sicht, Staub oder Zugriff zu verschließen, werden entweder hängend, stehend oder liegend angebracht. Die hängenden Klappen, wie am total zerlegbaren Schrank gezeigt, werden an der Oberkante angeschlagen und von unten nach oben geöffnet. Ob die Klappen stumpf aufschlagen, stumpf einschlagen oder überfälzt angeschlagen werden, hat auf die Wahl der Beschläge nur insofern einen Einfluß, als daß man auf die erforderlichen Eigenschaften der Beschläge, wie sie für Drehtüren verwendet werden, achten muß.

Im Kapitel über Klappenscharniere wurden spezielle Scharniere vorgestellt, z.B. der Liftbeschlag, ein Spezialscharnier für stumpf aufschlagende, hängende Klappen. Dieser Beschlag ist mit einer Feder versehen, der die Klappe sowohl in geöffnetem als auch in geschlossenem Zustand hält. Bei der Verwendung aller anderen Scharniere für hängende Klappen (es können neben den speziellen Klappenscharnieren alle anderen Scharniere und Bänder verwendet werden) sind Klappenstützen erforderlich, die die Klappe nach oben offenhalten, um den Schrank beidhändig beschicken oder entleeren zu können.

Klappenstützen gibt es in unterschiedlichen Ausführungen, z.B. die Klappenstütze mit Teleskoparm, dessen Spannung so eingestellt werden

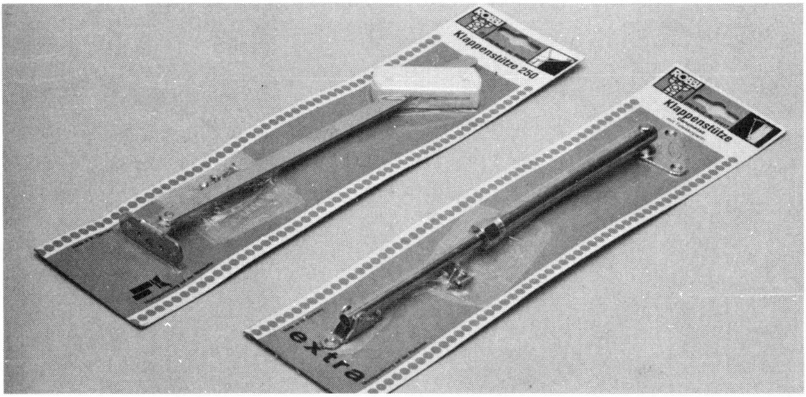

Abb. 270: Zwei Ausführungen von Klappenstützen. Bei der Klappenstütze 220 (im Foto links) kann die Klappe nur in einer Stellung arretiert werden. Die Bremsklappenstütze (im Foto rechts) besitzt einen Teleskoparm, der durch seine einstellbare Bremswirkung die Klappe in jeder Position hält

kann, daß die Klappe in jeder Stellung stehen bleibt. Einfachere Klappenstützen arritieren über einen Haken, der die Klappe immer in einem bestimmten Öffnungswinkel offen hält. Durch nochmaliges Anheben der Klappe rastet der Haken aus und die Klappe kann geschlossen werden. Beide Klappenstützen sind gut, mit dem Unterschied, daß die Klappenstütze mit Teleskoparm mehr Bequemlichkeit bietet.

Neben den hängenden Klappen haben wir die stehenden Klappen, die an der Unterkante angeschlagen und von oben nach unten geöffnet werden. Diese Art der Öffnung kennen wir hauptsächlich von den Schreibschränken, bei denen die Frontplatte aufgeklappt gleich Arbeitsplatte ist. Da diese Klappen mit den typischen Klappenscharnieren (keine Federscharniere) oder aber mit Stangenscharnieren am Korpus befestigt werden, sind Klappenhalter erforderlich, die die Klappe zum Korpus in einem 90^0 Winkel halten.

Solche Klappenhalter gibt es wiederum in unterschiedlichsten Ausführungen, und zwar als einfache Klappenhalter und Bremsklappenhalter. Die einfachen, normalen Klappenhalter verlangen von dem Benutzer des Schrankes, daß er immer daran denkt, daß die Klappe nach Beginn des Öffnens sofort herunterschlagen kann. Das muß auf jeden Fall vermieden werden, da eine solche Tortur selbst die besten Schraubverbindungen auf Dauer nicht aushalten.

Abb. 271: Drei Ausführungen von Bremsklappenhaltern, die verhindern, daß die Klappe mit einem Schlag nach unten braust. Die Öffnungsgeschwindigkeit ist bei allen drei Bremsklappenhaltern einstellbar, wobei die Bremskraft stets so reguliert werden sollte, daß sich die Klappe durch das Eigengewicht langsam öffnet

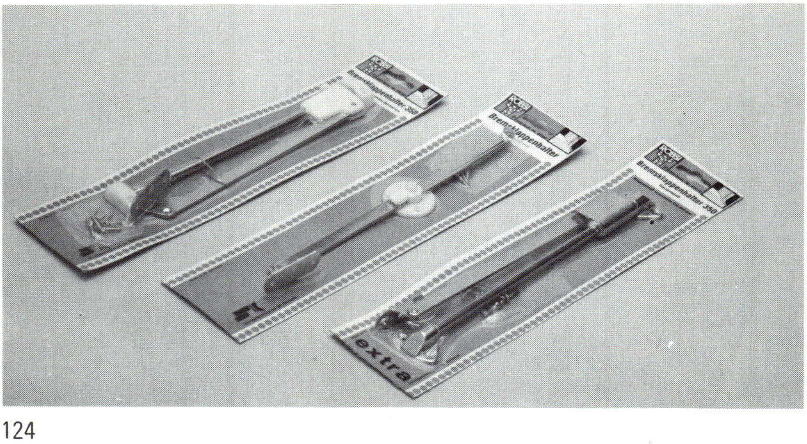

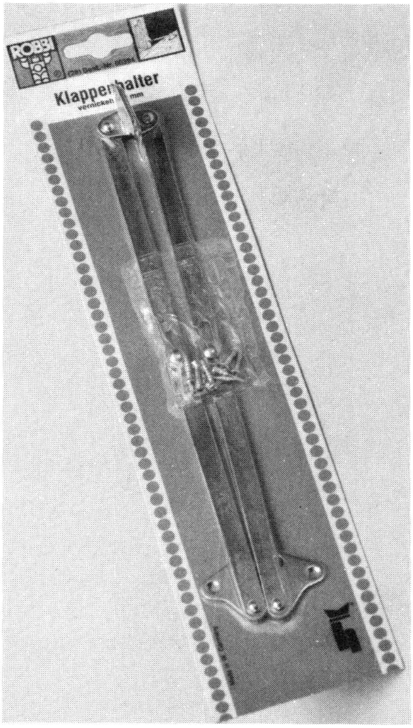

Abb. 272 + 273: Hier haben wir zwei Klappenhalter ohne Bremseinrichtung. Beim Einsatz dieser Klappenhalter hat der Benutzer der Klappe stets darauf zu achten, daß die Klappe beim Öffnen gehalten und langsam heruntergeführt wird. Die Klappenhalter sind mit Holzschrauben an Korpus und Klappe befestigt. Bei öfterem Herunterschlagen der Klappe würden sich die Schrauben im Holz lockern

Vorteilhafter sind daher die Bremsklappenhalter, die dieses Runterschlagen der Klappe verhindern, indem entweder ein Reibwiderstand am Bremsklappenhalter die Öffnungsgeschwindigkeit verringert, oder aber die Angelegenheit pneumatisch erfolgt. Die Klappen können dann jedoch nicht plötzlich aufgerissen werden, sondern bewegen sich immer mit der an den Bremsklappenhaltern eingestellten Geschwindigkeit, die jedoch variabel einstellbar ist und so ein schnelleres oder langsameres Öffnen der Klappe gestattet.

Wurden anfangs noch die liegenden Klappen erwähnt, so sind es solche, die Truhen und Kisten verschließen, d.h., sich in horizontaler Ebene befinden. Sie benötigen, da sie sich in der Regel nach oben öffnen lassen, nur in den seltensten Fällen eine Klappenstütze, wie sie bei hängenden Klappen beschrieben wurden.

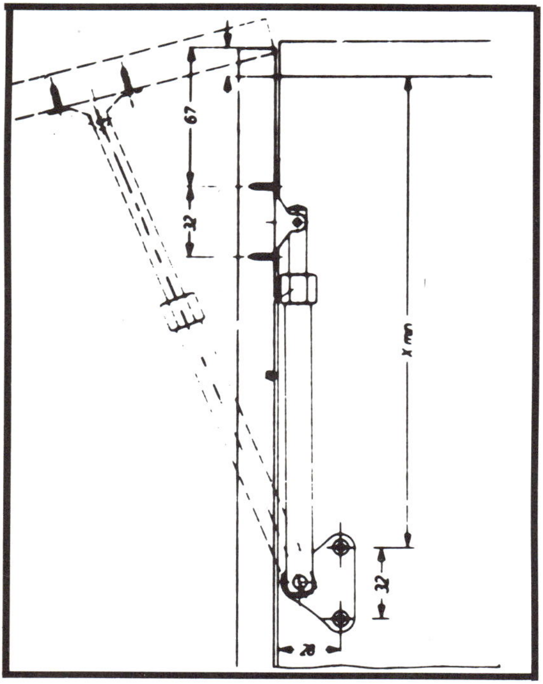

Abb.274: Die Montageanleitung zur Bremsklappenstütze. Die Bremsklappenstütze wird durch vier Schrauben gehalten. Zur einwandfreien Funktion ist auf die Einbaumaße zu achten

Abb. 275: Durch die Einstellbarkeit der Bremskraft kann die Bremsklappenstütze die Klappe in jeder Stellung halten

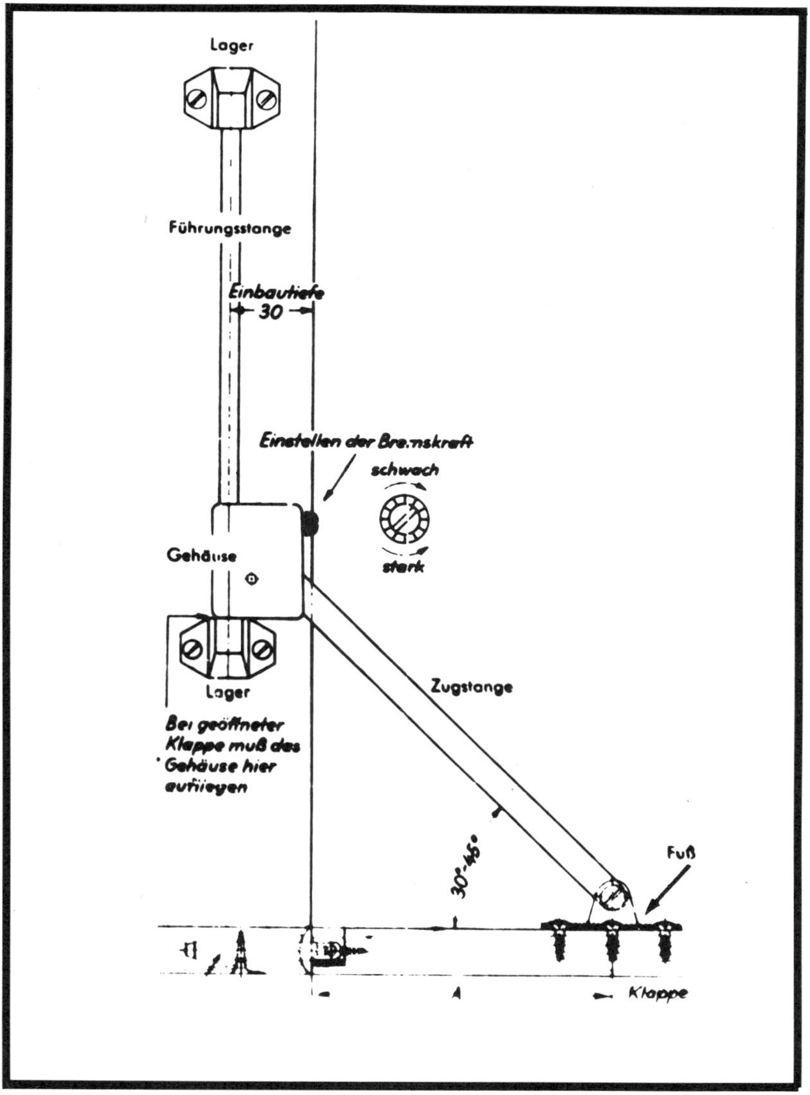

Abb. 276: Die Klappenhalter, die nur für Rechtsanschlag geliefert werden, lassen sich durch Umstellen des Fußes auch links anschlagen. Hier sehen wir die Einbaumaße für den Bremsklappenhalter 350, der für eine Klappenfachinnenhöhe von 350-450 mm gedacht ist

Abb. 277: Der Bremsklappenhalter montiert. Man erkennt, daß die Klappe nicht herunterschlagen kann

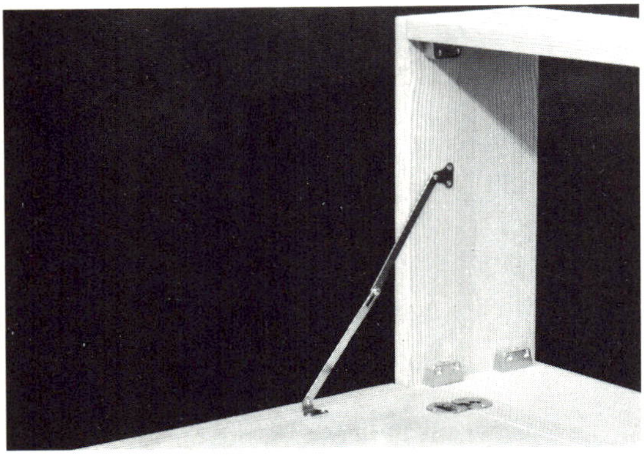

Abb. 278: Bei einem Klappenhalter ohne Bremsfunktion könnte sich der Deckel in der oben gezeigten Stellung nicht halten

Im Handel erhältliche Klappenhalter

Artikel	Ausführung	Farbe	mm
Bremsklappenhalter		weiß	250
Bremsklappenhalter	Ganzmetall	vernickelt	350
Bremsklappenhalter		weiß	350
Klappenhalter		vernickelt	250
Klappenstütze		weiß	250
Klappenstütze mit Teleskoparm	Ganzmetall	vernickelt	

Schnäpper, Magnetverschlüsse, Schlösser und Riegel

Schnäpper, Magnetverschlüsse, Schlösser und Riegel haben keine andere Funktion, als Türen und Klappen in geschlossener Lage zu halten. Dabei haben die Schnäpper und Magnetverschlüsse in erster Linie die Aufgabe, ein selbsttätiges Öffnen der Türen und Klappen zu verhindern. Schlösser und Riegel dagegen sollen neben dieser Funktion noch ein unbefugtes Öffnen verhindern, wenn entweder der Schlüssel entfernt oder ein Schloß vorgehängt ist.

Kann auf Schnäpper und Magnetverschlüsse dann verzichtet werden, wenn z.B. Topfscharniere mit eingebauter Feder, also Federscharniere, verwendet wurden, so sind Schlösser durch eine andere Technik der Scharniere nicht zu ersetzen.

Schnäpper

Bei den Schnäppern möchten wir vier Versionen vorstellen. Der Schnappverschluß, ganz in Kunststoff ausgeführt, besteht aus dem Verschluß sowie dem Schließhaken. Der Verschluß wird am Korpus, der Schließhaken an der Tür befestigt, wobei sich beim Schließen der Tür ein Keil zwischen die Halterungen des Verschlußes schiebt und so die Tür zuhält.

Beim Möbelschnäpper mit Rollen, also einem Rollenschnäpper, greift die Rolle, die an der Tür befestigt ist, hinter einen am Korpus befestigten Anschlag. Die Rolle ist federnd gelagert und garantiert so ein angenehmes, weiches Öffnen und Schließen der Türen.

Abb. 279: Ein Schnappverschluß aus Kunststoff, bei dem beim Schließen der Tür ein Keil zwischen zwei Haltebacken gedrückt wird. Die elastischen Kunststoffteile, an denen sich die Haltebacken befinden, garantieren eine Dauerbelastbarkeit, so daß sich dieser Schnappverschluß auch für strapazierte Küchenmöbeltüren eignet

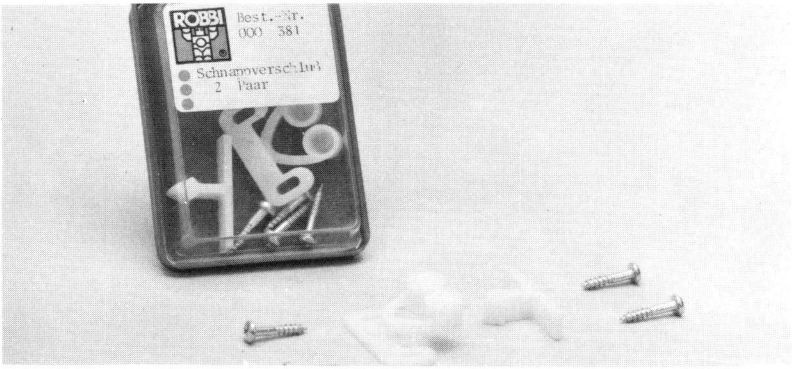

Abb.280: Hier erkennen wir, wie der Schnappverschluß aus Kunststoff an Möbel angebracht werden muß und beim Schließen funktioniert

Abb.281: Beim Rollfix bewegt sich beim Schließen eine federgelagerte Kunststoffrolle über einen Riegel und hält so die Tür zu

Abb.282: Ähnlich dem Rollfix ist der Kugelschnäpper, bei dem sich eine federnd gelagerte Stahlkugel in einem Metallgehäuse befindet. Die Kugel greift hinter ein Schließblech

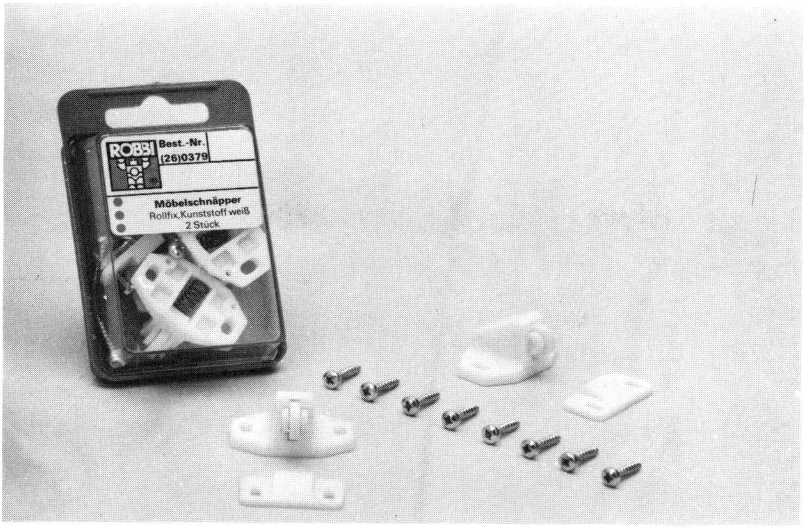

Abb. 283: Die einzelnen Teile des Möbelschnäppers Rollfix (nur in Weiß)

Abb. 284: Der Kugelschnäpper mit Stahlkugel und Anschlag wird gern für Möbel verwendet, bei denen ein weißer Verschluß störend wirken könnte

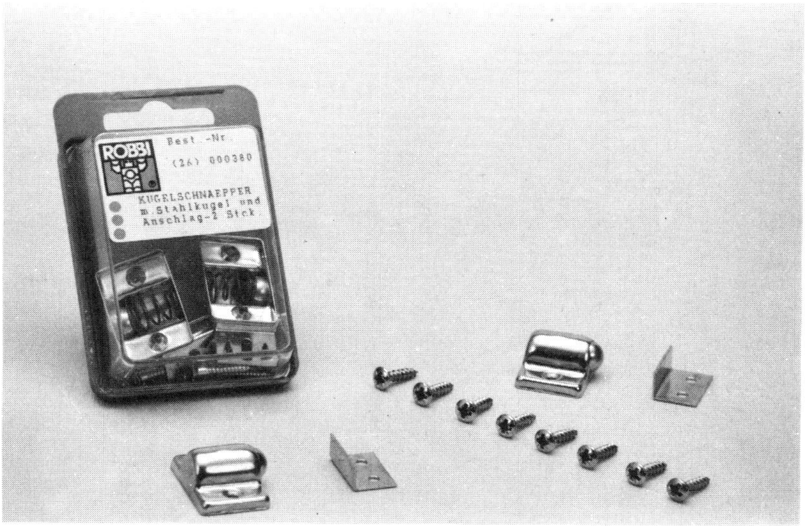

Nach etwa dem gleichen Prinzip arbeitet der Kugelschnäpper, bei dem eine Kugel federnd gelagert in einem Gehäuse sitzt, das an der Tür befestigt wird. Wieder bewegt sich die Kugel beim Schließen hinter einem am Korpus befestigten Anschlag und hält so die Tür zu.

Eine besondere Ausführung, die gern an Glastüren verwendet wird, ist der Druckfederschnäpper, bei dem durch Andrücken der Tür an den Schnäpper die Tür sowohl geöffnet als auch geschlossen werden kann.

Abb. 285: Der Druckfederschnäpper matt vernickelt ist für Glas- und Holztüren geeignet. Bei seiner Verwendung sind Griffe zum Öffnen nicht erforderlich, da durch leichten Druck auf die geschlossene Tür der Schnäpper seine Schließfunktion aufhebt. Die Tür wird wieder durch Gegendrücken geschlossen

Abb. 286: An diesem Modell ist gut zu erkennen, in welcher Stellung sich der Druckfederschnäpper bei geschlossener und geöffneter Tür befindet

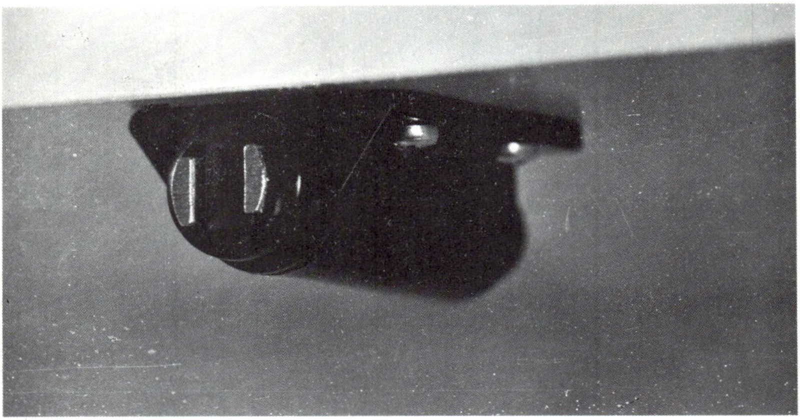

Magnetverschlüsse

Die Magnetverschlüsse, auch als Magnetschnäpper bezeichnet, werden in unterschiedlichen Haftstärken zwischen 2-6 kg angeboten. Sie bestehen aus einem Fangmagneten und einer Haftplatte, wobei der Magnet an den Korpus und die Haftplatte an die Tür geschraubt wird. Die Haftplatte kann je nach Ausführung beweglich oder starr sein. Es gibt auch eine Ausführung mit einem Doppelmagneten und zwei Haftplatten, durch welche in der Mitte zusammenschlagende Türen mit einem Doppelfangarmmagneten gehalten werden. Für zwei Türen ist jetzt statt zwei Magneten nur einer zu montieren.

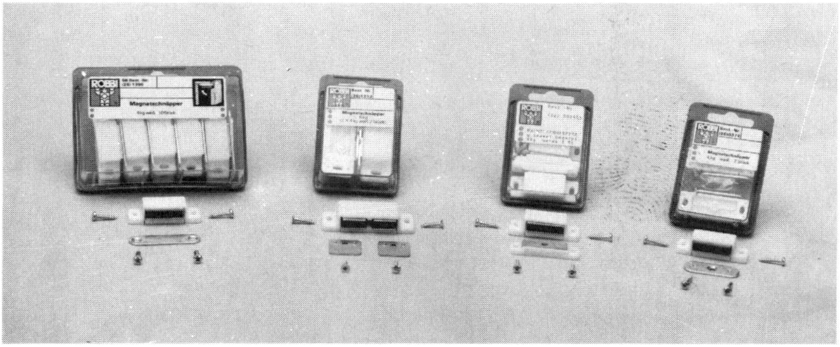

Abb. 287: Die Auswahl an Magnetschnäppern ist groß. Von links nach rechts haben wir Magnetschnäpper: belastbar bis 6 kg, belastbar bis 8 kg, die sich in 2 x 4 kg aufteilen, belastbar bis 4 kg mit beweglicher Gegenplatte und noch einmal belastbar bis 4 kg mit fester Platte

Abb.288: Magnetschnäpper lassen sich am leichtesten montieren, wenn die Rückwand noch nicht eingeschraubt ist. In diesem Zustand ist ein einwandfreies Anreißen am besten möglich

Im Handel erhältliche Schnäpper

Artikel	Ausführung	Farbe
Möbelschnäpper	Rollfix	weiß
Schnappverschluß	mit Schrauben	weiß
Kugelschnäpper	mit Stahlkugel und Anschlag	
Magnetschnäpper	für Glastür, Scharniere matt vernickelt	
Magnetschnäpper	2x4kg	weiß oder braun
Magnetschnäpper	mit beweglicher Gegenplatte, 4kg	weiß oder braun
Magnetschnäpper	4kg	weiß oder braun
Magnetschnäpper	6kg	weiß oder braun

Schlösser

Bei den Schlössern unterscheidet man zwischen Aufschraubschlössern, Einsteckschlössern, Einlaßschlössern, Drehstangenschlössern und Schubstangenschlössern.

Aufschraubschlösser lassen sich am leichtesten anbringen. Sie werden auf der Rückseite der Tür aufgeschraubt. Bei Einzeltüren greift der Riegel in ein Schließblech, das in den Korpus eingelassen wurde. Bei Doppeltüren faßt der Riegel hinter die an der zweiten Tür angebrachten Abdeckblende, wodurch auf das Schließblech verzichtet werden kann.

Neben den einzulassenden Schließblechen gibt es auch aufschraubbare, die den Charakter eines Winkels haben. Darauf ist beim Anbringen des Aufschraubschloßes zu achten, da das Schließblech jetzt weiter zum Schloß liegt.

Abb. 289: Aufschraubschlösser gibt es in den unterschiedlichsten Maßen und Ausführungen. So hat jeder die Möglichkeit, das richtige Schloß wählen zu können

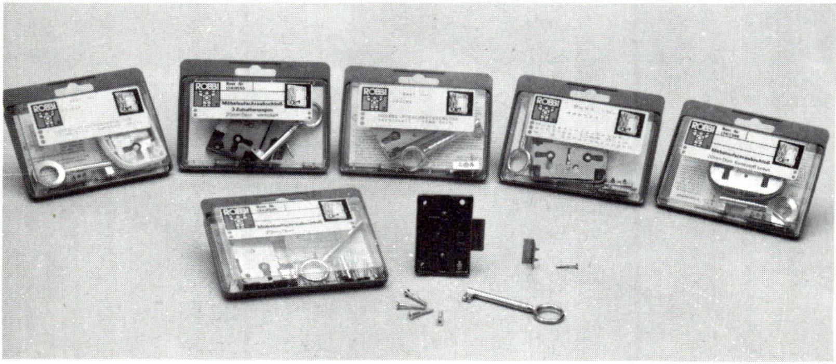

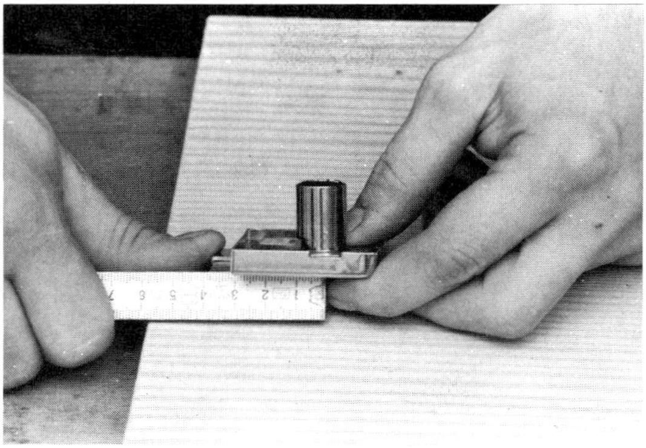

Abb.311: Zum Anreißen der Zylinderaufschraubschlösser sollte man sich ruhig etwas Zeit nehmen, da die Bohrung später nicht korrigiert werden kann

Abb.312: Sitzt die Bohrung exakt, ist das Anbringen des Schlosses nur noch ein Kinderspiel. Den Schließzylinder durch die Bohrung stecken und das Schloß von hinten mit vier Schrauben fixieren

Abb.313: Abschließend wird die vordere Kappe aufgesteckt, so daß ein sauberer Abschluß garantiert ist

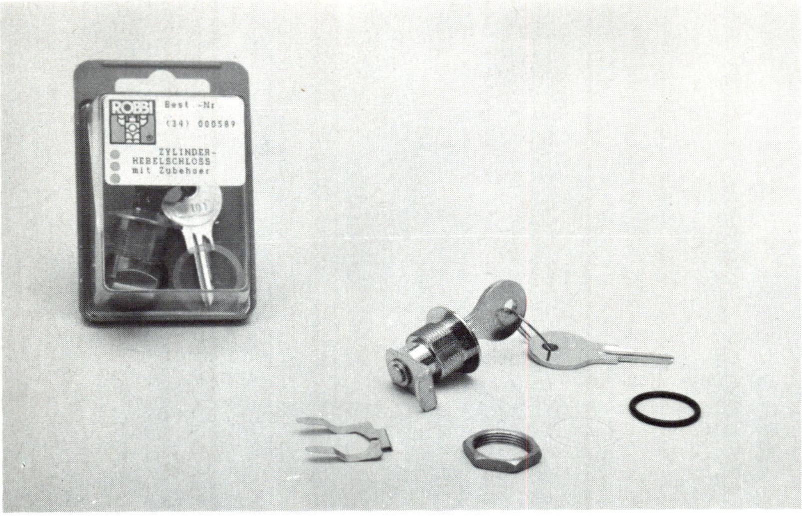

Abb. 314: Hier haben wir ein Zylinderhebelschloß, für dessen Montage nur eine Bohrung notwendig ist und das nach dem Durchstecken durch die Bohrung mit einer Mutter fixiert wird

Zylinderhebelschlösser werden für leichte Türen oder Briefkästen verwendet, wobei nur eine Bohrung auszuführen ist, durch die der Zylinder gesteckt und von innen verschraubt wird. Der Hebel greift wieder hinter ein Schließblech, das den Charakter eines Winkels aufweist.

Für vor- und innenliegende Klappen ist das *Drehdruckzylinderschloß* gedacht, das ebenfalls durch eine Bohrung in der Tür gesteckt und von hinten verschraubt wird.

Abb. 315: Das Drehdruckzylinderschloß für vor- und innenliegende Klappen gibt es in Weiß und in vernickelt. Sein Einbau gleicht dem der Zylinderaufschraubschlösser

Abb.316: Die Bohrung für das Drehdruckzylinderschloß ist vorgenommen und auch das Schließblech angeschraubt

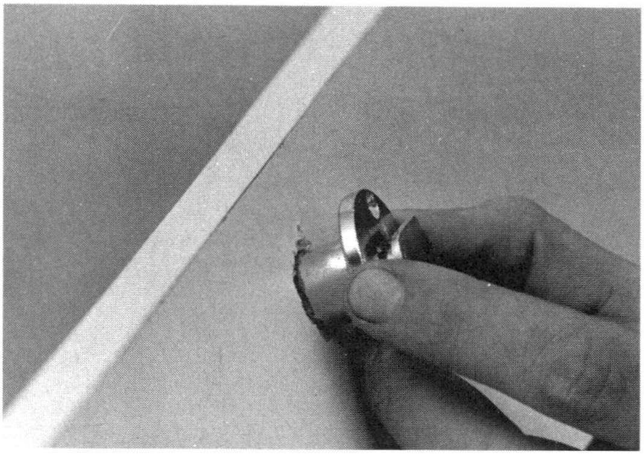

Abb.317: Um das Schloß gut einstecken zu können, sollte der Bohrer 1/2 mm größer genommen werden als das Maß des Zylinders beträgt

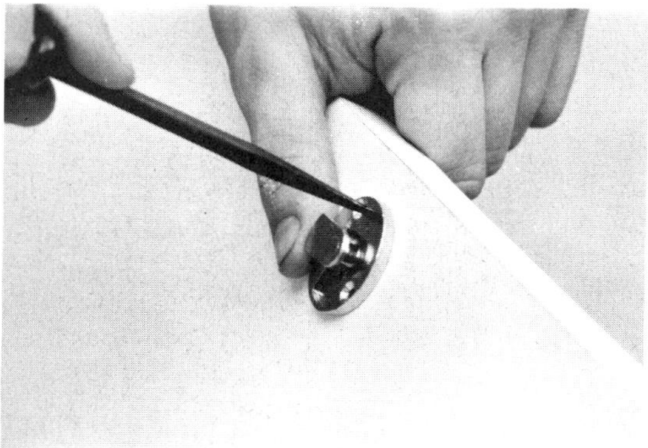

Abb.318: Die Aufschraubplatte kann entweder direkt auf die Tür aufgeschraubt oder in eine Einlassung versenkt werden. Dafür benötigt man jedoch einen sehr großen und teuren Forstnerbohrer

Ähnlich den Zylinderaufschraubschlössern sind ***Schiebetürschlösser*** anzubringen, wobei der Stulp einzulassen ist, um bündig mit der Rückseite der Schiebetür zu verlaufen. Abschließend soll noch auf ein Briefkastenschloß mit 10 mm Dorn hingewiesen werden, das speziell für Briefkästen konstruiert wurde. Die Anbringung gleicht der der Aufschraubschlösser.

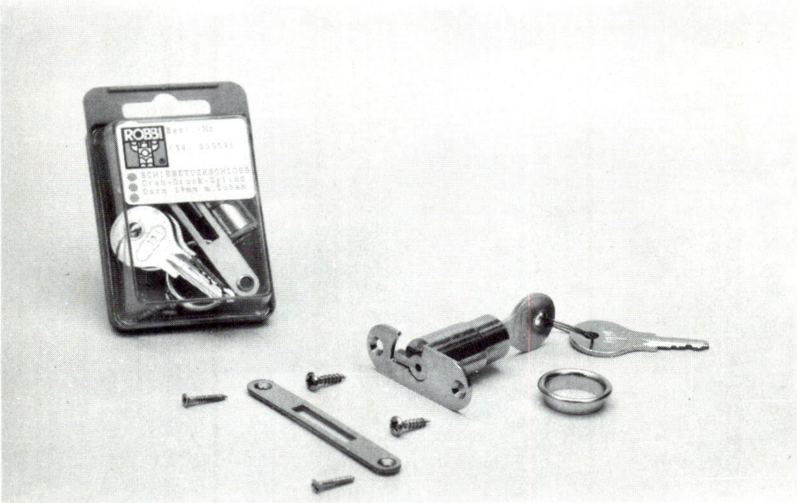

Abb. 319: Auch Schiebetüren wollen verschlossen sein. Dafür sind die Schiebetürschlösser zu verwenden. Ihr Einbau gleicht dem der Drehdruckzylinderschlösser

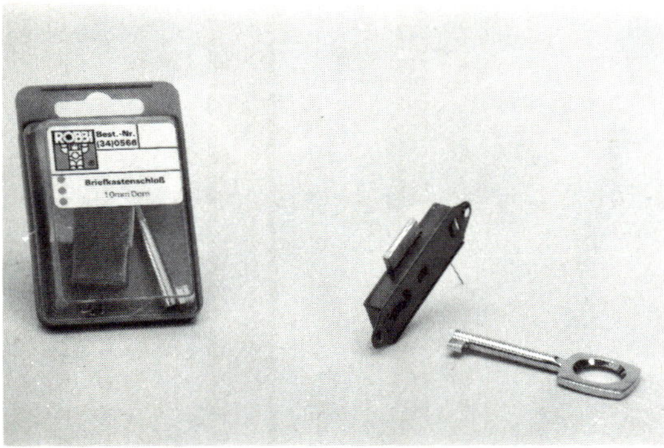

Abb.320: Als Heimwerker baut man seinen Briefkasten selbst. Auch hier wird ein vernünftiges Schloß benötigt

Drehstangen- oder ***Schubstangenschlösser*** sind so konstruiert, daß sie die Türen sowohl an der Türober- als auch an der Türunterkante verschließen, indem z.B. bei den Drehstangenschlössern, Schließ- oder Greifhaken hinter einen Schließbolzen greifen, der an Deckel und Boden anzuschrauben ist. Der Schließkasten der Dreh- oder Schubstangenschlösser wird an der Türinnenseite aufgeschraubt. Vor dem Anbringen der Dreh- oder Schubstangenschlösser an der Tür sind diese noch zusammenzubauen, da Stangen, Schloßkasten, Greifhaken und Führungsschlaufen eingeschrumpft den Drehstangen beiliegen.

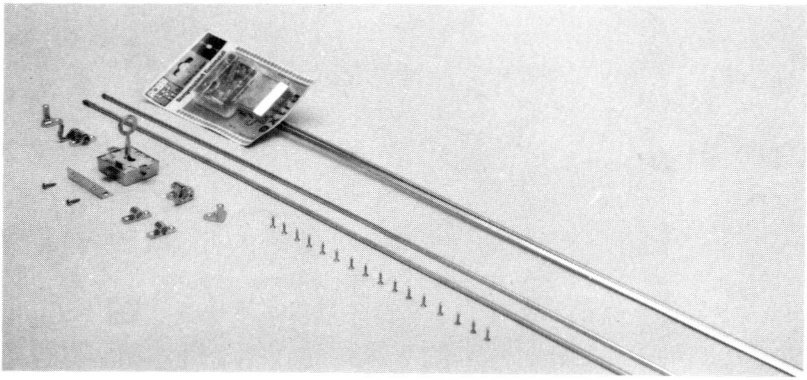

Abb. 321: Drehstangenschlösser haben den Vorteil, daß sie eine Tür mit einer Schließbewegung sowohl oben als auch unten verriegeln. Die Stangen können auf die gewünschte Länge gekürzt werden, so daß diese Schlösser für hohe und niedrige Schranktüren verwendet werden können

Abb.322: Drehstangenschlösser sind vor dem Anbringen zu montieren, wobei als erstes die Halterung aufgesetzt wird

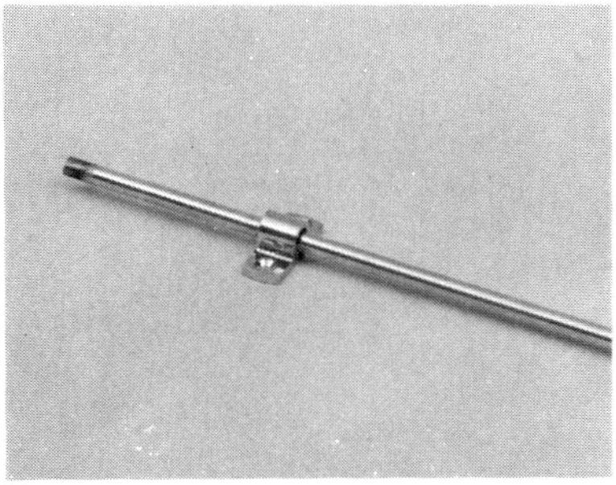

Abb.323: Anschließend wird der Schließ- oder Greifhaken montiert, der an Boden und Deckel hinter einen Bolzen greift

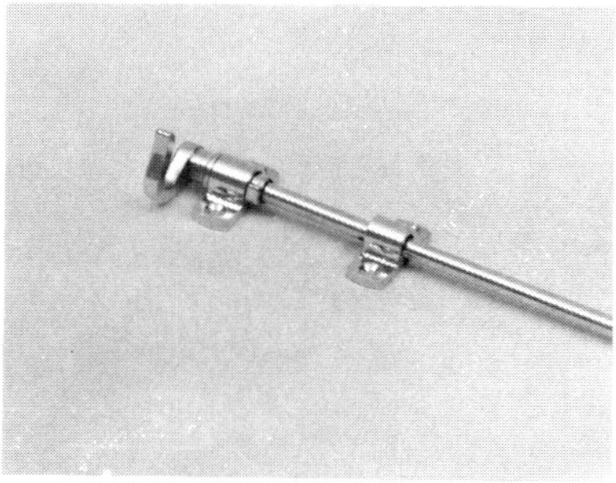

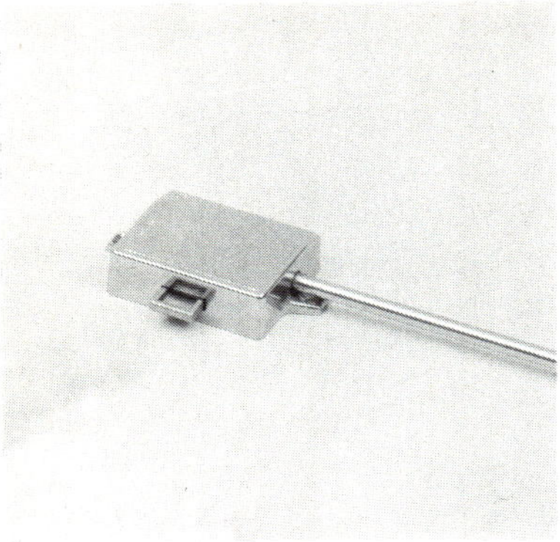

Abb.324: Die auf Länge geschnittene Stange wird in das Schloß eingesteckt

Abb.325: Befinden sich beide Stangen in den Schloßausnehmungen, kann das Schloß an die Tür geschraubt werden

Betrachtet man die Tabelle über die im Handel erhältlichen Schlösser, so findet man das sogenannte Dornmaß, das die Größe der Einsteck- und Aufschraubschlösser bestimmt. Dieses Dornmaß, das Maß vom Stulp des Schlosses bis Mitte Dorn (Schlüsselloch), ist beim Anschlagen unbedingt zu beachten, da man es als erstes anreißt. Nach Stärke des verwendeten Schlüsselschaftes wird unter Zugabe von 1-2 mm das Schlüsselloch gebohrt, das anschließend für die Aufnahme des Schlüsselbartes noch etwas auszuarbeiten ist.

Ist das Schloß in die Tür eingearbeitet, ist das Schließblech anzubringen, was am besten gelingt, wenn man den Riegel mit einem Fettstift oder Graphit schwärzt, die Tür schließt und den Schlüssel im Schloß dreht, damit der Riegel am Korpus anschlägt. Der Fettstift markiert die Stelle, an der das Schließblech einzulassen ist.

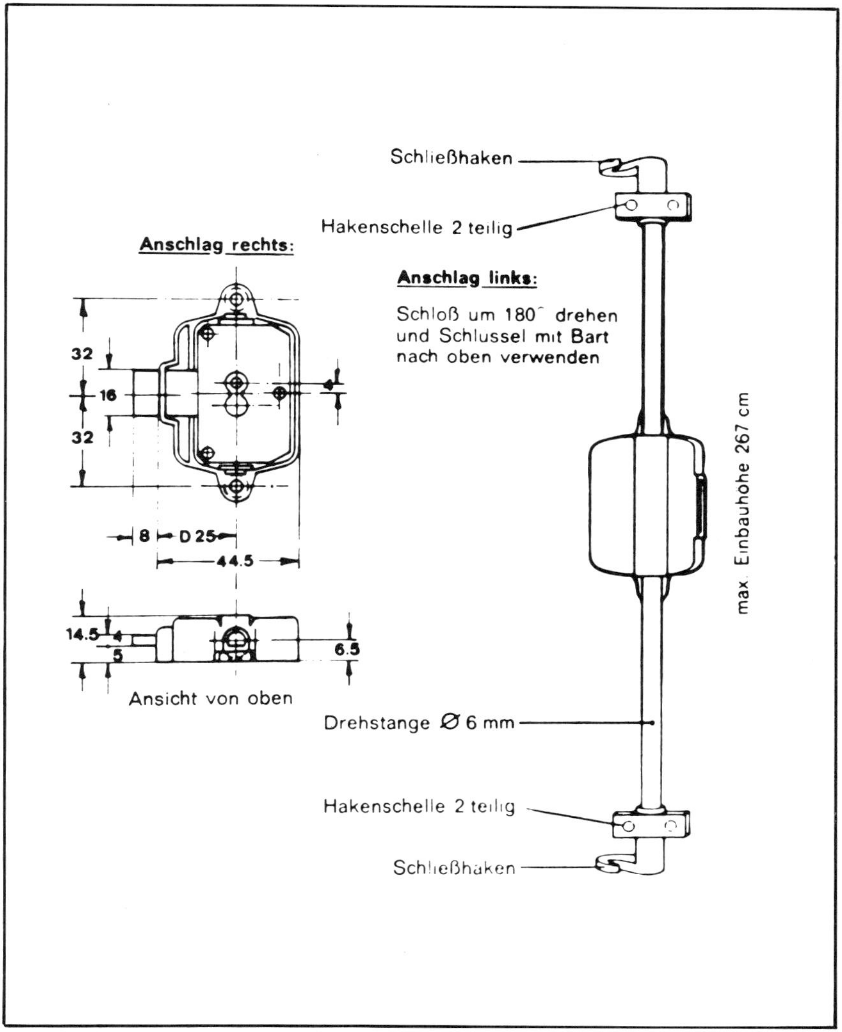

Abb. 326: Die Montageanleitung für den Einbau eines Drehstangenschlosses

Im Handel erhältliche Schlösser

Artikel	Ausführung	Farbe
Aufschraubschloß	20 mm-Dorn, Kunststoff	weiß
Aufschraubschloß	20 mm-Dorn, Kunststoff	braun
Aufschraubschloß	30 mm-Dorn, Kunststoff	weiß
Aufschraubschloß	30 mm-Dorn, Kunststoff	braun
Aufschraubschloß	15 mm-Dorn	vernickelt
Aufschraubschloß	20 mm-Dorn	vernickelt
Aufschraubschloß	25 mm-Dorn	vernickelt
Aufschraubschloß	30 mm-Dorn	vernickelt
Aufschraubschloß	35 mm-Dorn	vernickelt
Aufschraubschloß	40 mm-Dorn	vernickelt
Aufschraubschloß	15 mm-Dorn, mit 3 Zuhalterungen	vernickelt
Aufschraubschloß	20 mm-Dorn, mit 3 Zuhalterungen	vernickelt
Aufschraubschloß	25 mm-Dorn, mit 3 Zuhalterungen	vernickelt
Aufschraubschloß	30 mm-Dorn, mit 3 Zuhalterungen	vernickelt
Aufschraubschloß	35 mm-Dorn, mit 3 Zuhalterungen	vernickelt
Aufschraubschloß	40 mm-Dorn, mit 3 Zuhalterungen	vernickelt
Einsteckschloß	15 mm-Dorn, mit 3 Zuhalterungen	vernickelt
Einsteckschloß	20 mm-Dorn, mit 3 Zuhalterungen	vernickelt
Einsteckschloß	25 mm-Dorn, mit 3 Zuhalterungen	vernickelt
Einsteckschloß	30 mm-Dorn, mit 3 Zuhalterungen	vernickelt
Einsteckschloß	35 mm-Dorn, mit 3 Zuhalterungen	vernickelt
Einsteckschloß	40 mm-Dorn, mit 3 Zuhalterungen	vernickelt
Einsteckschloß	15 mm-Dorn, rechts	vernickelt
Einsteckschloß	15 mm-Dorn, links	vernickelt
Einsteckschloß	25 mm-Dorn, rechts	vernickelt
Einsteckschloß	25 mm-Dorn, links	vernickelt
Einsteckschloß	30 mm-Dorn, rechts	vernickelt
Einsteckschloß	30 mm-Dorn, links	vernickelt
Einsteckrolljalousienschloß	Nutbart 22 mm, links	vernickelt
Einsteckrolljalousienschloß	Nutbart 22 mm, rechts	vernickelt
Briefkastenschloß	10 mm-Dorn	vernickelt
Zylinderhebelschloß	für Briefkasten, Bohr-Ø 19mm	vernickelt
Zylinder-Klappenschloß	Bohr-Ø 18mm	weiß
Zylinder-Klappenschloß	Bohr-Ø 18mm	vernickelt
Schiebetürschloß-Dreh-Druck-Zylinder mit Rosette,	19 mm-Dorn	
Zylinder-Aufschraubschloß	15-40 mm-Dorn	Messing poliert
Zylinder-Aufschraubschloß	15-40 mm-Dorn	matt vernickelt
Zylinderschloß	30 mm-Dorn, rechts	vermessingt
Zylinderschloß	30 mm-Dorn, links	vermessingt
Stangenschloß	25 mm-Dorn	Ganzmetall

Die Riegel

Bei den Riegeln unterscheiden wir zwischen Möbelriegeln und Fensterriegeln. Die ***Möbelriegel*** werden wie auf den Abbildungen 118 und 119 montiert. Ihre Anbringung ist einfach, da es sich nur um eine Schraubarbeit handelt. Erst wird der Riegel montiert, dann das Winkelschließblech. Möbelriegel werden hauptsächlich verwendet, wenn sich an einem Möbelstück Doppeltüren befinden, bei denen der Riegel eines Aufschraubschlosses hinter die Abdeckleiste der zweiten Tür greift, oder der Riegel eines Einsteckschlosses in ein eingelassenes Schließblech in der zweiten Tür. In solchen Fällen muß die zweite Tür immer durch einen Möbelriegel gehalten werden.

Fensterriegel, die auch Schloßriegel genannt werden, sind für einfache Türen und Fenster einzusetzen. Sie werden nur aufgeschraubt, und das Schließblech ist den Erfordernissen entsprechend anzubringen.

Interessant ist auch der ***Sicherheitsverschluß*** für Türen und Schubladen, der bei leichten Möbeltüren (Küchenmöbeln) und bei nicht zu hohen Türen eingesetzt werden kann. Dabei wird an die Tür eine Kunststoff-Feder und an die Unterseite des Einlegebodens ein Haken geschraubt. Dieser Verschluß hat den Vorzug, daß beim Schließen der Türen die eine Tür immer selbständig verriegelt. Dieser Sicherheitsverschluß kann auch für Schubladen verwendet werden, wobei die Montage wie gezeigt vorgenommen werden muß.

Abb. 327: Werden an Schränken Doppeltüren angebracht, sind Riegel genauso notwendig wie Schlösser. Der Riegel hält die zweite Tür stets am Korpus

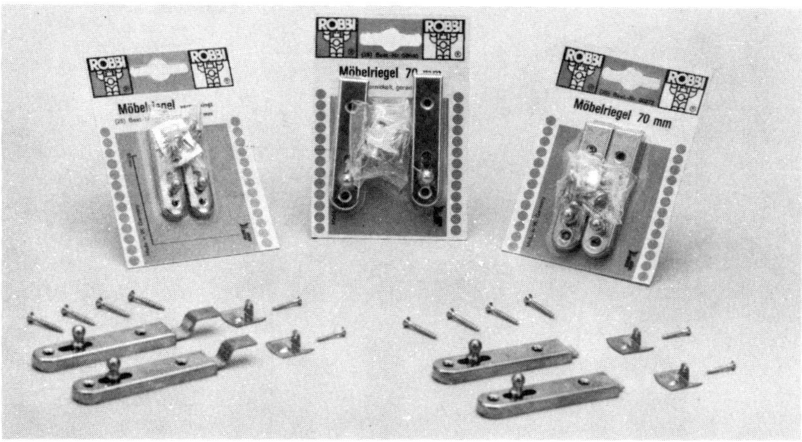

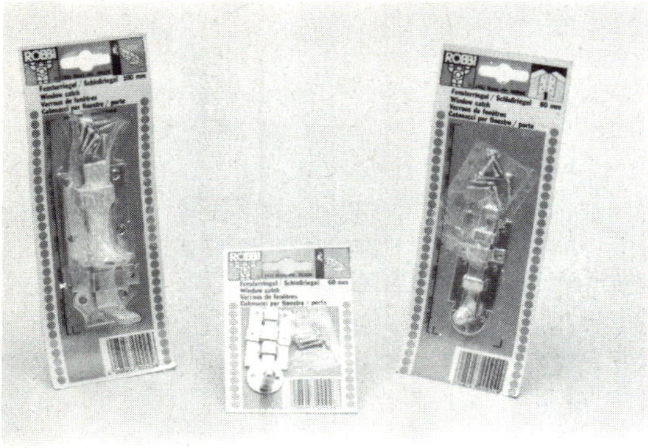

Abb.328: Für Fenster und einfache Türen braucht man etwas Stabileres, wie z.B. die hier gezeigten Fenster- oder Schloßriegel

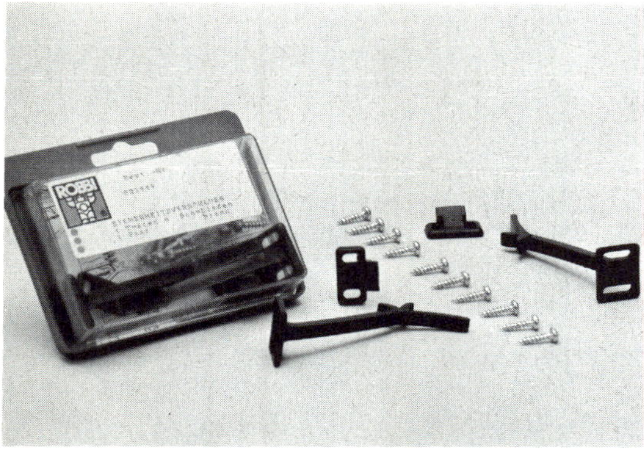

Abb.329: Ein Sicherheitsverschluß für Türen und Schubkästen. Bei Schubkästen wird er gern als Kindersicherung angebracht

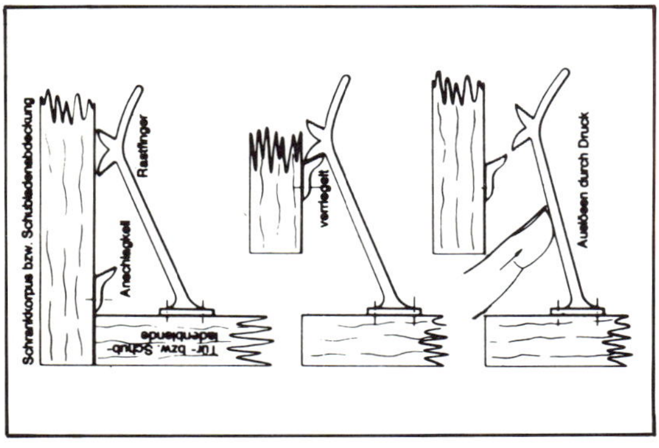

Abb.330: Diese Zeichnung verdeutlicht, wie der Sicherheitsverschluß bei Türen und Schubkästen anbracht werden kann

Abschließend möchten wir noch einige ***Kistenverschlüsse*** unterschiedlichster Ausführung vorstellen sowie ***Sturmhaken*** mit Ringösen, die alle in den unterschiedlichsten Größen (s. Tabelle) im Handel erhältlich sind.

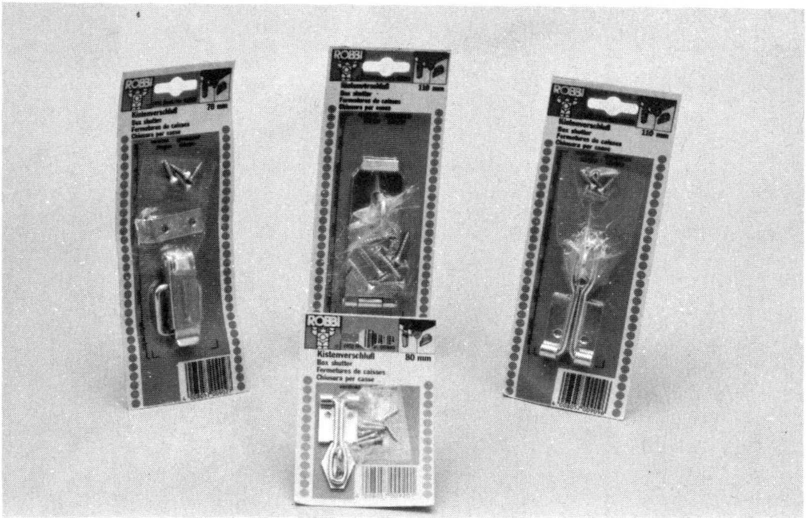

Abb. 331: Riegel anderer Art sind diese Kistenverschlüsse. Die unterschiedlichsten Konstruktionen lassen den bestimmten Zweck erkennen

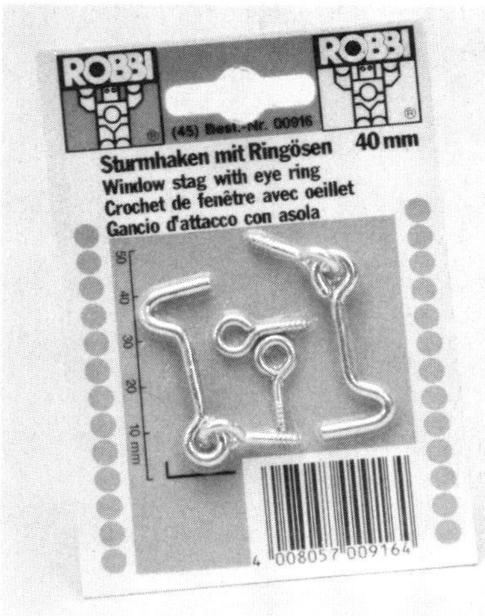

Abb. 332: Wer kennt sie nicht die Sturmhaken mit Ringösen, die für viele Zwecke verwendet werden

Im Handel erhältliche Riegel, Kistenverschlüsse und Überfallen

Artikel	Ausführung	Farbe	mm
Möbelriegel	gerade, mit Anschlag	vermessingt	50
Möbelriegel	gerade, mit Anschlag	vermessingt	70
Möbelriegel	gekröpft, mit Anschlag	vermessingt	70
Möbelriegel	gerade, mit Anschlag	vernickelt	70
Knopf-Schubriegel	Eisen	verzinkt	60
Knopf-Schubriegel		verzinkt	80
Schubriegel	verschließbar	verzinkt	100
Schubriegel	verschließbar	verzinkt	120
Schubriegel	gekröpft, verschließbar	verzinkt	120
Schubriegel	verschließbar	verzinkt	140
Kistenverschlüsse		verzinkt	50
Kistenverschlüsse		verzinkt	70
Kistenverschlüsse		verzinkt	85
Kistenverschlüsse	mit Schloßöse	verzinkt	105
Sicherheits-Überfallen		verzinkt	110
Drahtüberfallen		verzinkt	80
Drahtüberfallen		verzinkt	110
Drahtüberfallen		verzinkt	150
Sturmhaken	mit Öse	verzinkt	40
Sturmhaken	mit Öse	verzinkt	80
Sturmhaken	mit Öse	verzinkt	120
Sturmhaken	mit Öse	verzinkt	160

Schrankaufhänger

Um Schränke an die Wand zu bringen, gibt es verschiedene Möglichkeiten, und zwar einfache und komplizierte. Das Kuriosum bei den Schrankaufhängern ist jedoch, daß die einfachen Schrankaufhänger, nämlich die Schrankaufhängelaschen oder die Linsenkopfaufhängung gar nicht so einfach an die Rückwand anzubringen sind wie es scheint und weiterhin den Nachteil haben, daß ein exaktes Ausrichten der Möbel an der Wand nicht mehr möglich ist, da der meist durch Dübel gesetzte Haken unverrückbar in der Wand sitzt.

Sind die ***Schrankaufhängelaschen*** einfach mit zwei Schrauben an der Schrankrückwand zu befestigen, so sollte man bei ihrem Einsatz darauf achten, daß nicht zu schwere Möbel bzw. Möbel, die schwer beladen werden, mit solchen Laschen aufgehängt werden. Die Schrauben mögen zwar halten, aber ob die Spanplatten immer von der Haltbarkeit das hergeben, was man von ihnen verlangt, ist zweifelhaft. Beim Einsatz solcher Laschen wäre es angebracht, die Schraublöcher zu bohren, die Bohrlöcher mit ei-

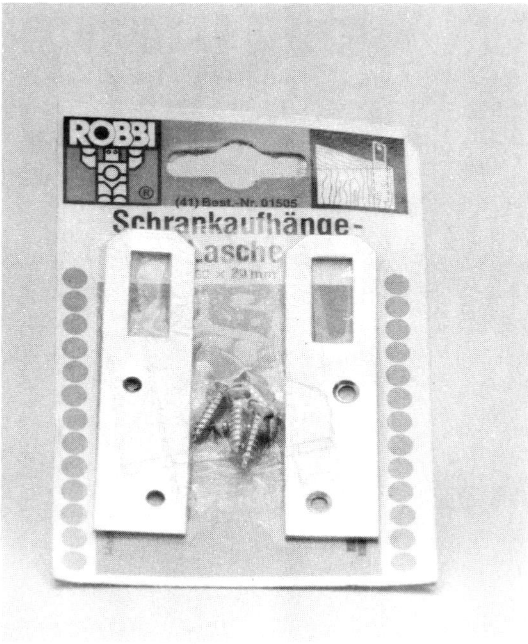

Abb.333: Um Hängeschränke an die Wand zu bringen, benötigt man Schrankaufhänger. Eine altbekannte einfache Ausführung sind diese Schrankaufhängelaschen, die trotz verschiedenster neuer Konstruktionen immer noch ihre Einsatzgebiete finden

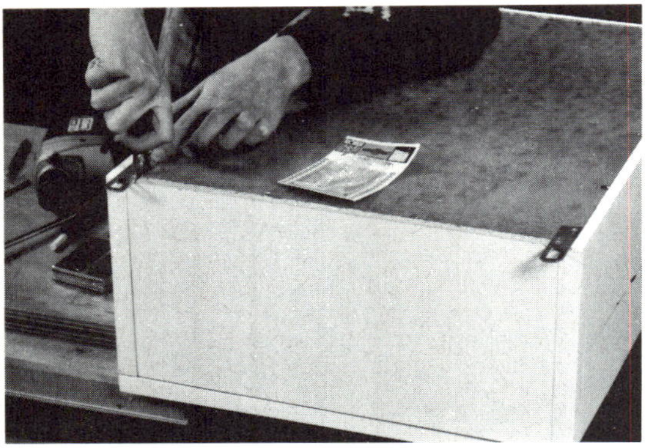

Abb.334: Jeweils mit zwei Schrauben wird die Schrankaufhängelasche an der Rückseite eines Schrankes befestigt. Dabei ist darauf zu achten, daß die Schrauben auch wirklich gut im Holz sitzen

nem 2-Komponenten-Kleber auszufüllen und in den noch nicht ausgehärteten Kleber die eingeölten Holzschrauben einzustecken. Je nach Herstellerangabe muß der Klebstoff aushärten, bevor die Laschen angeschraubt werden. Der Klebstoff, der leicht in das Spanplattenmaterial eindringt, hat nach dem Aushärten ein stahlhartes Gewinde, in das sich die Schrauben, gleichgültig ob es Holzschrauben oder Schrauben mit metrischem Gewinde sind, bequem ein- und ausdrehen lassen. So befestigte Schrankaufhängelaschen haben eine wesentlich höhere Tragfähigkeit als Laschen, bei denen die Schrauben nur einfach ins Material gedreht wurden.

Beim Anbringen der Laschen ist weiterhin darauf zu achten, daß sie genau ausgerichtet sind, da an den mit der Wasserwaage ausgerichteten und gesetzten Dübeln hinterher keine Korrektur mehr möglich ist. Also messen, messen und nochmals messen, ehe die Befestigung erfolgt. Der Ärger über nicht korrekt angebrachte Aufhängelaschen ist hinterher größer als die Zeitersparnis, die bei oberflächlicher Anbringung erzielt wird. Weiterhin ist beim Einsatz der Laschen auch darauf zu achten, daß ihre Breite 20 mm beträgt und die Bohrlöcher versetzt angebracht sind. Wer also nur dünnere Seitenwände bei seinen Hängeschränken verwendet, sollte von innen in die Ecke einen entsprechenden Klotz leimen, in den die Schrauben greifen können.

Die ***Linsenkopfaufhängung*** kann ebenfalls zum Aufhängen von Schränken eingesetzt werden. Wird sie einfach auf die Kante der Seitenwände aufgeschraubt, wie in Abbildung 336 gezeigt, ist der Abstand zur Wand relativ groß und der Schrank hängt nicht ganz korrekt. Desweiteren sind auch beim normalen Aufschrauben leichte Einlassungen erforderlich, damit der

Abb. 335: Die Linsenkopfaufhängung hat viele Gesichter. Sie kann aufgeschraubt und eingelassen verwendet werden, sie eignet sich für leichtere bis mittelschwere Gegenstände, und ihre Anbringung kann mehr oder weniger Arbeit machen

Abb. 336: Wird die Linsenkopfaufhängung einfach aufgeschraubt, kann ein Schrank mittlerer Größe nicht direkt an der Wand sitzen. Die Materialstärke der Linsenkopfaufhängung würde eine Differenz von einigen Millimetern ausmachen

Abb. 337: Besser ist es, man nimmt ein Stecheisen zur Hand und beginnt, eine Einlassung auszuarbeiten

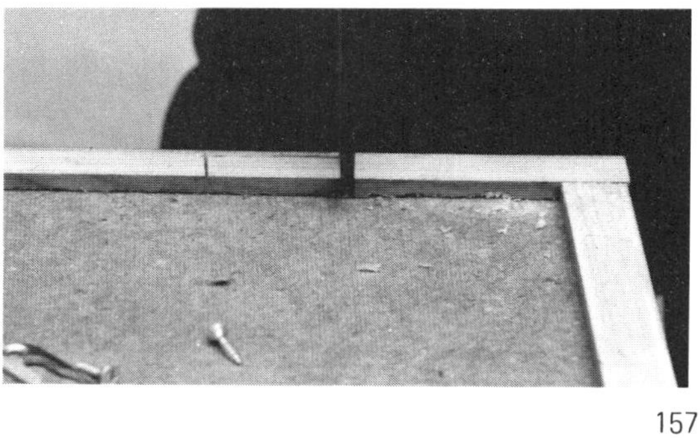

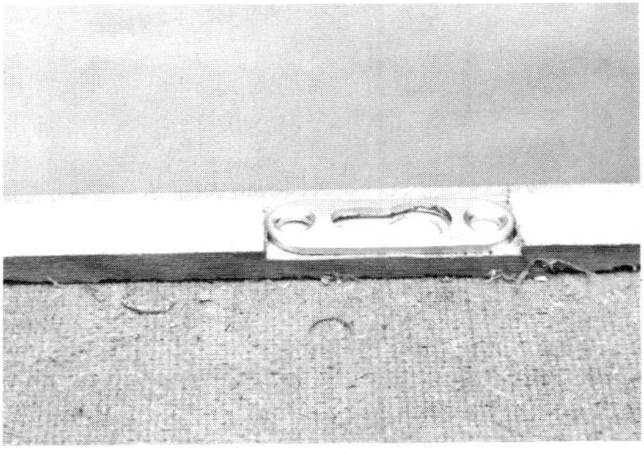

Abb.338: So in die Einlassung eingebettet schließt die Linsenkopfaufhängung mit der Rückwand exakt ab und der Schrank hängt beim Anbringen senkrecht

Abb.339: Bevor jedoch die Linsenkopfaufhängung in die Ausnehmung geschraubt werden kann, ist nochmals eine leichte Vertiefung einzuarbeiten, um ein besseres Ein- und Aushängen eines Schrankes zu ermöglichen

Abb.340: Linsenkopfaufhängung und eine Schraube, die in einem Dübel in der Wand sitzen würde, bilden die komplette Aufhängeeinrichtung

Abb. 341: Bei Schränken mittlerer Größe machen sich die Linsenkopfaufhängungen gut

Schraubenkopf hinter das Material der Linsenkopfaufhängung greifen kann. Für eine korrekte Aufhängung sollte die Linsenkopfaufhängung in das Material eingelassen werden, wobei darauf zu achten ist, daß die furnierte Außenseite der Seitenwand nicht beschädigt wird. Im Aufhängebereich der Linsenkopfaufhängung ist eine weitere Vertiefung vorzunehmen, damit die Schraube hinter das Material greifen kann. Auch die Linsenkopfaufhängung muß ganz korrekt angebracht werden, da, wie bei der Schrankaufhängelasche erwähnt, eine nachträgliche Korrektur bzw. ein Ausrichten der Möbel nicht mehr möglich ist.

Eine wesentlich interessantere Schrankaufhängung ist der ***Schrankaufhänger „Astor"***, der seiten-, höhen- und auch tiefenverstellbar ist. Dieser

Abb. 342: Der Schrankaufhängung „Astor", die aus vielen Einzelteilen besteht, kann man nur die Note 1 unter den Schrankaufhängern geben. Sie ist extrem leicht zu montieren, ermöglicht jede Verstellung (sowohl seitlich als auch quer) und benötigt am Schrank für jede Aufhängung nur eine Bohrung

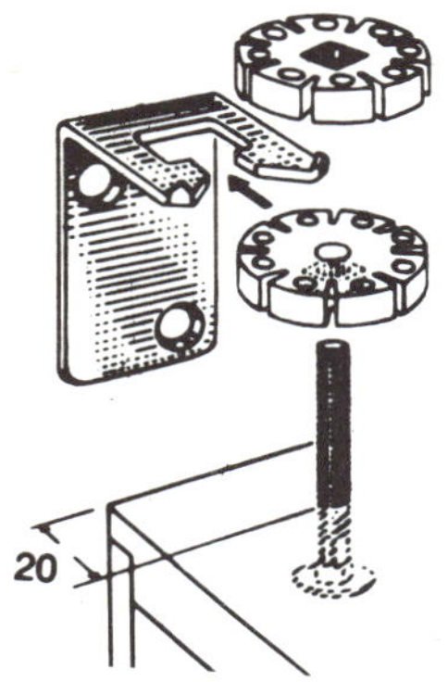

Abb. 343: Aus dieser Zeichnung erkennt man die einfache Montage der Schrankaufhängung „Astor"

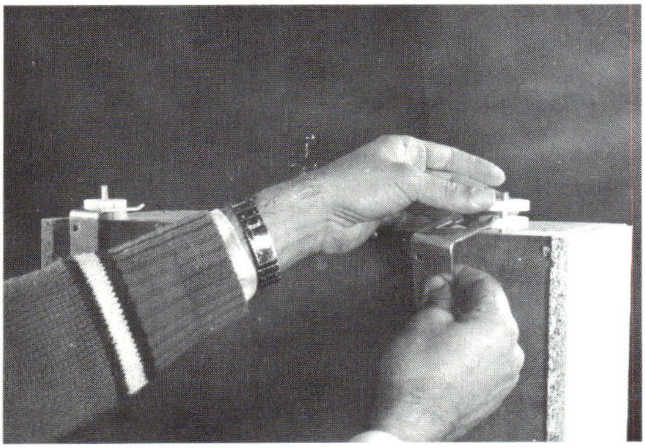

Abb.344: Mit diesen zwei Einstellscheiben wird der Schrank sowohl in Höhe und Tiefe als auch nach links und rechts ausgerichtet

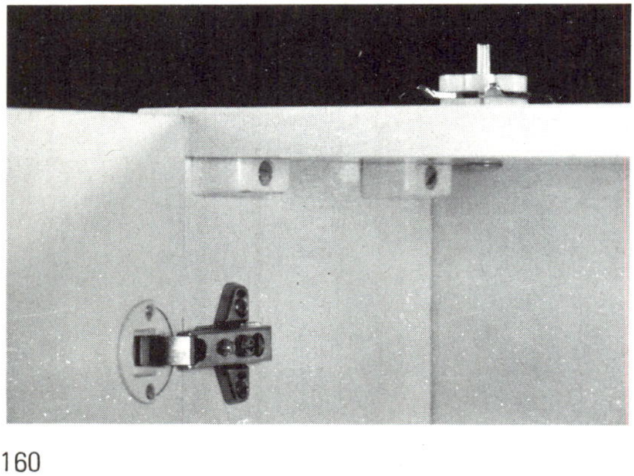

Abb.345: Hier haben wir eine Kombination unterschiedlichster Beschläge. Die Schrankaufhängung „Astor", den Möbelverbinder „Trapez" und das Topfscharnier mit Kreuzplatte

Schrankaufhänger besteht aus einem Haltewinkel, einem Bolzen, einer Konterscheibe und einer Trägerscheibe. Die vielen Teile mögen die Sache zwar sehr kompliziert erscheinen lassen, was aber nicht stimmt. Denn bei der Anbringung an dem Schrank ist nicht mehr und nicht weniger notwendig, als 20 mm von der rückwärtigen Außenkante eine 6,5 mm große Bohrung vorzunehmen, durch die der Bolzen vom Schrankinnern gesteckt und festgeschlagen wird. Auf den nach oben herausragenden Bolzen wird nun die Konterscheibe mit ihrem Stahlkern geschraubt und darüber die Trägerscheibe, die ebenfalls einen Stahlkern aufweist. Zwischen diese beiden Scheiben wird der an die Wand zu bringende Haltewinkel gesteckt, und nun kann der Schrank millimetergenau ausgerichtet werden, indem die Trägerscheibe auf- und abgedreht wird. Ist der Schrank genau in der Waage, wird die Konterschraube angezogen, und der Schrank hängt einwandfrei.

Da der Haltewinkel ebenfalls noch eine seitliche Ausnehmung hat, ist auch ein seitliches Verstellen von 13 mm möglich, was besonders interessant wird, wenn Hängeschränke, wie z.B. oft in Küchen, in einer Reihe nebeneinander anzubringen sind. Die Haltewinkel werden mit zwei Schrauben an der Wand befestigt und garantieren so eine hohe Tragfähigkeit.

Weitere gute Verstellmöglichkeiten, sowohl in Höhe, Tiefe als auch seitlich, bietet der im folgenden gezeigte Schrankaufhänger, der eine Tiefenverstellung von 8 mm, eine Höhenverstellung von +/– 8 mm und eine Seitenverstellung von 7 mm ermöglicht. Er wird von innen in den Schrank

Abb. 346: Eine ebenfalls in alle Richtungen gut verstellbare Schrankaufhängung. Ihre Anbringung ist fast so einfach wie die oben erwähnte. Die zu erkennenden Schrauben sind Justierschrauben in Höhe, Tiefe und zur Seite

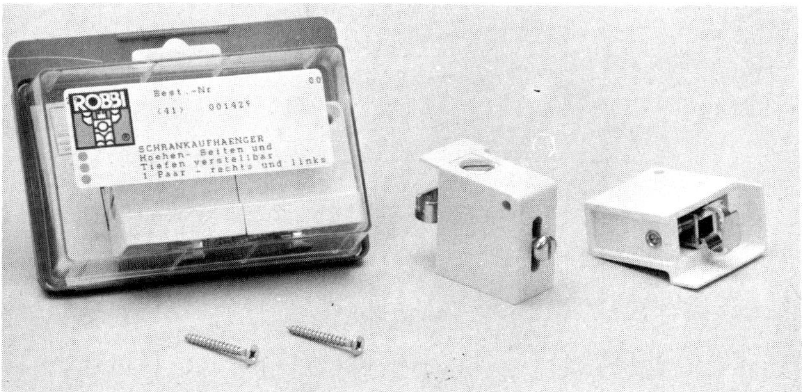

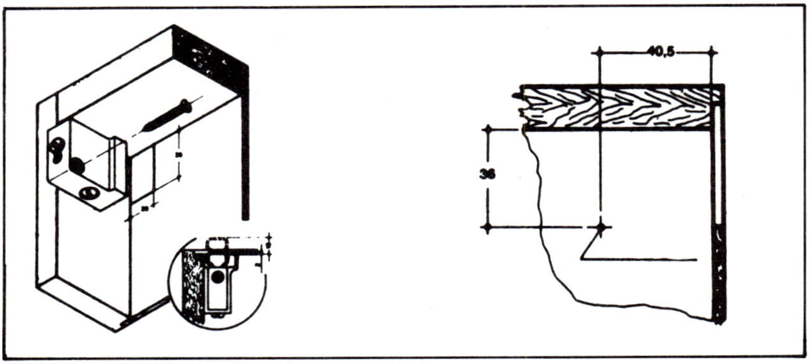

Abb. 347: Die Montageanleitung der Schrankaufhängung mit den Einbaumaßen

eingearbeitet und an der Seitenwand befestigt. Für die Aufhängeöse dieses Schrankaufhängers ist eine Rückwandaussparrung von 20 x 36 mm erforderlich, die die Beweglichkeit des Aufhängers garantiert. Wie die Montage dieses Schrankaufhängers erfolgt, zeigt anschließende Bildfolge.

Abb. 348: Die Schrankaufhängung im Innern des Schrankes fertig montiert

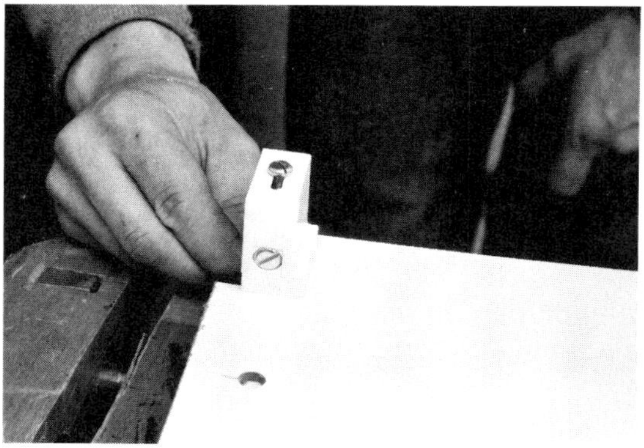

Abb. 349: In der Rückwand ist eine Aussparung von 20x36 cm vorzunehmen, wobei der im Falz liegende Rückwandteil unberücksichtigt ist

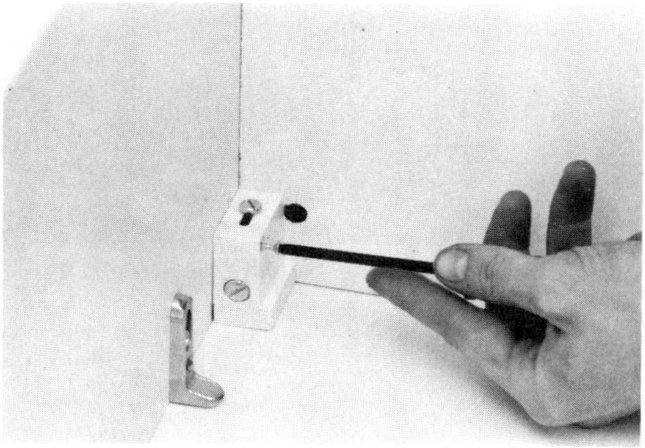

Abb. 350: Befindet sich die Rückwand im Schrank, wird die Schrankaufhängung mit einer Schraube am Seitenteil befestigt

Abb. 351: So sieht unsere Schrankaufhängung von hinten aus. Die Ausschnitte ermöglichen eine Tiefenverstellung von 8 mm, eine Höhenverstellung von +/– 8 mm und eine Seitenverstellung von 7 mm

Der Bau von Schubkästen sowie der Einsatz von Schubkastenführungen und Kugelauszügen

Was wären Schränke ohne Schubkästen? Die Antwort gibt schon die aus dem französischen stammende Bezeichnung „Kommode", was so viel wie „bequem" heißt. Ein großer Stauraum wird durch schiebbare Böden mit Seitenwänden unterteilt und ermöglicht es, an die verschiedensten sortiert abgelegten Dinge bequem heranzukommen. Über den Bau von Schubkästen oder Schubladen hat man sich schon im Altertum Gedanken gemacht, und die Entwicklung hat bis heute noch kein Ende gefunden. Zwar hat sich an der Herstellungsweise der Schubkästen relativ wenig geändert, doch bezüglich der Schubkastenführung ist man heute von klemmenden und quietschenden Holzkonstruktionen zu leicht laufenden vollausziehbaren Stahlkonstruktionen mit Kugellager übergegangen.

Der Schubkasten besteht, wie eh und je, aus den zwei Seitenteilen und dem Vorder- und Hinterstück. Die Verbindung dieser Teile erfolgt in der klassischen Ausführung durch Zinken, wobei die Zinken stets in das Schubkastenvorderstück und das Schubkastenhinterstück und die Schwalbenschwänze in die Seitenteile eingearbeitet wurden. Diese Technik war eine Frage der Haltbarkeit, bei der man sich mehr auf die Konstruktion als auf den Leim verließ. Und wer sein Werkstück auch heute noch in dieser handwerklich hohen Qualität fertigen möchte, wird auf die Schwalbenschwanzverbindung zurückgreifen. Andererseits wird heute für fast alle Heimwer-

Abb. 352: Beim Bau von Schubkästen macht den Heimwerkern oft das Abrichten und Dickenhobeln die größte Sorge, da die notwendigen Maschinen nicht immer vorhanden sind. Die vorbereiteten Massivholzzargen zum Selbstbau von Schubkästen geben jedem Heimwerker die Möglichkeit, seine Schubkästen selbst zu bauen, gleichgültig wie seine Werkstatt auch bestückt sein mag

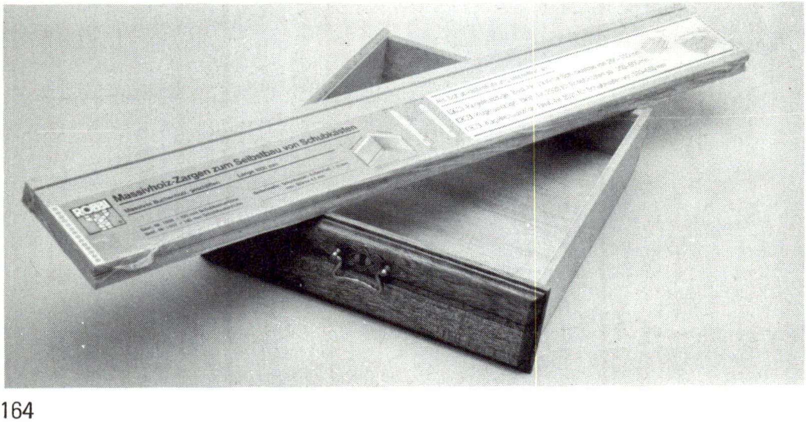

Abb. 353: Wem Holzzargen in Buche nicht zusagen, der kann kunststoffummantelte Holzzargen verwenden, die den stabilen Holzkern haben, jedoch nur außen kunststoffbeschichtet sind. Man wird die kunststoffummantelten Holzzargen besonders gern bei Küchenmöbeln einsetzen. Sie können so gut wie mit allen Kugelauszügen und Kugelvollauszügen in die Schränke eingebaut werden

Abb.354: In einer gut ausgerüsteten Heimwerkstatt macht das Zuschneiden der Teile keine Schwierigkeit. Man kann aber auch eine Handsäge verwenden

Abb.355: Hier haben wir die zugeschnittenen Seiten- sowie Vorder- und Rückteile für zwei Schubkästen

Abb.356: Wer seinen Schubkasten zinken möchte, kann mit einer Zinkeinrichtung und einem Wanknutsägeblatt diese qualitativ hochwertige Eckverbindung erzeugen

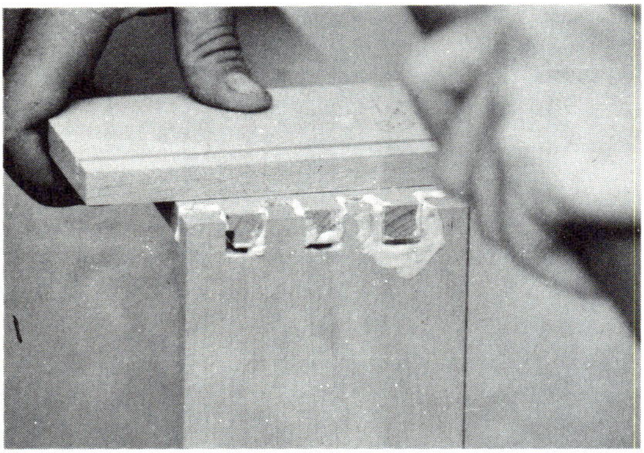

Abb.357: Unter Leimangabe werden nun die einzelnen Teile unseres Schubkastens zusammengefügt

Abb.358: Bevor die Rückseite mit den Seitenteilen verbunden wird, ist der Boden einzuschieben

Abb.359: Nun kann das Rückteil eingeleimt werden

Abb.360: Die Eckverbindung paßt, und der Schubkasten ist fertig

Abb.361: Wer keine Zinkeinrichtung hat, kann auf der Kreissäge durch zwei Schnitte eine Nut arbeiten

Abb.362: Auch der Falz ist auf der Kreissäge leicht zu arbeiten, wobei zwei- oder dreimal die Stärke des Sägeblattes die Breite des Falzes bestimmt

Abb.363: Hier wird der zweite Schnitt neben den ersten gesetzt. Bei dieser Form des Falzschneidens ist etwas mehr Meßarbeit erforderlich, doch wer nicht ständig Schubkästen produziert, kann sich auf diese Weise helfen

kermaschinen eine Zinkeinrichtung angeboten, mit der über eine Wanknuteinrichtung das normale Zinken ausgeführt wird. Seitenteile sowie Vorder- und Hinterteil werden durch die paßgenau gearbeiteten Zinken unter Leimangabe verbunden. Wem auch die Möglichkeit dieser Technik nicht gegeben ist, kann die Schubkastenteile über die Nut-Falzverbindung zusammenfügen oder aber auch Dübeln.

Für den Boden wird in der Regel in die Seiten wie in das Vorderstück eine Nut eingearbeitet, in die der Boden einzuschieben ist. Dabei ist darauf zu achten, daß die Richtung der Holzfaser des Bodens parallel zum Vorder- und Hinterstück läuft. Das kann umgangen werden, wenn für den Boden Sperrholz verwendet wird, dessen Stärke sich nach der Größe des Bodens zu richten hat, da sich große Sperrholzplatten, wenn sie zu dünn sind, bei starker Belastung durchbiegen und aus den Nuten herausfallen könnten.

Abb.364: Nut und Falz werden unter Leimangabe zusammengefügt

Abb.365: Auch Nut und Feder sind eine saubere Eckverbindung für unseren Schubkasten

Abb.366: Eine weitere Möglichkeit des Zusammenfügens ist das Dübeln. Auf einer Langlochbohreinrichtung lassen sich die Dübellöcher hervorragend setzen

Schubkästen müssen präzise gearbeitet sein, sollen sie funktionieren. Daher stellt sich immer wieder die Frage, ob für Schubkästen Hartholz oder Weichholz zu verwenden ist. Eindeutig entscheidet alles für das Hartholz, da Harthölzer weniger arbeiten, d.h. sich nicht verziehen und bei starker Beanspruchung auch nicht so hohe Abnutzungserscheinungen aufweisen. Um die Herstellung der Schubkästen zu erleichtern, werden im Fachhandel Massivholzzargen zum Selbstbau von Schubkästen sowohl in Naturholz als auch kunststoffummantelt angeboten. Beide Zargenausführungen gibt es in einer Höhe von 10 cm. Diese Massivholzzargen sind aus Buche und schon so weit vorbereitet, daß sie nur noch auf die erforderliche Länge zuzuschneiden sind und die Eckverbindungen ausgeführt werden müssen. Die oberen Kanten dieser Massivholzzargen sind nach innen sowohl leicht abgerundet als auch gefast, um den Schubladenseiten ein gefälliges Ansehen zu verleihen. Ebenfalls befindet sich in diesen Massivholzzargen eine 5 mm Nut für den Boden. Alle Heimwerker, deren Werkstatt nicht mit Abrichte und Dickenhobel ausgerüstet ist, werden erfreut auf solche vorgefertigten Massivholzzargen zurückgreifen, um sich Schubkästen bester Qualität fertigen zu können. Aus diesen Zargen werden sowohl die Seitenteile als auch das Hinter- und Vorderteil gearbeitet. Diesem Schubkasten wird in den meisten Fällen ein Vorderstück aufgedoppelt, das der Frontansicht des Schrankes entspricht. Diese Aufdoppelung bringt weiterhin den Vorteil, daß der Schubkastenkörper rundherum gleich verzinkt, geschliffen und eingepaßt werden kann, und die vorderen Zinken nach der Aufdoppelung nicht zu sehen sind. Diese Bauweise ist keine Novität, sondern schon bei alten Bauernmöbeln zu finden, wo die Doppel

Abb.367: Ein Bohrmobil ermöglicht ebenfalls exakte, saubere Bohrungen, die maßgenau ausgeführt werden können

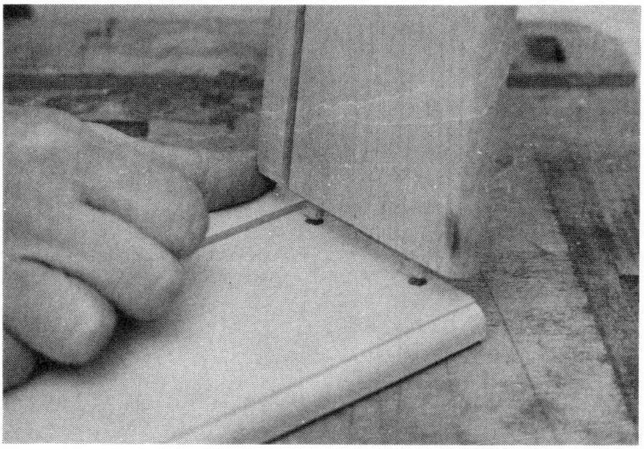

Abb.368: Eine Eckverbindung mit Dübeln ist ein ausgezeichneter Weg, Seitenteile mit Vorder- und Rückteil sauber zu verbinden

oft zusätzlich profiliert und ansehnlich bemalt wurden. Weiterhin bildet sich durch den Doppel ein Falz, der verhindert, daß durch Fugen der Staub eindringen kann.

Für den Einbau der Schubkästen in die Schränke gab es früher die verschiedensten Holzkonstruktionen, auf die heute durch die im Handel erhältlichen Schubkastenführungen verzichtet werden kann. Diese Schubkastenführungen gibt es als Einfach- und Vollauszüge. Die meisten von ihnen laufen auf Kugellagern und so besonders leicht, da, wie ja bekannt, die Rollreibung wesentlich geringer ist, als die Gleitreibung. Somit lassen sich alle Schubkästen, gleichgültig welcher Größe, bei denen Schubkastenführungen eingesetzt wurden, wesentlich leichter öffnen und schließen, als solche, die auf irgendwelchen Gleitschienen, seien sie aus Holz oder Kunststoff, laufen.

Bei den Schubkastenführungen und Kugelauszügen haben wir die Rollschubführung, den Kugeleinfachauszug, den Kugelvollauszug, den Quadroauszug und den Kugelauszug für Drahtkörbe. Die eben erwähnten Schubkastenführungen gibt es in den unterschiedlichsten Längen und Belastungsgrenzen, wie aus der anschließend aufgeführten Tabelle zu ersehen ist. Der Einbau der Schubkästen in diese Führungen oder Kugelauszüge ist sehr einfach und mit viel weniger Arbeitsaufwand verbunden als jede andere Holzkonstruktion im Schubkastenbau.

Die Rollschubführung mit Zwangsführung

Die *Rollschubführung mit Zwangsführung* gibt es in fünf unterschiedlichen Längen von 300-550 mm, so daß für jede Schubkastengröße das gewünschte Maß erhältlich ist. Bei der Rollschubführung mit Zwangsführung handelt es sich um einen Einfachauszug mit vier Kunststoffrollen, der bis 20 kg belastbar ist. Diese Rollschubführung hat eine einseitige Zwangsführung, Doppelarretierung und Ausrollsicherung.

Unter Zwangsführung versteht man, daß die Schienen so geformt sind, daß die Laufrollen oder Kugellager wie in einer Spur geführt werden, und zwar über den gesamten Auszugweg und das immer exakt parallel. Dazu müssen die Schienenprofile und die Laufprofile der Rollen und Kugellager genau aufeinander abgestimmt sein, um die Voraussetzung für gute Führungseigenschaften und optimale Laufqualität zu garantieren.

Diese Voraussetzung ist von Herstellerseite geschaffen, so daß die spezielle Profilform der Rollschubführung „zwangsläufig" eine hohe Seitenstabilität und einen automatischen Ausgleich bei Einbautoleranzen gewährleistet. Die Einbautoleranzen werden, wie gesagt, automatisch ausgeglichen, denn die rechten Schienen werden parallel geführt. Die seitlichen Profilierungen an den Korpusschienen sorgen für einen freien Lauf, z.B. bei vorstehenden Schraubenköpfen. Abschließend sei noch darauf hingewiesen, daß die Schraublochabstände für das System 32 ausgelegt sind.

***Abb. 369:** Nachdem die Schubkästen fertiggestellt sind, müssen sie auch in die Schränke eingebaut werden. Dazu eignet sich die Rollschubführung mit Zwangsführung*

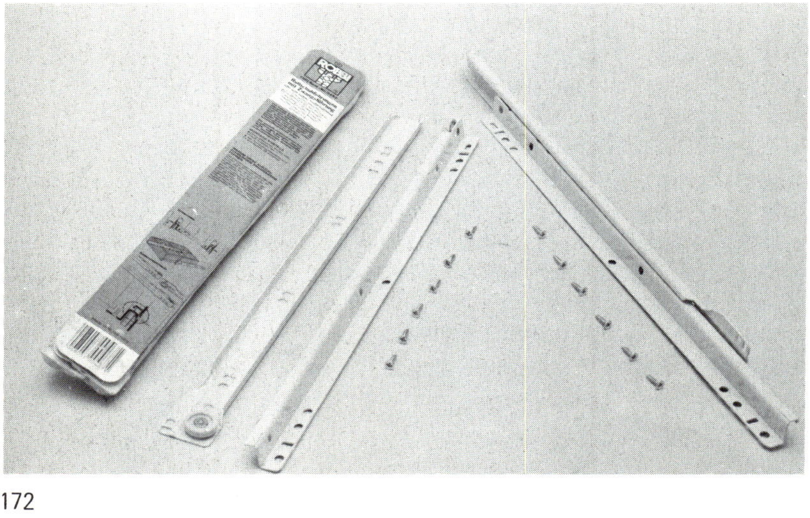

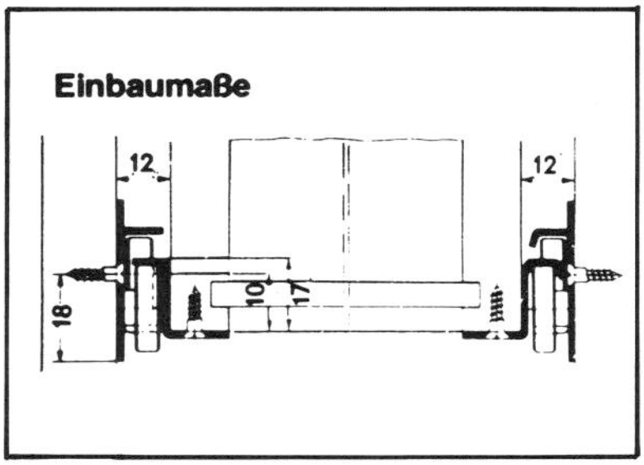

Abb. 370: Die Einbaumaße zur Rollschubführung

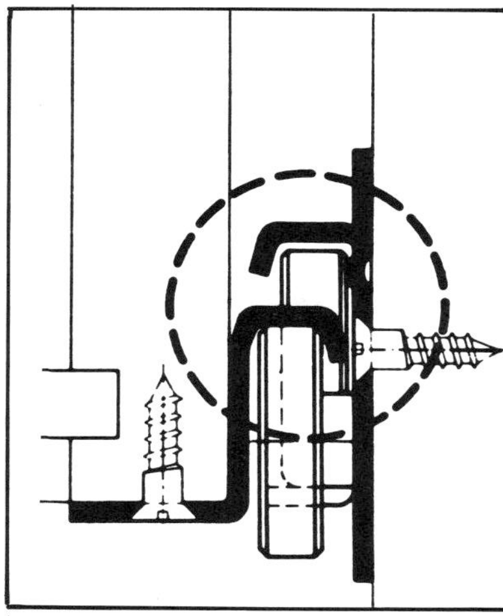

Abb. 371: Wie beim Einbau vorgegangen wird, zeigt diese Zeichnung mit ihren Bedienungshinweisen

Abb.372: Die Rollschubführung mit Zwangsführung besteht aus zwei Teilen, die getrennt werden können, wobei ein Teil an den Schubkasten, der zweite an die Schrankseite kommt

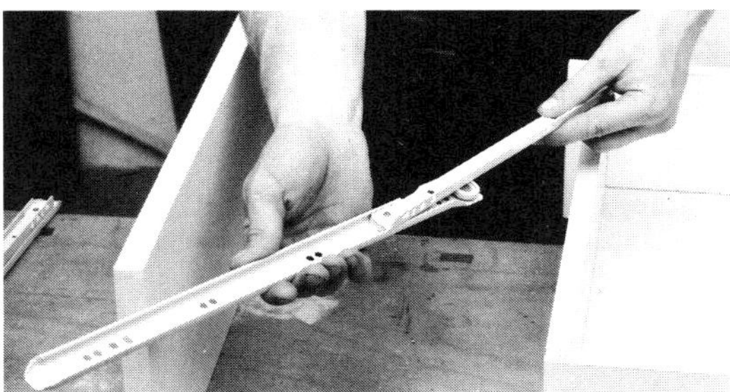

Abb.373: Man beginnt bei der Montage am besten mit dem Anbringen des Schubkastenteils an den Schubkasten

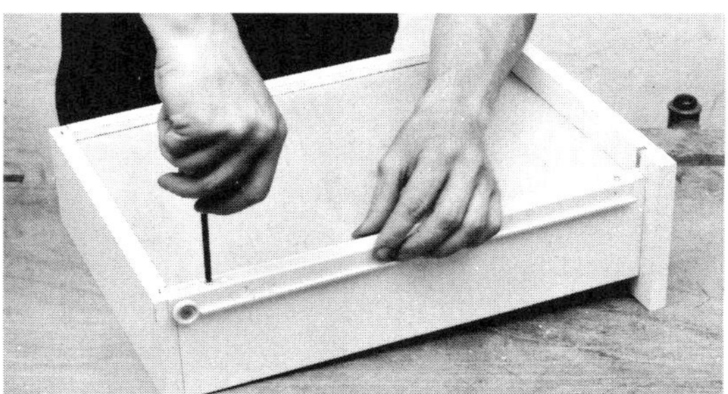

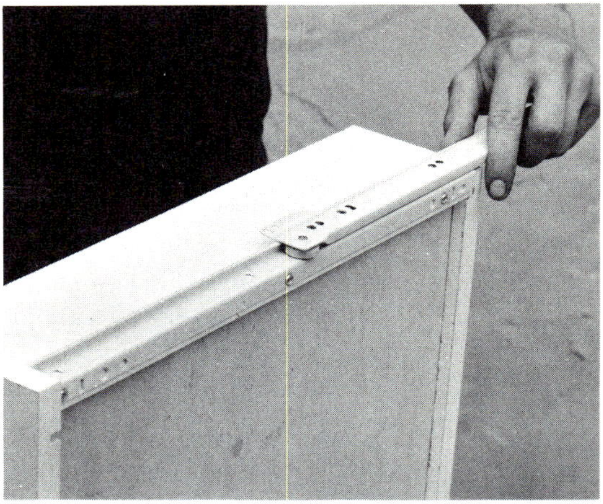

Abb. 374: Hier können Sie erkennen, wie gut der Schubkasten in der Seitenführung läuft

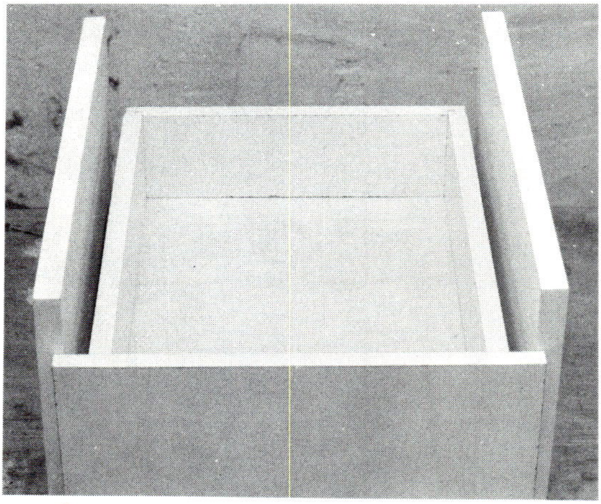

Abb. 375: Das Modell zeigt, daß die Einbaubreite bei der Rollschubführung nur 12 mm beträgt und somit der Schubkasten nur geringfügig schmaler ist als die Öffnung im Korpus

Beim Einbau der Rollschubführungen mit Zwangsführung werden die Bohrungen für die Korpusschiene 18 mm von der Unterkante vorgenommen. Zwischen der Schrankseite und der Schubkastenseite sind als Einbaumaß 12 mm für die Rollschubführung vorzusehen. Die Schubkastenschienen werden nur an der Unterkante der Seitenwände mit Schrauben befestigt. Eine leichte, unkomplizierte Montage, die einen hervorragenden Lauf der Schubkästen garantiert.

Die Schubkastenführung mit Kugelauszug für 17 mm Nut

Viele Schubkästen, besonders die kunststoffgeprägten bei Küchenmöbeln, haben in ihren Seitenwänden eine 17 mm Nut, in denen Gleitschienen aus Kunststoff oder Holz laufen. Da kugelgelagerte Schienen jedoch immer leichter laufen als reine Gleitschienen, werden viele bestrebt sein, diese Gleitschienen gegen kugelgelagerte Schienen auszutauschen. Dazu werden die Schubkastenführungen in die Nut eingesetzt und von der Schubkasteninnenseite mit dem Schubkasten verschraubt. Die zweite Schiene wird an der Seitenwand des Schrankes angebracht, wobei zu beachten ist, daß die beiden Schienen bei der Montage nicht getrennt werden können.

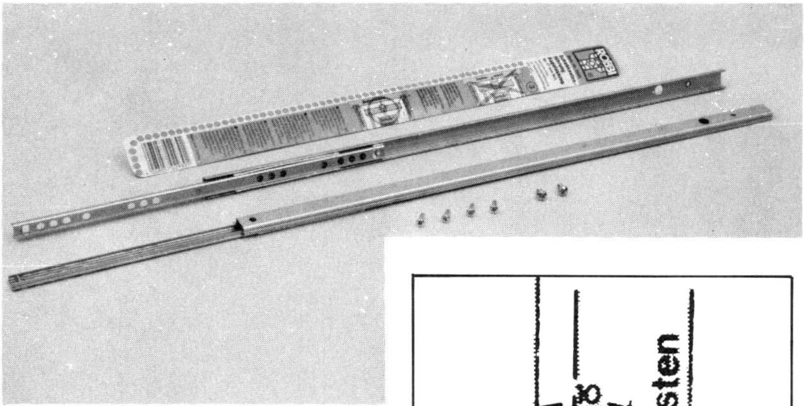

Abb. 376: Zum nachträglichen Einbau in Schränke, in denen die Schubkästen auf Gleitleisten laufen, eignet sich diese Schubkastenführung mit Kugelauszug für 17 mm Nut. Die beiden Schienen können bei der Montage nicht getrennt werden, so daß zuerst an den Seitenwänden, dann am Schubkasten zu montieren ist

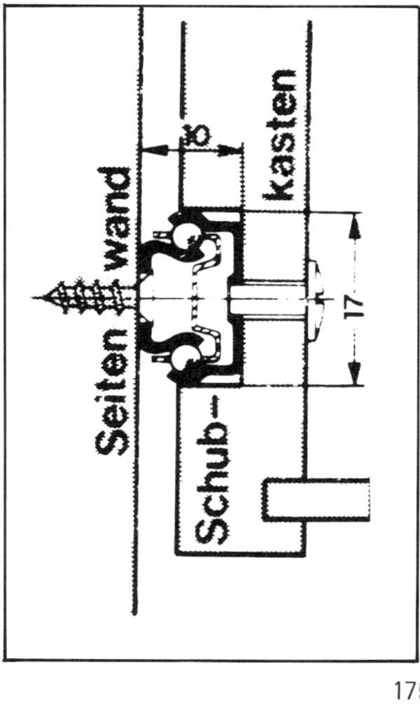

Abb. 377: Zum Montieren an der Seitenwand ist der Auszug vorzuziehen, damit man an die Bohrungen für die Schrauben kommt. Ist die Schubkastenführung an der Seitenwand befestigt, werden die Schubkästen von der Innenseite der Schubkastenseitenwand durch Schrauben mit metrischem Gewinde gehalten

Die Schubkastenführung Kugeleinfachauszug

Eine weitere Schubkastenführung mit hervorragenden Gleiteigenschaften ist die ***Schubkastenführung Kugeleinfachauszug,*** die bis 25 kg belastbar ist. Sie ist für unterschiedliche Schubkastenlängen zu haben (s. Tabelle).

Bei Verwendung dieser Schubkastenführung ist beim Herstellen der Schubkästen eine Einbaubreite von 2 x 12 mm = 24 mm zu berücksichtigen. Auch ist ein Abstand von 5 mm zwischen Korpusboden und Unterkante der Führungsschiene einzuhalten. Da, wie bei dem vorher beschriebenen Kugelauszug, Führungsschiene und Kugelkäfig eine komplette, nicht trennbare Einheit bilden, sind die Führungsschienen zuerst an den Korpusseitenwänden zu montieren. Der Schubkasten selbst wird über eine Steckverbindung mit den Führungsschienen verbunden, wofür an der Schubkastenrückseite und der Schubkastenunterseite je zwei Bohrungen mit einem Durchmesser von 6 mm und einer Tiefe von 14 mm vorzunehmen sind. Ist der Kugelauszug unter Berücksichtigung eines Abstandes von der Korpus-

Abb. 378: Die Schubkastenführung Kugeleinfachauszug gewährt ein hervorragendes Gleiten des Schubkasten im Schrank. Es gibt kein Klemmen und kein Quietschen, selbst wenn der Schubkasten übermäßig belastet ist

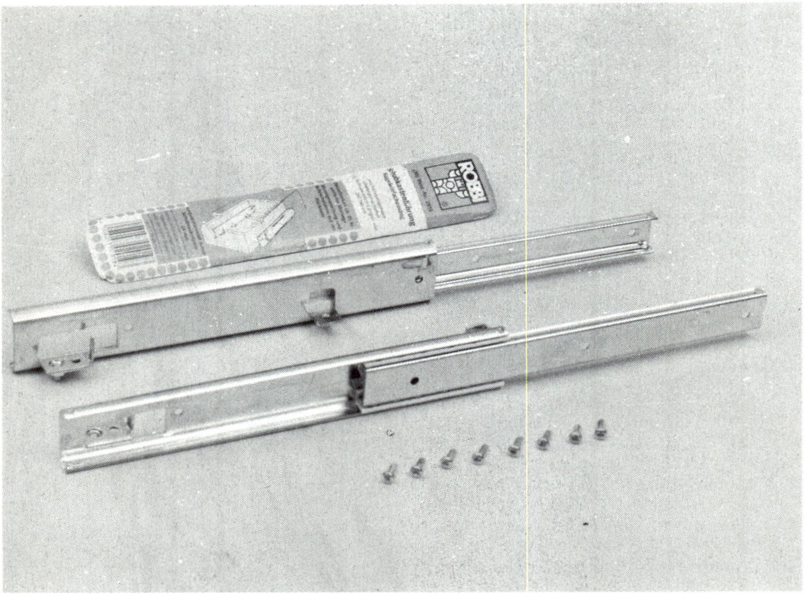

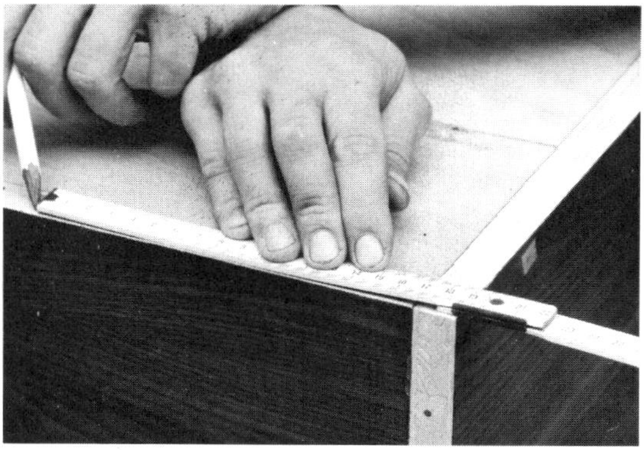

Abb.379: Um einen Schubkasten in den Kugeleinfachauszug einhängen zu können, sind unten in der Seitenwand . . .

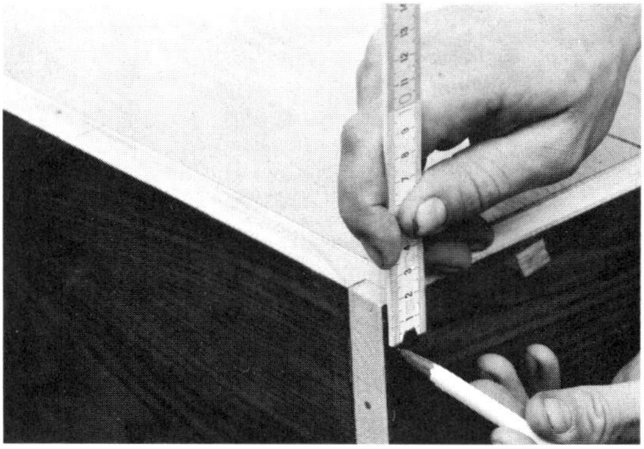

Abb. 380: . . . sowie in der Seitenrückwand jeweils zwei Bohrungen vorzunehmen, deren Bohrlöcher exakt angerissen werden sollten

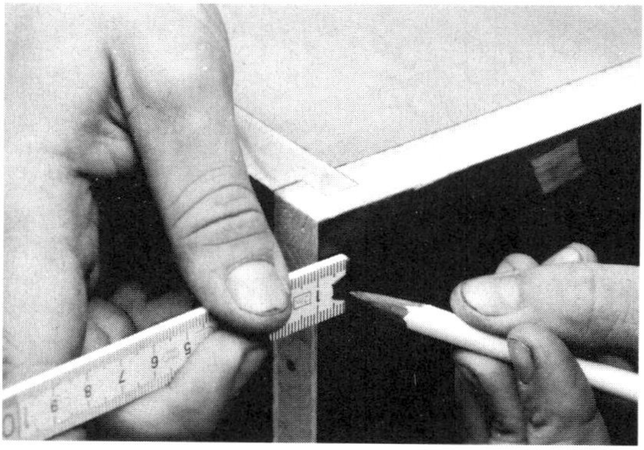

Abb.381: Der seitliche Abstand der Bohrung ist wichtig, da die Haken nicht gebogen werden können

Abb. 382: Mit einem 6 mm-Bohrer werden die Haltelöcher im Schubkasten für den Kugeleinfachauszug ausgeführt

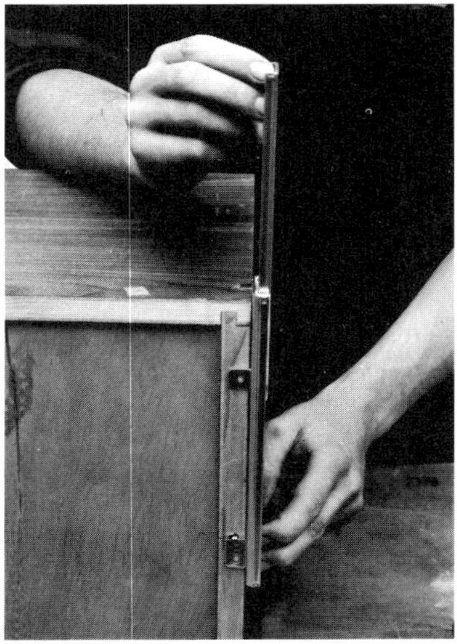

Abb. 383: Der Kugeleinfachauszug in der Position, die er nach dem Einsetzen des Schubkastens einnimmt

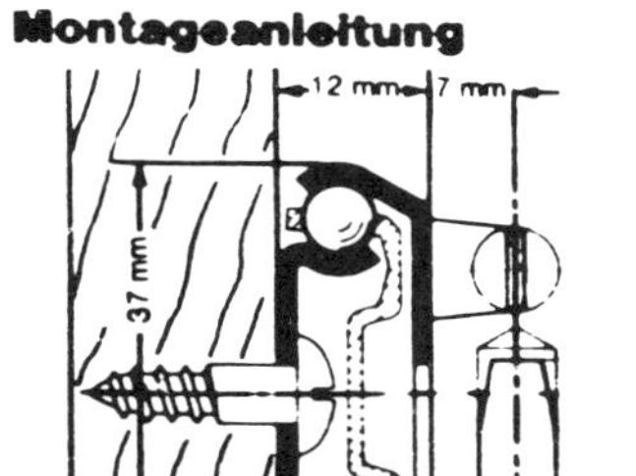

Abb.384

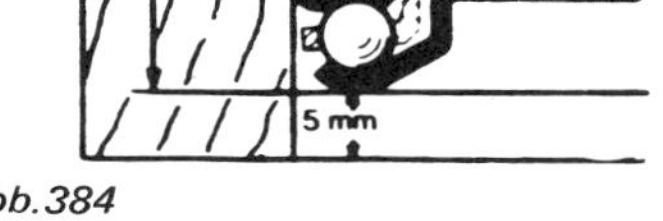

Abb.385

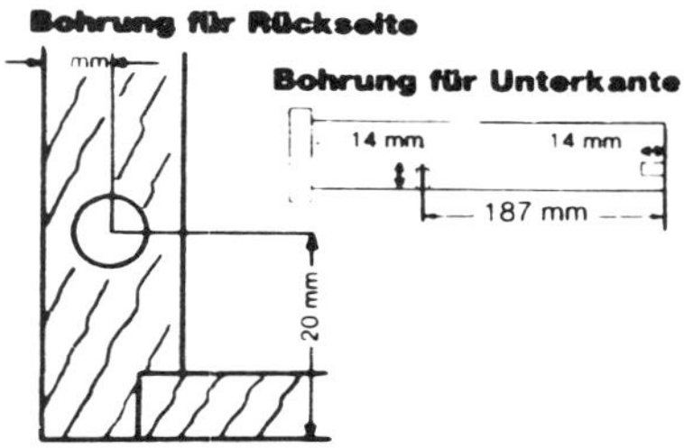

Abb.386

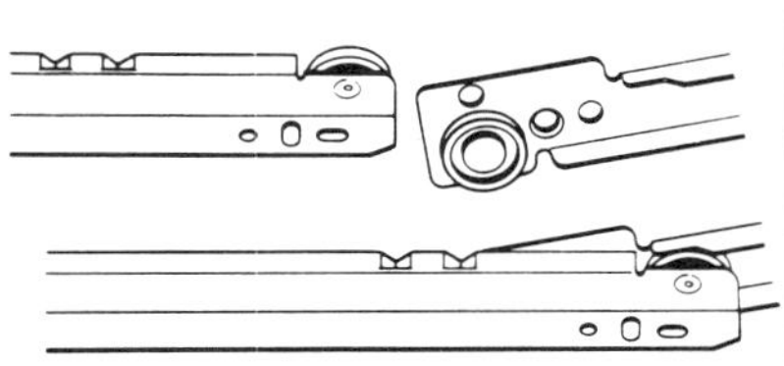

Abb.387

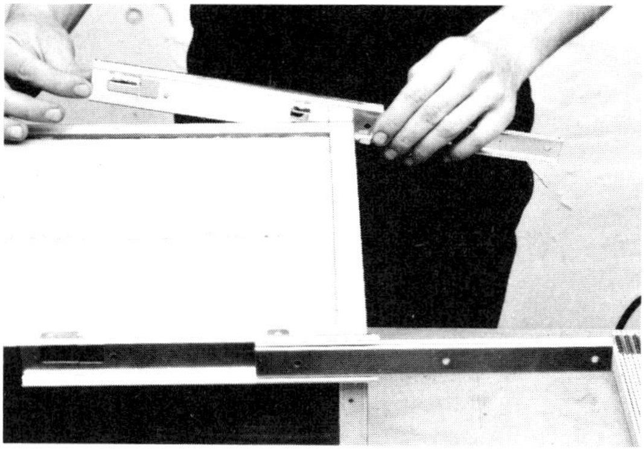

Abb. 388: Wir erkennen die vordere und hintere Einhängung beim Kugelauszug

Abb. 389: Das jetzt vorstehende Teil ist an die Seitenwand des Schrankes zu montieren

vorderkante von 2 mm montiert, kann der Schubkasten in die Schienen eingesetzt werden. Dazu sind die Schienen vor den Korpus zu ziehen und der Schubkasten schräg von oben einzusetzen. Die an den Schubkastenführungen befindlichen Einsteckwinkel greifen dabei in die eben erwähnten Bohrungen und arretieren den Schubkasten, der dann sicher in den Kugelauszügen läuft. Der Schubkasten selbst kann jederzeit ohne Schraubarbeit herausgenommen werden, wenn man ihn wieder bis zum Anschlag vorzieht, vorn etwas schräg anhebt und herauszieht.

Schubkastenführungen als Kugelvollauszüge

In besonderen Bereichen ist es notwendig, Schubladen so auszubilden, daß sie völlig herausgezogen werden können und gleichzeitig einer gewichtsmäßig hohen Inanspruchnahme ausgesetzt werden können. Dabei wird hauptsächlich an Karteischränke, Spezialschreibtische, Registraturen u.ä. gedacht, wofür sogenannte Kugelvollauszüge verwendet werden müssen. Wurden die dafür erforderlichen Kulissen früher aus Hartholz gefertigt, so bedient man sich heute der aus Metall bestehenden Kugelvollauszüge, die, wie schon öfter aufgeführt, auch bei hohen Belastungen von 40 kg und mehr hervorragende Gleiteigenschaften haben und somit sehr leicht laufen.

Kugelvollauszüge haben gegenüber den Einfachauszügen den Vorteil, daß kein Auszugsverlust entsteht, d.h., der Schubkasten bis zu seiner Hinterfront herausgezogen werden kann. Das ist bei Hängeregistraturen besonders wichtig, da ohne einen Vollauszug die hinteren Hängetaschen nicht entnommen werden könnten. Andererseits kann man sich kaum vorstellen, wie oft es erforderlich ist, den Stauraum eines Schubkastens bis zur Rückwand zugänglich zu machen, besonders dann, wenn sperrige Güter, die sich beim Einlegen in den Schubkasten nicht biegen lassen, unterzubringen sind.

***Abb. 390:** Die Schubkastenführung Kugelvollauszug ist für Schubkastenlängen von 350-850 mm erhältlich*

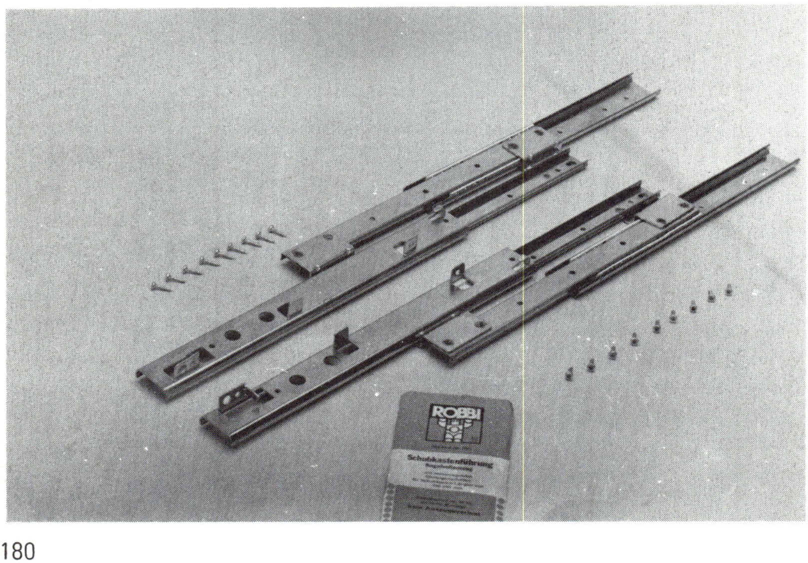

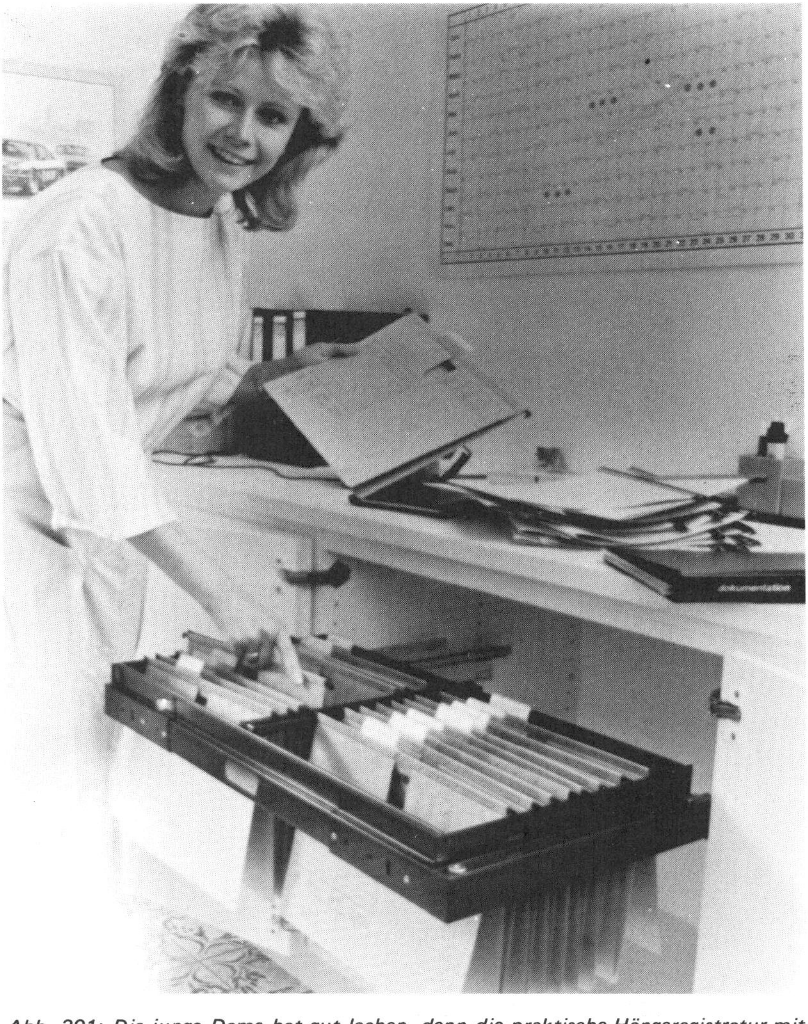

Abb. 391: Die junge Dame hat gut lachen, denn die praktische Hängeregistratur mit dem Quadro Kugelauszug macht das Arbeiten auf Dauer zur Freude, da die leichtgängigen Kugelauszüge auch bei Dauerbenutzung und schwerer Belastung durch die Hängetaschen und ihren Inhalt ein spielend leichtes Gleiten der Hängekartei garantieren. Die Schränke mit Weitwinkelscharnieren versehen gestatten ein völliges Öffnen der Türen, so daß einem unbehindertem Ausziehen der Kartei nichts im Wege steht

Die Montage der Kugelvollauszüge gleicht bis auf veränderte Bohr- und Einbaumaße denen der Kugeleinfachauszüge. Die Kugelauszüge werden mit Holzschrauben 2 mm von der Korpusvorderkante am Korpus montiert, wobei zwischen Korpusboden und Unterkante der Führungsschiene 5 mm Luft zu lassen sind. Vor dem Herstellen der Schubkästen ist die Einbaubreite der Schubkastenführungen zu berücksichtigen, die je nach Auszug variieren kann. Wie beim Kugeleinfachauszug bilden Führungsschiene und Kugelkäfig eine komplette, nicht trennbare Einheit. Die Schubkastenführungen Kugelvollauszug sind nur an der Korpusseitenwand zu montieren. Die Schubkästen erhalten an der Unterseite der Seitenwand und an der Rückwand wieder Bohrungen von 14 mm Tiefe, in die beim Einsetzen der Schubkästen die Einsteckwinkel eingreifen und den Schubkasten arretieren.

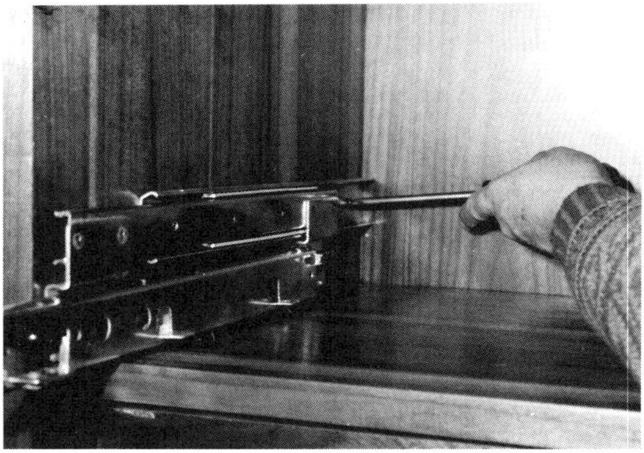

Abb.392: Die Befestigung der Kugelvollauszüge am Korpus des Schrankes gleicht der der Kugelvollauszüge

Abb.393: Bei Verwendung des Kugelvollauszuges ist der Schubkasten bis zu seiner Rückseite völlig aus dem Schrank herausgezogen und so leicht beschickbar

Die Quadro Kugelvollauszüge

Wer es möchte, daß bei ausgezogenen Schubkästen die Schubkastenführungen unsichtbar sind, muß den Kugelvollauszug Quadro verwenden, der verdeckt eingebaut und somit in jeder Stellung unsichtbar ist. Das wird den Wünschen all derer entsprechen, die auf ein optimales Möbeldesign Wert legen, besonders dann, wenn es sich um die Fertigung moderner Kommoden mit breiten Schubkästen handelt. Bei der Anwendung für extrem breite Frontauszüge oder Schubkästen spielt aber nicht nur die Unsichtbarkeit eine Rolle. Wichtig ist, daß die Schubladen nicht wackeln und nicht verkanten. Dies garantiert das technische Prinzip der Quadro Kugelvollauszüge, denn sie sind das einzige Auszugssystem nach dem 4-Laufbahnen-Prinzip, bei dem durch eine vierfache Führung und gehärtete Kugeln eine unübertroffen gute Höhen- und Seitenstabilität erreicht wird.

Die Montage der Quadro Kugelvollauszüge gleicht wieder den bereits beschriebenen, nur haben sie den großen Vorteil, daß sie ein Einbaumaß von nur 8 mm haben, also die Schubkästen nur 16 mm schmaler gebaut werden müssen als das Innenmaß des Korpus beträgt.

Der Quadro Kugelvollauszug wird, wie der Kugeleinfachauszug, erst an der Korpusseitenwand montiert, da bei ihm ebenfalls Führungsschienen und Kugelkäfige eine komplette, nicht trennbare Einheit bilden. Die

Abb. 394: Das Nonplusultra der Kugelauszüge sind die Quadro Einfach- und Vollauszüge, die hervorragende Laufeigenschaften aufweisen

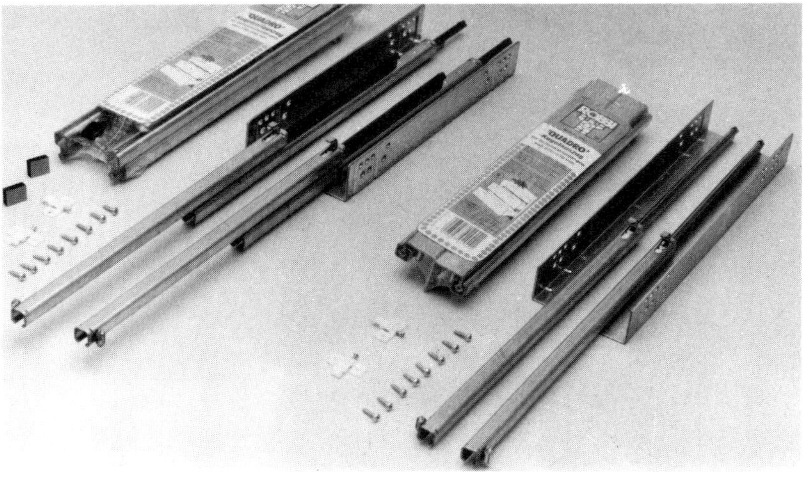

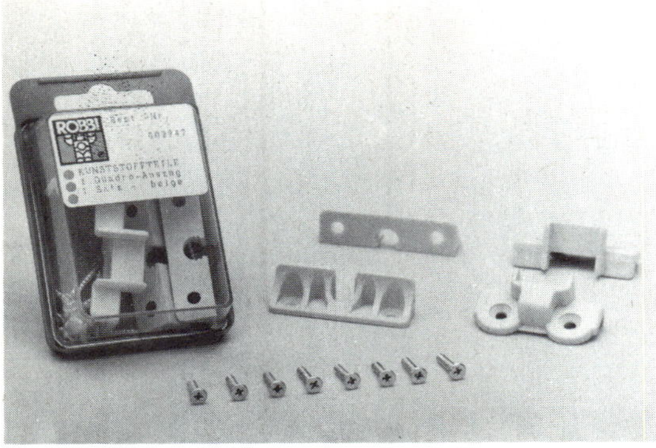

Abb.395: Werden die Quadro Auszüge für Tablarböden verwendet, in die keine Bohrungen vorgenommen werden können, sind diese Kunststoffteile einzusetzen

Abb.396: Bei Schubkästen, in denen der Boden in einer Nut läuft, sind für den Quadro Auszug an der Rückseite 15x15 mm Ausnehmungen sowie eine Bohrung für den Einsteckwinkel vorzunehmen

Abb.397: Bei Tablarböden, die die Ausnehmung für den Kugelauszug nicht ermöglichen, ist dieses Kunststoffteil anzuschrauben

Abb. 398: Im unteren Seitenteil, vorn am Schubkasten, ist bei Schubkästen mit eingenuteten Böden diese Bohrung vorzunehmen

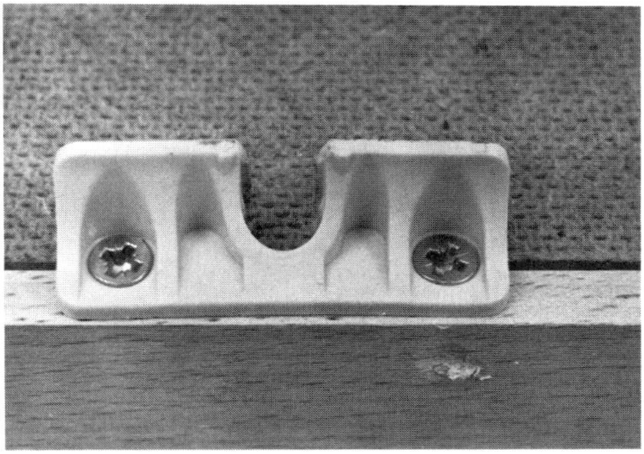

Abb. 399: Bei Tablarböden ist statt der Bohrung wieder ein Kunststoffteil zu verwenden

Abb. 400: Die Anbringung der beiden Kunststoffteile bei Schubkästen mit durchgehenden Böden oder Tablarböden

Schubkästen werden wie bei den bisher beschriebenen Vollauszügen eingesetzt, nur sind bei in Nuten liegenden Böden neben den Bohrungen an der Rückseite Ausnehmungen von 15 mm Breite und Höhe erforderlich, in denen die Schienen der Auszüge liegen. Die Einsteckwinkel greifen wieder in die Bohrungen, die beim Quadro Kugelvollauszug einen Durchmesser

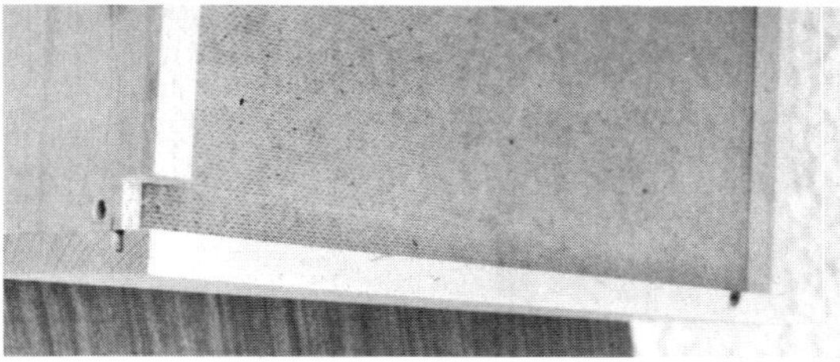

Abb. 401: So sehen die Einlassungen bei Schubkästen aus, deren Böden in Nuten geführt werden

Abb. 402: Die links zu sehende Schraube fixiert nicht nur den Boden, sondern gestattet eine Justierung in der Höhe

Abb. 403: Zum Vergleich nochmals die beiden Anbringungsmöglichkeiten. Links der Einsatz der Quadro Kugelauszüge bei Schubkästen mit eingenutetem Boden, rechts die Anbringung der Quadro Kugelauszüge bei Schubkästen mit durchgehendem Boden oder Tablarböden

von 8 mm haben müssen. Im vorderen Bereich der Seitenwände der Schubkasten-Unterseite sind 8 mm Bohrungen zu setzen, in die Justierstifte greifen, mit denen die Schubkästen zusätzlich ausgerichtet werden können, um eine saubere Vorderfront zu erzielen.

Abb. 404: Einige Zentimeter vor dem Ende des Schubkastens wird an der Korpusseitenwand dieses Kunststoffteil als Bremsmechanismus angebracht

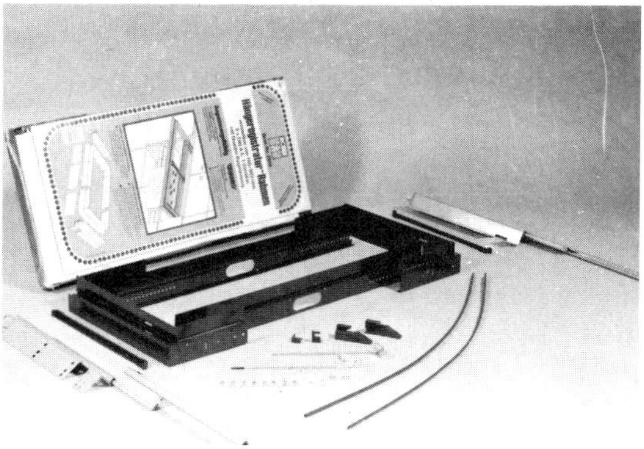

Abb. 405: Für den auf Seite 181 gezeigten Büroschrank wurde dieser Hängeregistraturrahmen verwendet, der von 760-920 mm verstellbar ist und das Einhängen von 2 x 4 DIN A 4 Taschen ermöglicht

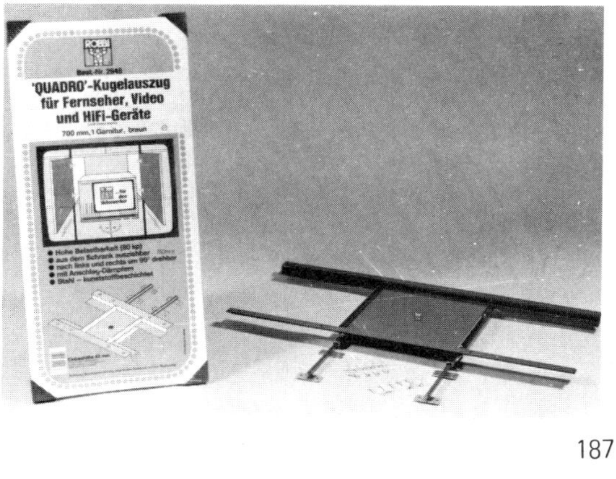

Abb. 406: Wer seinen Fernseher, sein Videogerät oder andere HiFi-Geräte ausziehbar in seinem Schrank unterbringen möchte, kann den hier gezeigten Quadro Kugelauszug verwenden. Er ist bis 80 kg belastbar, nach links und rechts um 90° drehbar und ist mit Anschlagdämpfern versehen

Um den Schubkasten in zugeschobener Stellung zu halten, werden an der Seitenwand Kunststoffteile montiert, die im Endbereich den Schubkasten leicht abbremsen und in Stellung halten. Ein selbständiges Ausrollen der Schubkästen wird somit verhindert, was möglich sein kann, da die Quadro Kugelvollauszüge und Einfachauszüge sehr leicht laufen.

Die in Abbildung 395 gezeigten Kunststoffteile für den Quadro Auszug sind Befestigungsteile, wenn der Quadro Auszug für Schubkästen mit durchgehenden Böden oder Tablarböden verwendet wird.

Ein Kugelauszug für Drahtkörbe

Ein Kugelauszug besonderer Ausführung ist der für die Montage der Robbi System-Drahtkörbe. Mittels dieser Auszüge und den im Handel erhältlichen Drahtkörben unterschiedlichster Höhe und Breite lassen sich auf einfachste Weise Vorratsschränke bequem herstellen. Dabei kann der Korpus aus Holz gefertigt sein oder aber aus dem Alurahmasystem hergestellt werden. Die Verwendung des Alurahmasystems macht jede Schreinerarbeit überflüssig, wenn die Zwischenräume zwischen den Alurahmastangen nicht ausgefüllt werden sollen. Die Kugelauszüge werden, gleichgültig ob Holzkörper oder Alurahmaschienen, an diesen mit Schrauben befestigt. An den Kugelauszügen befinden sich Haken, in die die Körbe nur eingehängt zu werden brauchen. Dieses Einhängesystem ermöglicht auch ein leichtes Entnehmen der Körbe, falls dies erforderlich sein sollte. Zum Einbau dieser Auszüge, wie auch bei allen anderen Kugelauszügen, lassen sich bei vorhandenen Schränken und Schubladen Maßdifferenzen durch Distanzscheiben, die ebenfalls im Fachhandel erhältlich sind, überbrücken.

Abb. 407: Zu den Robbi Systemdrahtkörben, die in ihrem Verwendungszweck sehr vielseitig sind, werden diese Kugelauszüge beim Einbau in Schränke und andere Rahmenprofile eingesetzt

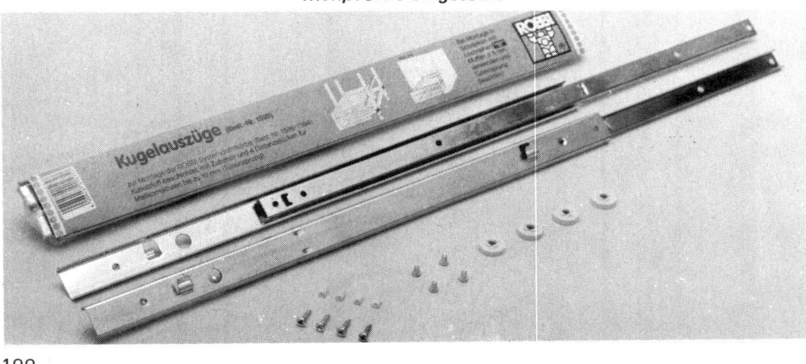

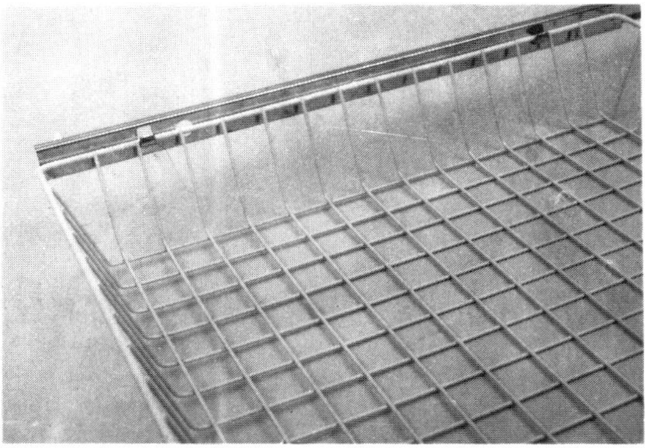

Abb. 408: Die Körbe sind in die Kugelauszüge nur eingehängt und lassen sich jederzeit wieder aushängen

Schubkastenführungen aus Kunststoff

Abschließend zum Thema Schubkästen und Schubkastenführungen soll noch auf die Schubkästen zum Selbstbau hingewiesen werden, die aus Kunststoff gefertigt sind und nur über Winkelstücke zusammengesteckt zu werden brauchen. Bei Zwischenmaßen können diese Kunststoffzargen gekürzt werden, doch ist ein Vergrößern der Schubladen nicht möglich.

Für diese Schubkästen sind Schubkastenführungen aus Kunststoff zu haben, die an die Korpuswände nur anzuschrauben sind und die in den bereits vorhandenen Nuten dieser Schubkästensätze laufen. Es können aber auch Kugelauszüge und Kugelvollauszüge verwendet werden.

Abb. 409: Diese Schubkastenführungen aus Kunststoff werden bei den Selbstbauschubkästen aus Kunststoff, die eine entsprechende Nut haben, verwendet

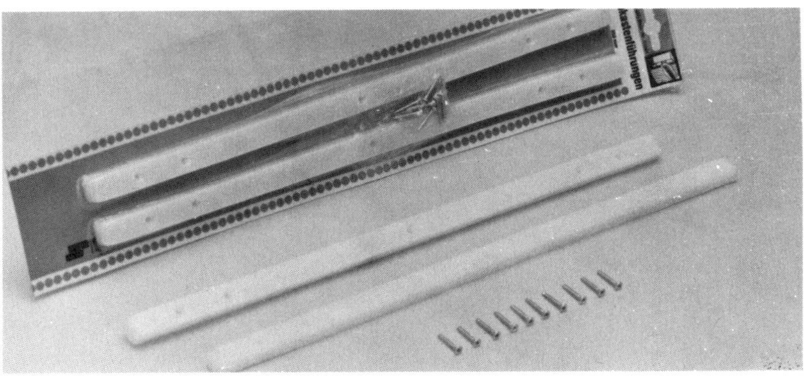

Einfacher kann die Herstellung von Schubkästen wirklich nicht sein, da Vorkenntnisse irgendwelcher Art nicht erforderlich sind.

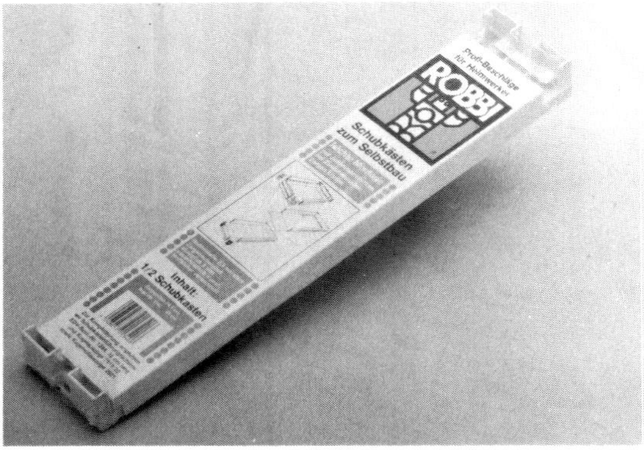

Abb. 410: Die Schubkästen zum Selbstbau aus Kunststoff lassen sich sehr leicht verarbeiten und bei erforderlicher Maßveränderung ablängen

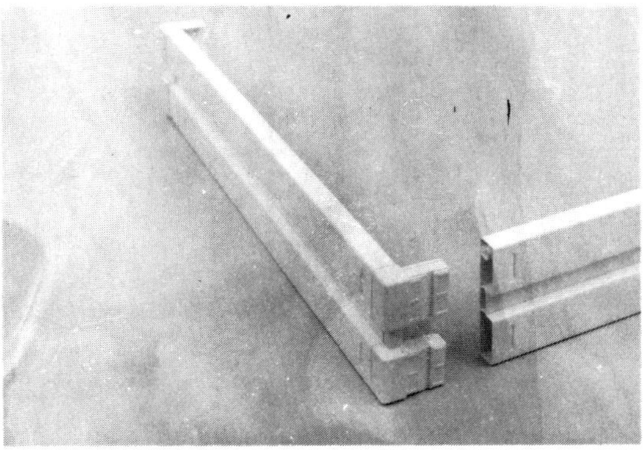

Abb. 411: So einfach ist der Zusammenbau der Kunststoffzargen. Ein Winkel wird eingesteckt und leicht festgeklopft

Im Handel erhältliche Rollschubführungen/Kugelauszüge

Artikel	Ausführung	Farbe	mm
Rollschubführung	mit Zwangsführung	beige	300
Rollschubführung	mit Zwangsführung	beige	350
Rollschubführung	mit Zwangsführung	beige	400
Rollschubführung	mit Zwangsführung	beige	500
Rollschubführung	mit Zwangsführung	beige	550
Rollschubführung	mit Frontplatte	beige	500
Kugeleinfachauszug	chromatiert		250-350
Kugeleinfachauszug	chromatiert		350-600
Kugeleinfachauszug	chromatiert		620-960
Kugelvollauszug	chromatiert		330-550
Kugelvollauszug	chromatiert		550-800
Kugelauszug für 17 mm Nut	glanzverzinkt		190-300
Kugelauszug für 17 mm Nut	glanzverzinkt		250-400
Kugelauszug für 17 mm Nut	glanzverzinkt, m. Frontabstütz.		450
Kugelauszug für 17 mm Nut	glanzverzinkt, m. Frontabstütz.		500
Kugelauszug für 17 mm Nut	glanzverzinkt, m. Frontabstütz.		550
Quadro	für Schubkastenlängen von		320-530
Quadro	für Schubkastenlängen von		470-700
Quadro-Vollauszug	für Schubkastenlängen von		350-500
Quadro-Vollauszug	für Schubkastenlängen von		470-700
Kunststoffteile für Quadro-Auszug	Befestigungsteil vorn und hinten		
Fernsehteil-Auszug-Quertraverse	mit Quadro-Auszug	braun	700
Kugelauszug	für Drahtkörbe	Glanz verzinkt	500
Kinder-Sicherheitsverschluß		braun	
Hängeregister-Rahmen	1-fach, verstellbar von		420-580
Hängeregister-Rahmen	2-fach, verstellbar von		760-920

Abb. 412: Besser als hier gezeigt kann man den Raum in der Küche kaum nutzen. Alles ist übersichtlich und griffbereit zur Hand

Drahtkörbe sind vielseitig und zweckmäßig

„Raum ist in der kleinsten Hütte", sagt ein altes Sprichwort, dessen Weisheit man nur bestätigen kann. Das Wohnraum-Angebot wird nämlich immer knapper und auch ein 12 Etagen-Haus hat eben leider nur einen Keller und einen Dachstuhl. Somit verteilt sich der Kellerraum auf eine wesentlich größere Parteienzahl und wird dadurch immer kleiner. Stauraum muß nun in dem schon knapp bemessenen Wohnraum gesucht werden, und da ist jeder Kubikzentimeter zu nutzen.

Stauraum bequem zu schaffen ermöglichen die Robbi System-Drahtkörbe, durch die einfach und leicht Ordnung gehalten werden kann, da sie sich mit Hilfe von Kugelauszügen sowohl in Schränke als auch in anderweitig zu schaffende Regale einbauen lassen. Da die Körbe mittels der Kugelauszüge aus dem Schrank gezogen werden können, ist im Gegensatz zu Regalen ein leichtes Beschicken von oben möglich, und der Stauraum kann bis unter den nächsten Korb genutzt werden. Der Stauraum ist so rationell verwendet, wobei gleichzeitig ein leichtes Beschicken und Entnehmen garantiert ist.

Die Ansicht, daß Drahtkörbe nur in Kellern, Hobbyräumen und anderen Abstellkammern eingesetzt werden können, widerlegt die Tatsache, daß sich die System-Drahtkörbe in alle Möbel einbauen lassen. Somit sind Küche, Kinderzimmer, Bad, ja selbst Schlafzimmer, Büro und Hobbyräume für die Verwendung von Drahtkörben prädestiniert, denn wen ihr äußerer Anblick stören würde, der braucht einfach die Tür zu schließen, und die Drahtkörbe sind nicht mehr zu sehen.

Von hygienischer Seite ist gegen die System-Drahtkörbe nichts einzuwenden, da sie kunststoffbeschichtet und somit gut zu reinigen sind. Sie rosten nicht, färben nicht ab und sind geruchs- und geschmacksneutral, so daß sie für jegliches Bestückungsgut verwendet werden können. Durch diese Eigenschaften sind die Drahtkörbe besonders für den Einsatz in Kinderzimmern geeignet, wo Spielzeug verstaut werden muß, das von Kindern nicht nur mit ins Bett, sondern auch in den Mund genommen wird. Die Körbe können im Gegensatz zu Schubkästen wesentlich leichter sauber gehalten werden, da sie aus den Aufhängungen des Kugelauszuges schnell herausgenommen und gespült werden können. Aber auch als Stauraum für Tisch- und Bettwäsche sind die Körbe bestens geeignet, da sie, wie bereits erwähnt, durch ihre Kunststoffbeschichtung nicht rosten und somit keine Flecken hervorrufen, sich andererseits, wie ebenfalls erwähnt, leicht aushängen lassen, um an die Stellen transportiert zu werden, wo Tisch-

Abb. 413: Vielseitig einsetzbar ist dieser Korb, der sowohl an Türinnenseiten als auch an Wände geschraubt werden kann

oder Bettwäsche gerade erneuert werden muß. Aber auch Lebensmittel kann man bedenkenlos in diesen Körben unterbringen, gleichgültig ob sie verpackt oder unverpackt sind.

Die Verwendung der System-Drahtkörbe hat aber noch einen anderen Vorteil. Wer sich den Stauraum selbst bauen will, sei es durch Schränke, Gestelle oder einen nachträglichen Einbau, braucht keine Schubkästen zu fertigen. Eine große Heimwerkerausrüstung ist auch nicht erforderlich, da ein Schraubendreher und ein Zollstock als Werkzeug ausreichen. Die Kugelauszüge sind in kürzester Zeit angebracht, da sie nur mit Schrauben an den Seitenwänden befestigt werden, und schon können die Körbe eingehängt und ihrem Verwendungszweck zugeführt werden. Alle Körbe, gleich welcher Größe, sind immer im Farbton beige kunststoffbeschichtet, so daß ein einheitliches Erscheinungsbild bei Verwendung unterschiedlicher Korbgrößen in einem Schrank stets garantiert ist. Die Körbe, die alle eine gleiche Tiefe von 470 mm haben, werden in vier unterschiedlichen Breiten und zwei verschiedenen Höhen angeboten. Durch die Höhen 74 mm und 170 mm ist weiterhin eine rationelle Stauraumausnutzung möglich, da dem Staugut entsprechend die Höhe der

Abb. 414: Wer so den Raum in seiner Küche nutzt, wird den Wert der Systemkörbe besonders zu schätzen wissen

Abb. 415: Wenn in Bädern überflüssiger Raum zur Verfügung steht, läßt er sich bequem durch Schränke, die mit Drahtkörben ausgestattet sind, nutzen

Körbe gewählt werden kann. Die Breiten der Körbe betragen 232 mm, 332 mm, 432 mm und 532 mm und sind somit auf die Schrankbreiten von 300 mm, 400 mm, 500 mm und 600 mm abgestimmt. Maßkorrekturen können durch die Verwendung der 5 mm starken Distanzstücke vorgenommen werden, so daß sich Maßdifferenzen bei breiteren Schränken korrigieren lassen.

Abb.416: Wenn Kinder von Herzenslust abends alles in die Körbe schmeißen können, womit sie tagsüber gespielt haben, macht das Aufräumen doppelt Freude

Abb.417: Auch Schlafzimmerschränke können mit den Systemdrahtkörben bestückt werden und bieten so beste Raumausnutzung

Überhaupt sollte man sich überlegen, ob man nicht bei älteren Schränken, bei denen die Schubkästen oder Züge nicht mehr ganz einwandfrei funktionieren, diese durch Körbe ersetzt, ehe man die Überlegung anstellt, den Schrank wegzuwerfen und etwas Neues zu bauen. Da bei älteren Schränken die Laufleisten für die Schubkästen aus Holz und an der Seitenwand angeschraubt sind, lassen sie sich leicht entfernen und durch die ent-

Abb. 418: Daß im Keller viel verstaut werden muß, ist klar. Doch sollte man rechtzeitig überlegen, wie der vorhandene Raum, wie hier gezeigt, durch Alurahma-Regale und System-Körbe verwendet werden kann

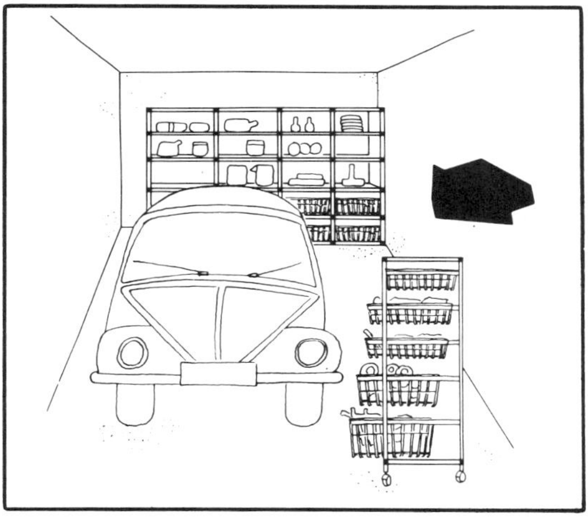

Abb. 419: Auch in der Garage gibt es Ecken, die normalerweise unbenutzt sind. Ein Alurahma-Regal mit Körben kann diese Ecken sinnvoll füllen

sprechenden Kugelauszüge für Körbe ersetzen. Die unterschiedlichen Breiten der Körbe beziehen sich ja auf gängige Schrankbreiten und kleine Maßdifferenzen lassen sich, wie bereits erwähnt, durch Distanzstücke leicht überbrücken.

Abschließend möchten wir noch auf den Bau eines Alurahma-Drahtkorbwagens hinweisen, der mit wenigen Mitteln leicht und schnell gefertigt

Abb. 420: Für Rundspülen ist dieser Korb einsetzbar, dessen Durchmesser 375 mm und die Höhe 145 mm beträgt

Abb. 421: Der Drahtkorb kunststoffbeschichtet in beige 432 x 470 x 74 mm

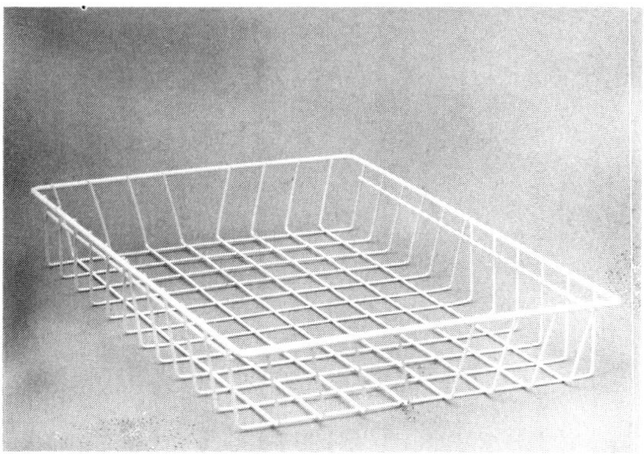

Abb. 422: Ein Einhängekorb 350 x 473 x 75 mm

Abb. 423: Dieser Spülkorb eckig 410 x 375 x 130 mm steht auf Füßen, so daß das Wasser gut ablaufen kann

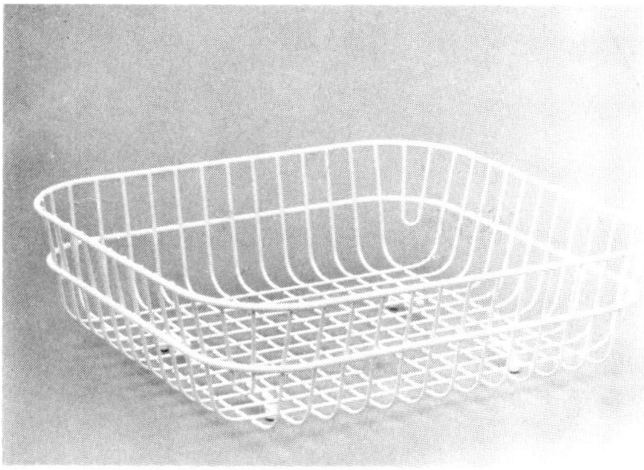

Abb. 424: Ein hoher Drahtkorb kunststoffbeschichtet, beige, 432 x 470 x 170 mm

Abb. 425: Ein weiterer Einhängekorb 332 x 500 x 170 mm

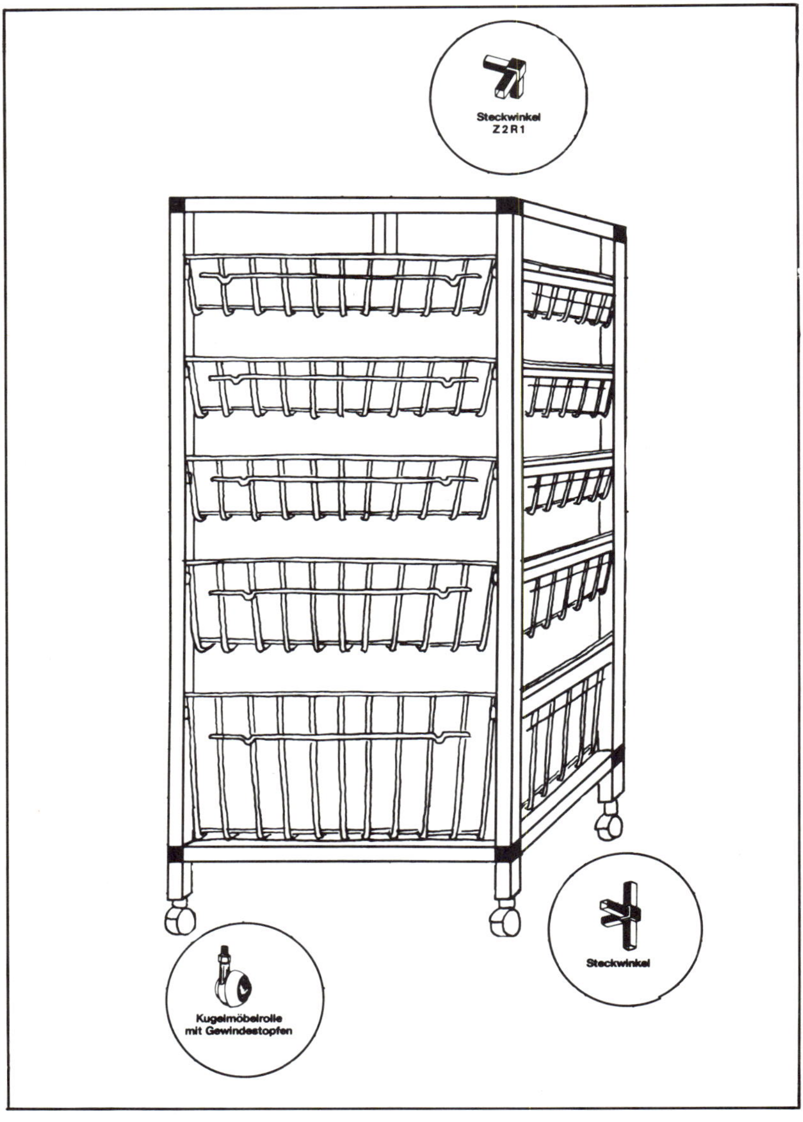

Abb. 426: Ein Drahtkorbwagen aus Alurahma, wie er leicht selbst gefertigt werden kann

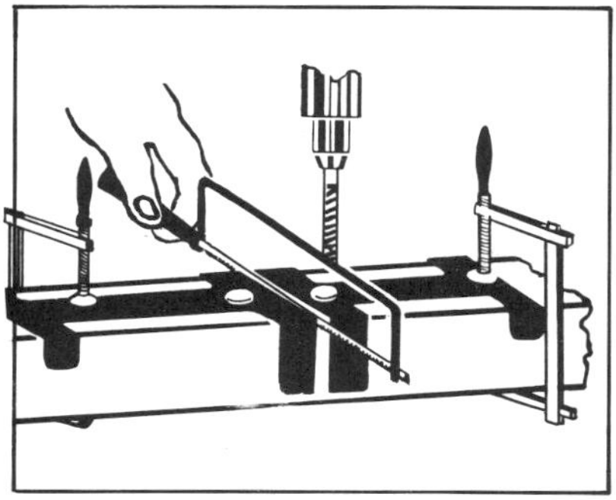

Abb. 427: Das Alurahma läßt sich leicht und exakt sägen, besonders unter Zuhilfenahme der Bohr- und Sägelehre

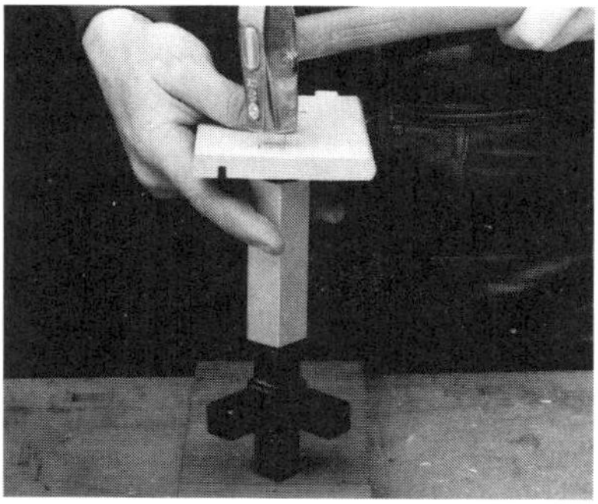

Abb. 428: Beim Einschlagen der Steckwinkel ohne Gummihammer ist eine Zulage aus Holz zu verwenden

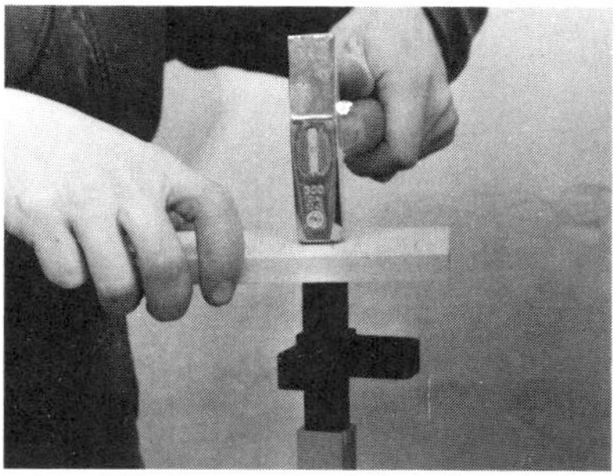

Abb. 429: Das zweite Rohr wird mit dem Steckwinkel verbunden

Abb. 430: Der Steckwinkel A4R1 ermöglicht eine Verlängerung nach oben und unten sowie das Stecken einer Ecke

Abb. 431: Da nach oben keine Verlängerung erforderlich ist, muß hier der Steckwinkel A2R1 verwendet werden, durch den der obere Abschluß erzielt wird

Abb. 432: Ist der Rahmen fertig, das Fußrohr mit einem Abschlußstopfen mit Gewindebuchse versehen, werden die Rollen in den Abschlußstopfen geschraubt

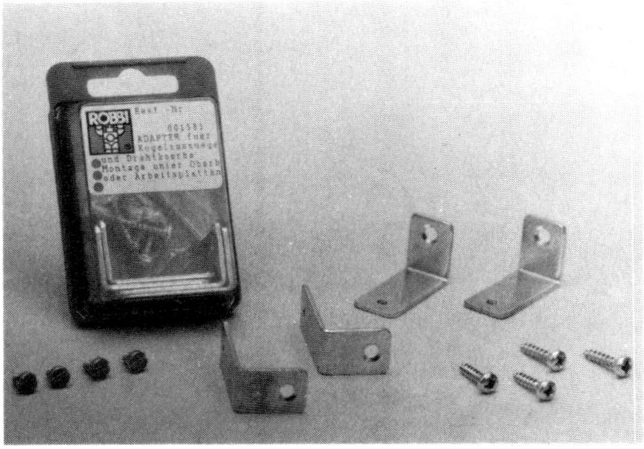

Abb.433: Wer System-Drahtkörbe direkt unter einer Tischplatte montieren möchte, kann für die Montage der Kugelauszüge diese Adapterschiene verwenden

Abb.434: Das sind die Distanzstücke, mit denen Maßdifferenzen zwischen Schrank und Kugelauszug überbrückt werden können

wird. Alurahma ist ein Vierkantrohr 24 x 24 mm zu einem Stecksystem und in schwarz, weiß und silber eloxiert zu haben. Für die Eckverbindungen werden die unterschiedlichsten Steckwinkel, entweder aus Kunststoff oder aus Zinkdruckguß verwendet, wobei die Kunststoffsteckwinkel für mittlere Belastungen und die Metallsteckwinkel für schwere Belastungen geeignet sind. Da die Vierkantrohre grundsätzlich aus Aluminium bestehen, gleichgültig ob sie beschichtet oder nicht beschichtet sind, ist die Garantie gegeben, daß sie nicht rosten. Somit können sie in allen Räumen eingesetzt werden, und jede Hausfrau wird es begrüßen, daß sie neben ihrer Waschmaschine einen Korbwagen hat, in dem die Wäsche sortiert nach Waschart abgelegt ist und vor dem Waschen ohne großes Sortieren nur entnommen zu werden braucht, um die Waschmaschine zu beschicken. Für einen solchen Korbwagen sind aus dem Stecksystem Alumium-Vierkantrohre entsprechender Länge erforderlich, die mittels einer Bohr- und Sägelehre leicht selbst zugeschnitten und mit den erforderlichen Bohrungen für die Kugelauszüge versehen werden. Weiter benötigt man eine entsprechende Anzahl von Steckwinkeln der Nr. A3R1 sowie vier Steckwinkeln A2R1 für den oberen Abschluß und vier Möbelrollen mit passendem Abschlußstopfen, in die die Möbelrollen eingeschraubt werden. Die Steckwinkel werden mit einem Gummihammer oder unter Verwendung einer Zulage in die Rohre eingeschlagen und bilden so eine feste Verbindung. Ein solcher Wagen ist hochbelastbar und läßt sich durch die Rollen leicht transportieren.

Wer sich einen solchen Wagen bauen will, sollte sich vorher eine Modellzeichnung anfertigen und dabei berücksichtigen, daß sowohl bei Länge, Breite und Höhe immer die 24 mm der Eigenbreite der Steckwinkel dazu zu messen sind. Abbildung 426 auf Seite 200 zeigt einen solchen Drahtkorbwagen, dessen Maße jedoch den eigenen Wünschen entsprechend variiert werden können.

Maß- und Montagetabelle der Robbi-System-Drahtkörbe

Schrankbreite	lichtes Korpusmaß bei 19er Seiten	Einbaubreite für Kugelauszüge	Distanz für Türeinsprung	Korbaußenmaße	Einbaubreite
300 mm	262 mm	./. 20 mm	./. 10 mm	232 mm	232 mm
400 mm	362 mm	./. 20 mm	./. 10 mm	332 mm	332 mm
500 mm	462 mm	./. 20 mm	./. 10 mm	432 mm	432 mm
600 mm	562 mm	./. 20 mm	./. 10 mm	532 mm	532 mm

Abmessungen der Drahtkörbe

232 x 470 x 74 mm	232 x 470 x 170 mm
332 x 470 x 74 mm	332 x 470 x 170 mm
432 x 470 x 74 mm	432 x 470 x 170 mm
532 x 470 x 74 mm	532 x 470 x 170 mm

Im Handel erhältliche System-Drahtkörbe

Artikel	Ausführung	Farbe	mm
Drahtkorb	kunststoffbeschichtet	beige	532 x 470 x 74
Drahtkorb	kunststoffbeschichtet	beige	532 x 470 x 170
Drahtkorb	kunststoffbeschichtet	beige	232 x 470 x 74
Drahtkorb	kunststoffbeschichtet	beige	332 x 470 x 74
Drahtkorb	kunststoffbeschichtet	beige	432 x 470 x 74
Drahtkorb	kunststoffbeschichtet	beige	232 x 470 x 170
Drahtkorb	kunststoffbeschichtet	beige	332 x 470 x 170
Drahtkorb	kunststoffbeschichtet	beige	432 x 470 x 170
Einhängekorb	für Hochschrankvollauszug		250 x 473 x 75
Einhängekorb	für Hochschrankvollauszug		350 x 473 x 75
Vorratsschrank-Auszug	höhenverstellbar von 1100-1400 mm		500
Eckschrank-Schwenkkorb	Komplett-Beschlag	beige	890 x 445
Eckschrank	Dreiviertelkreis-Schwenkkorb	beige	Ø70 cm
Besenschrankregal	4-etagig	beige	350 x 220 x 830
Geräteträger	2-etagig	beige	280 x 100 x 420
Gewürzbord	zur Aufnahme von 4 x 6 Dosen	beige	
Putzmittelboy	mit Kugelauszug	beige	220 x 500 x 480
Umrandungsgitter	4-seitig für 300er, 500er und 600er Korpus	beige	
Schubkorb		beige	443 x 460 x 120
Putzmittelkorb	3-seitig	beige	390 x 110 x 120
Wäschekorb	4-seitig	beige	270 x 300 x 320
Wäschekorb	4-seitig	beige	395 x 480 x 420
Wäschekorb	mit Rollschubführung	beige	535 x 500 x 650
Korb	für Rundspüle	beige	375 x 145
Spülkorb	eckig	beige	410 x 375 x 130
Umrandungsgitter	3-seitig für 300er, 500er und 600er Korpus	beige	

Wie ist beim Einbau der Körbe vorzugehen

Angenommen, man besitzt einen Schrank von 600 mm Außenbreite, für den Holzplatten von 19 mm Stärke verwendet wurden. Es bleibt also ein lichtes Korpusmaß von 562 mm. Für die Kugelauszüge, mit denen die Körbe mit dem Schrank verbunden werden, sind nochmals je 10 mm, also insgesamt 20 mm erforderlich, so daß eine Einbaubreite von 542 mm übrig bleibt. Sollte die Schranktür nicht mit einem Winkelscharnier versehen sein, so sind zusätzlich für den Türeinsprung 10 mm abzurechnen, so daß eine effektive Einbaubreite von 532 mm zur Verfügung steht. Und diese Breite besitzt auch unser Drahtkorb, wodurch ein paßgenaues Einbauen der Körbe garantiert ist.

Neben den hier vorgestellten System-Drahtkörben gibt es noch eine umfangreiche Palette an Drahtkörben, die vom Hochschrank-Vollauszug über Einhängekörbe, Vorratsschrank-Auszug über Schubkörbe, Putzmittelkörbe bis zu den Wäschekörben geht. Das umfangreiche Angebot ist aus nebenstehender Tabelle genau zu entnehmen.

Abb. 435: Bei einer Schrankwand, die als Raumtrenner gedacht ist, sind die Türen sehr hoch und schwer, so daß Schiebetürbeschläge verwendet werden müssen, die dem Gewicht der Tür entsprechen

Ob kleine oder große Schränke, Schiebetüren lassen sich immer einbauen

Schiebetüren wird man immer dann verwenden, wenn nicht genügend Drehraum für angeschlagene Türen vor den Möbeln zur Verfügung steht. Schiebetüren bewegen sich nämlich im Möbelkorpus, wo sie stehend oder hängend angebracht werden. Haben sie auf der einen Seite den Vorteil, daß sie vor dem Möbel keinen Drehraum benötigen, so haben sie andererseits den Nachteil, daß ein Schrank nie ganz geöffnet werden kann, da sich eine Tür beim Öffnen immer hinter oder vor die andere Tür schiebt.

Ob nun eine hängende oder eine stehende Schiebetür in einen Schrank gearbeitet wird, ist keine Modefrage, sondern richtet sich nach der Form der Tür und ihrem Gewicht. So wird man schmale, hohe Türen niemals als stehende Türen arbeiten, da durch die erforderliche Luft in der oberen Nut zum Einsetzen der Türen beim Bewegen der Türen ein Verkanten möglich wäre. Sind Schiebetüren dagegen breiter als hoch, so können sie gut stehend angebracht werden, da ein Verkanten in diesem Fall kaum möglich ist.

Arbeitet man ganz leichte Schiebetüren, z.B. aus 10 mm Sperrholz, so kann man diese Türen in einer Hartholzleiste laufen lassen, in die zwecks besseren Gleitens der Tür Resopalstreifen eingeklebt werden können. Oben laufen die Türen dann ebenfalls in einer Hartholzschiene mit Doppelnut, nur sind die Nuten um die Tiefe der unteren Nuten tiefer einzuarbeiten, damit die Türen zum Einhängen nach oben eingesteckt und dann in die untere Nut herabgelassen werden können.

Der Einbau solcher Schiebetüren ist jedoch sehr selten, weshalb wir zu den Schiebetüren übergehen möchten, die mindestens aus einer 16 mm bzw. 19 mm Tischlerplatte oder Spanplatte gefertigt werden. Diese Türen haben vom Material her ein gewisses Eigengewicht, weshalb ein Gleiten, wie oben beschrieben, kaum erzielt werden könnte. Darum setzt man für derartige Türen, es handelt sich um stehende Schiebetüren, Schiebetürbeschläge ein, die aus einer Laufrolle und einem Führungsriegel bestehen. Laufrolle und Führungsriegel laufen in einer Kunststoffschiene, die in eine Nut in Boden wie in Decke einzulassen ist. Bei Verwendung der eben erwähnten Schiebetürbeschläge, die für eine Belastbarkeit je Tür von 12 kg geschaffen sind, können die Lauf- und Führungsprofile die gleiche Tiefe haben, da der Führungsteil mit einem federnden Riegel versehen ist, der nach dem Einsetzen des Laufteils in das untere Führungsprofil zum Einsetzen des Führungsteils in das obere Führungsprofil heruntergezogen wird.

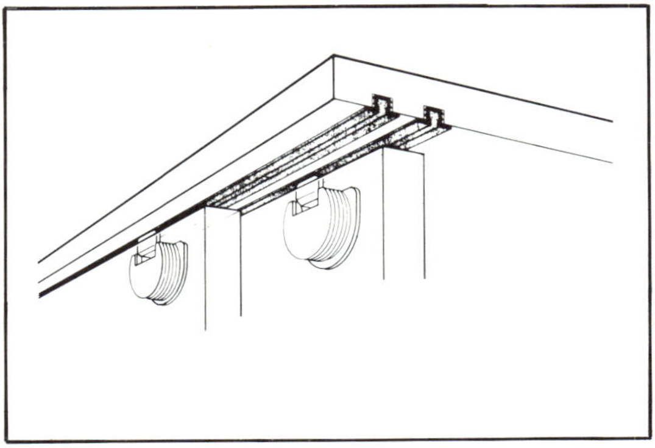

Abb.436: Hier haben wir den Schiebetürbeschlag bis 12 kg je Tür, der in dem total zerlegbaren Wandschrank eingesetzt wurde. Für seine Montage ist eine Topfbohrung von 30 mm erforderlich

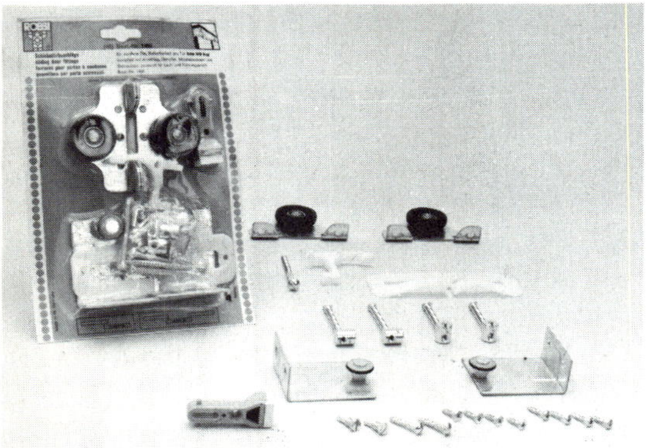

Abb.437: Für den auf Seite 206 gezeigten Raumtrenner wurde dieser Schiebetürbeschlag für Türen bis zu 50 kg verwendet. Bei seinem Einsatz ist darauf zu achten, daß für die vordere Tür ein anderer Beschlag verwendet werden muß als für die hintere Tür

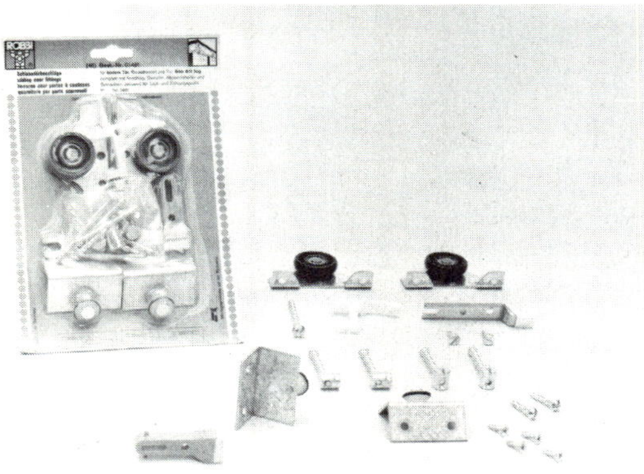

Abb.438: Hier sehen wir den Beschlag für die hintere Tür. Im Vergleich mit der vorherigen Abbildung ist das schmalere Führungsprofil zu erkennen. Aus den Montagebildern wird ersichtlich warum

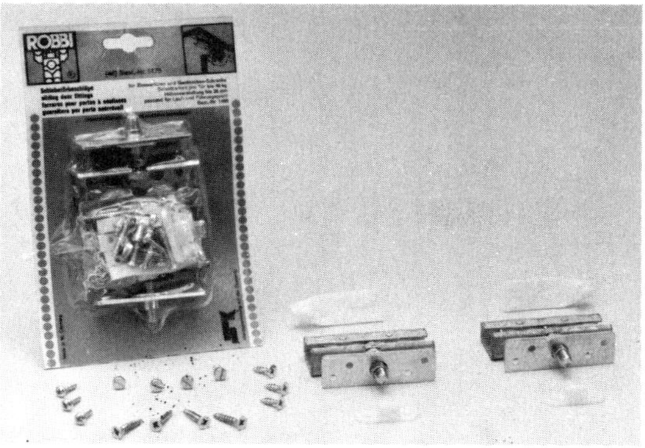

Abb. 439: Dieser Schiebetürbeschlag für Zimmer- und Garderobenschränke ist bis 40 kg pro Tür belastbar und hat eine Höhenverstellung bis 20 mm. Sein Einsatz ist für eintürige Raumtrennungen gedacht

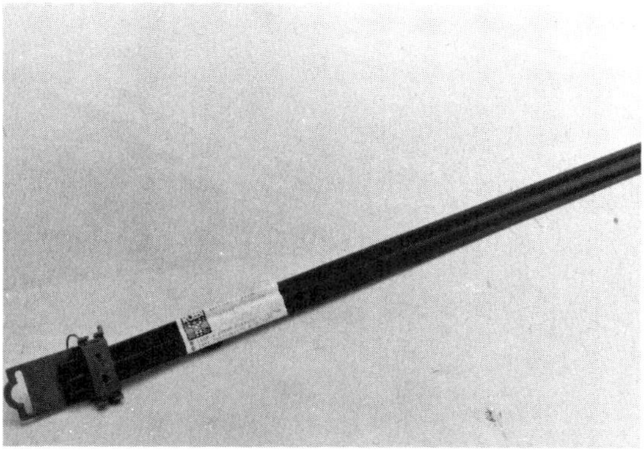

Abb. 440: Dieses Lauf- und Führungsprofil wird für den Schiebetürbeschlag für Türen bis zu 12 kg verwendet

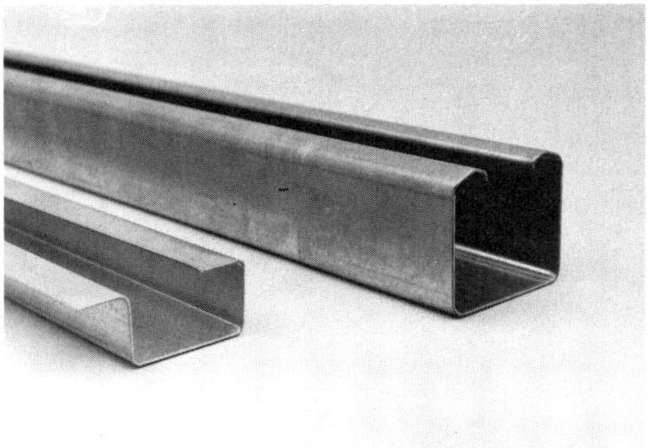

Abb. 441: Lauf- und Führungsprofil für Schiebetürbeschläge, belastbar bis 50 kg, sind in ihrer Konstruktion unterschiedlich. Links im Bild haben wir das Führungsprofil, das an der unteren Schrankseite befestigt wird und rechts das Laufprofil, in dem die Türen mit dem Beschlag hängen

Abb. 442: Damit Schiebetüren nicht so brutal gegen die Schrankseiten schlagen, sind rechts und links Türanschläge anzubringen

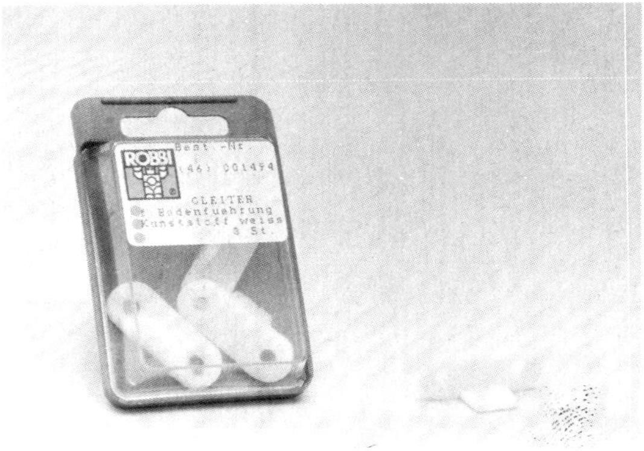

Abb. 443: Für die Schiebetürbeschläge, belastbar bis 40 kg, sind für die Bodenführung Gleiter erforderlich, die entweder in einer Nut in der unteren Türkante laufen, oder als seitliche Begrenzung angebracht werden

Die doppelt gelagerten Rollen dieses Laufteils bewegen sich auf dem Rand des unteren Kunststoffprofils. Der Reibungswiderstand ist sehr gering, und das Doppellager sorgt außerdem für einen leichtgängigen und ruhigen Lauf. Das Führungsteil hingegen hat keine andere Funktion, als die Tür im Führungsprofil zu halten.

Der Einbau dieses Türbeschlages ist problemlos, da sowohl Lauf- als auch Führungsteil in eine 30 mm Ø Topfbohrung eingedrückt und durch Schrauben befestigt werden. Dieser Schiebetürbeschlag wurde bei den Schiebetüren des total zerlegbaren Schrankes verwendet.

Beim Gewicht von 12 kg je Tür möchten wir die stehenden Schiebetüren verlassen und uns den hängenden Schiebetüren bis zu einem Gewicht von 25 kg je Tür zuwenden. Ein Schiebetürbeschlag für Türen mit einem

Abb.444: In den Raumtrenner wird das Laufprofil für die Schiebetüren eingepasst

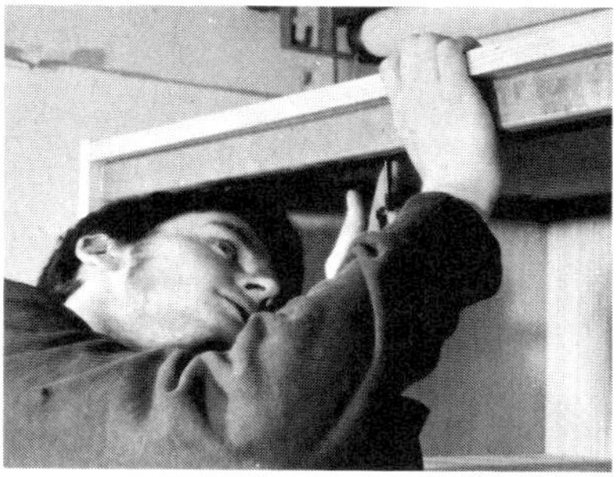

Abb.445: Das Laufprofil wird durch Schrauben mit dem Schrank verbunden

Abb.446: Für die Kloben des Befestigungselements für Laufteile sind Bohrungen mit einem 12 mm Ø vorzunehmen

Abb.447: Für die Spezialschrauben sind Bohrungen mit 5 mm Ø erforderlich, die in die Bohrungen für die Kloben führen

Abb.448: Die Kloben werden in ihre Bohrung eingesetzt, um die Spezialschraube aufnehmen zu können

Abb.449: Die Spezialschrauben werden in die Bohrungen eingeführt

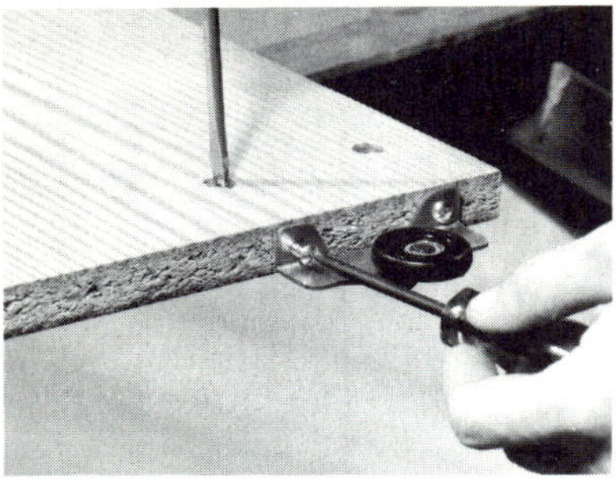

Abb.450: Ein zweiter Schraubendreher hilft, das Gewinde des Klobens zu finden

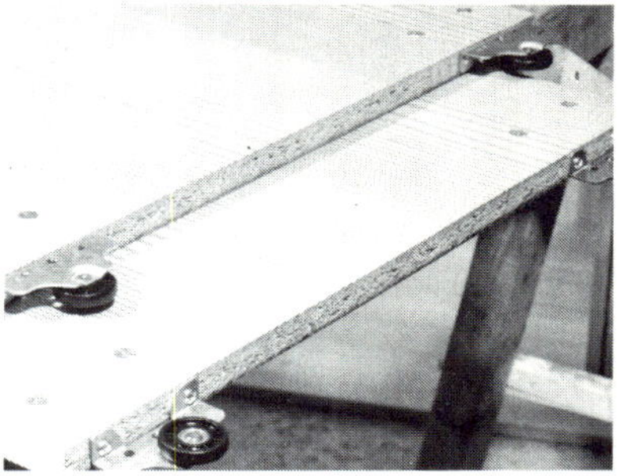

Abb.451: Der Beschlag mit den Laufrollen ist mit der Tür verbunden

Abb.452: So müssen die Beschläge stehen, um hintere und vordere Tür in das Laufprofil einhängen zu können

Abb.453: Die Tür ist eingehängt und die Laufrollen bewegen sich in der Laufschiene

Abb.454: Damit die Tür weich anschlägt und in der Endstellung steht, ist ein Anschlag anzubringen

Abb.455: Die Laufrolle ist bei geschlossener Tür am Anschlag und wird durch diesen in seiner Stellung gehalten

Abb. 456: Das Führungsprofil, das an der unteren Schrankseite befestigt wird

Abb. 457: Die Führungsschiene auf einer Leiste, die mit einem Verbindungsbeschlag versehen ist

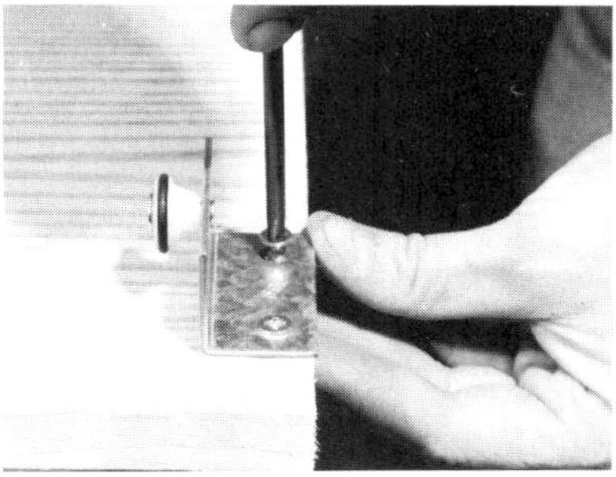

Abb. 458: Das Führungsteil der hinteren Tür (kleiner Winkel) wird angeschraubt

Abb. 459: So sitzen die beiden Führungsteile an den Türunterseiten

Abb. 460: In die Führungsschiene wird ein Anschlag mit Dämpfer befestigt

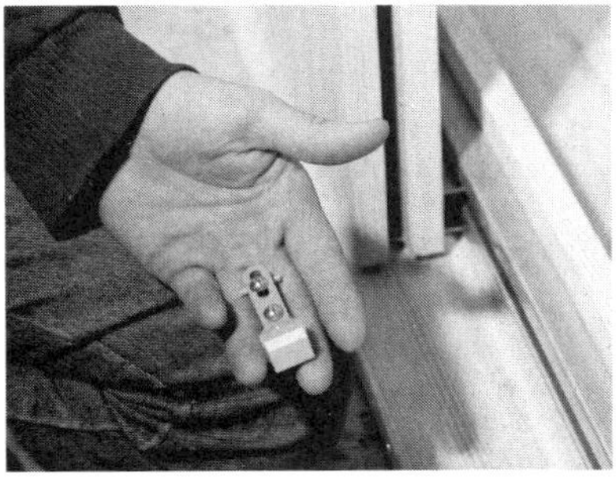

Abb. 461: Schrankrohrträger werden mit Schrauben an der Seitenwand befestigt

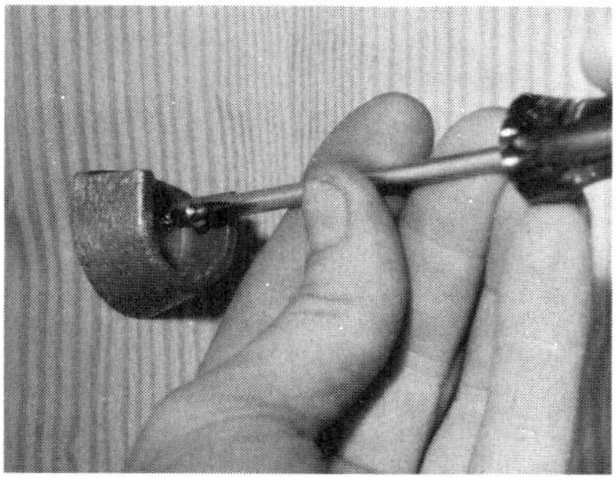

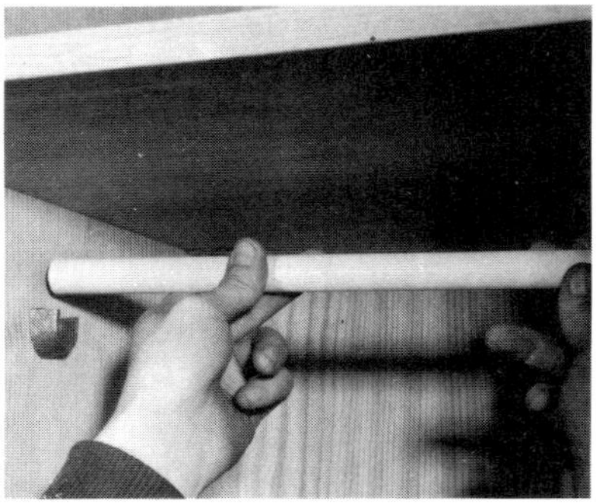

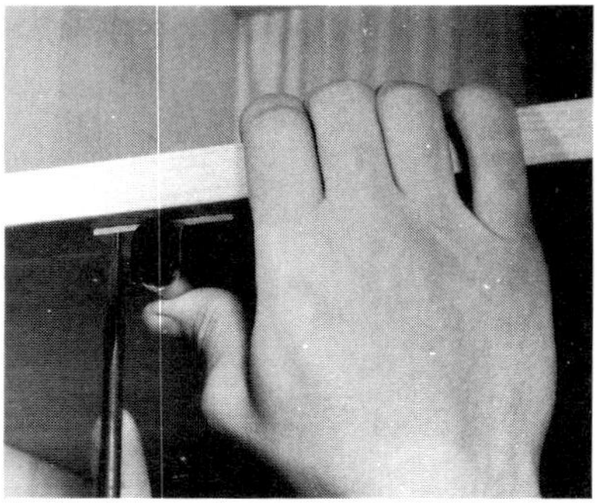

Abb. 462: Schrankrohre müssen den Schrankrohrlagern entsprechend gewählt werden. In unserem Fall haben wir ein kunststoffummanteltes Ganzmetallrohr ohne Naht verwendet

Abb. 463: Wer seine nassen Sachen nicht gleich in den Schrank hängen möchte, sollte eine solche Kleiderstange anbringen

Abb. 464: Diese Kleiderstangen lassen sich leicht ausziehen und wieder zurück in den Schrank drücken, nehmen dabei keinen anderweitig nutzbaren Platz in Anspruch und sind leicht zu bedienen

so beachtlichen Gewicht besteht aus der oberen Führung, einer Metallführungsschiene, einem höhenverstellbaren Laufteil mit einem Anschlag für rechts und links, dem unteren Führungsprofil aus Kunststoff, einem Führungsgleiter, einem Anschlagwinkel mit Dämpfer für die vordere Tür und einem Mittelabstopper für einen 3-türigen Schiebeschrank. Der Einbau dieses Beschlages macht keine Schwierigkeiten, da das Laufprofil an den oberen Boden des Schrankes geschraubt wird und in den unteren Boden zwei Nuten 8 mm tief und 7,5 mm breit gefräst werden. In diese Nuten wird wieder das Führungsprofil eingesetzt, in dem dann die an die Unterseite der Türen anzubringenden Führungsgleiter laufen. Für die Führungsgleiter sind je Gleiter zwei Bohrungen 10 mm tief, 8 mm Ø auszuführen. Jede Tür erhält zwei Gleiter. Oben an die Türen wird das Laufteil geschraubt, das, wie bereits erwähnt, höhenverstellbar ist. Bei den Laufrollen des Laufteils handelt es sich um kunststoffummantelte Laufrollen, die

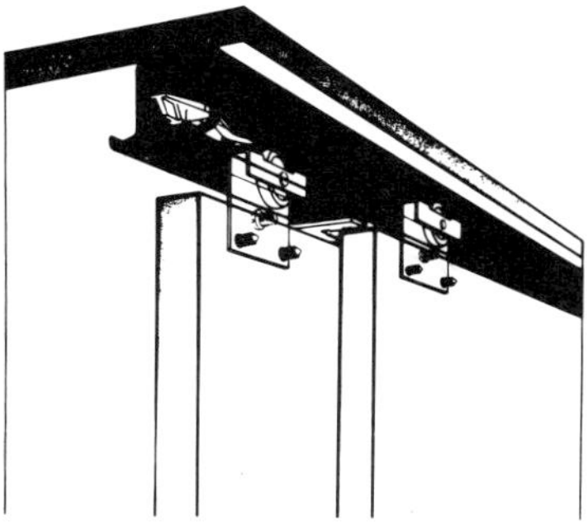

Abb. 465: Anbringung und Funktion des Schiebetürbeschlages für innenliegende Türen bis zu 25 kg. Die Laufteile sind höhenverstellbar

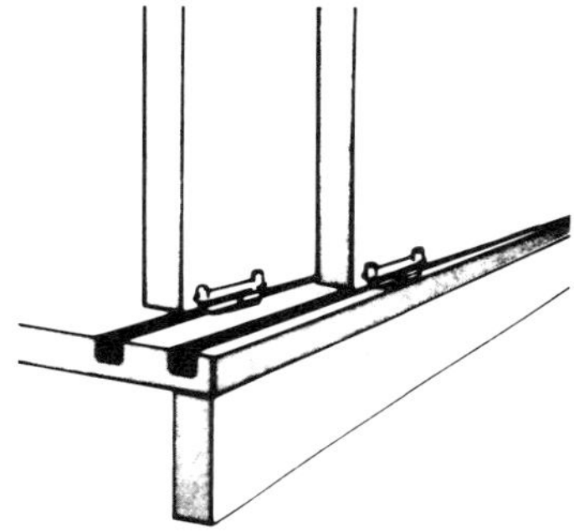

Abb. 466: Für die untere Türführung werden Kunststoffprofile in Nuten eingelassen und die Türen mit Führungsgleitern versehen

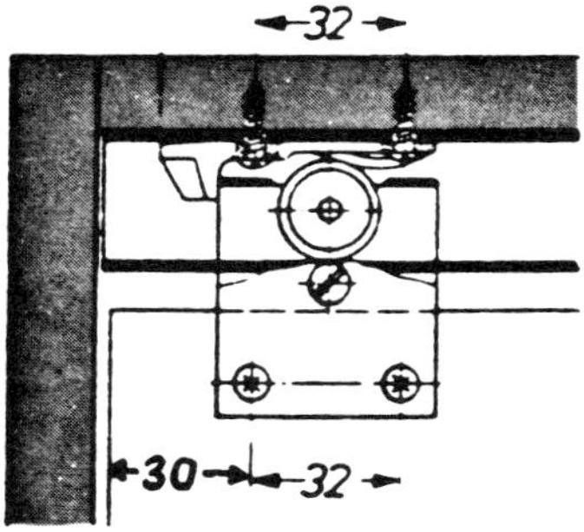

Abb. 467: Montagemaße für den Laufteil

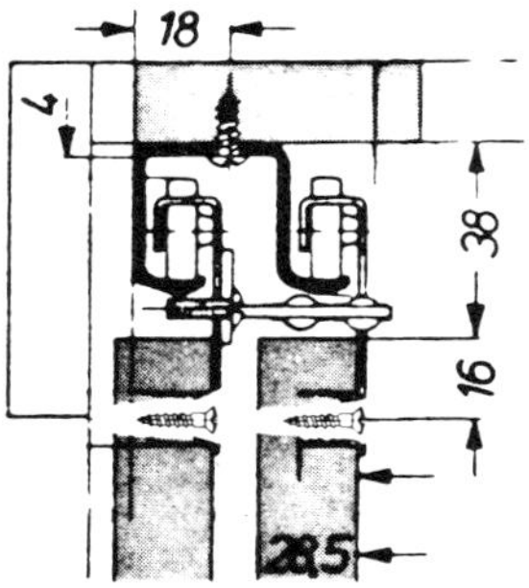

Abb. 468: Beide Türen sind in das obere Laufprofil eingehängt

Abb. 469: Einbaumaße für die Führungsgleiter und das Führungsprofil im unteren Türbereich

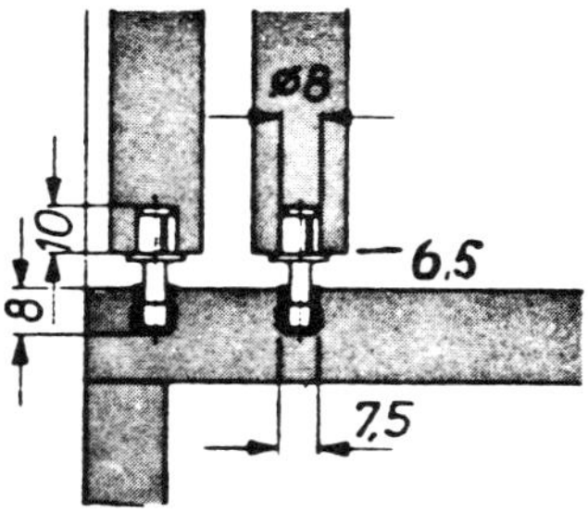

Abb. 470: Für die Führungsgleiter sind Bohrungen im Abstand von 32 mm erforderlich

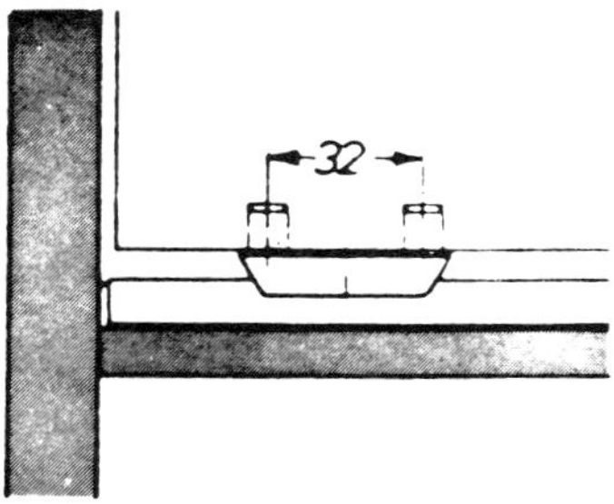

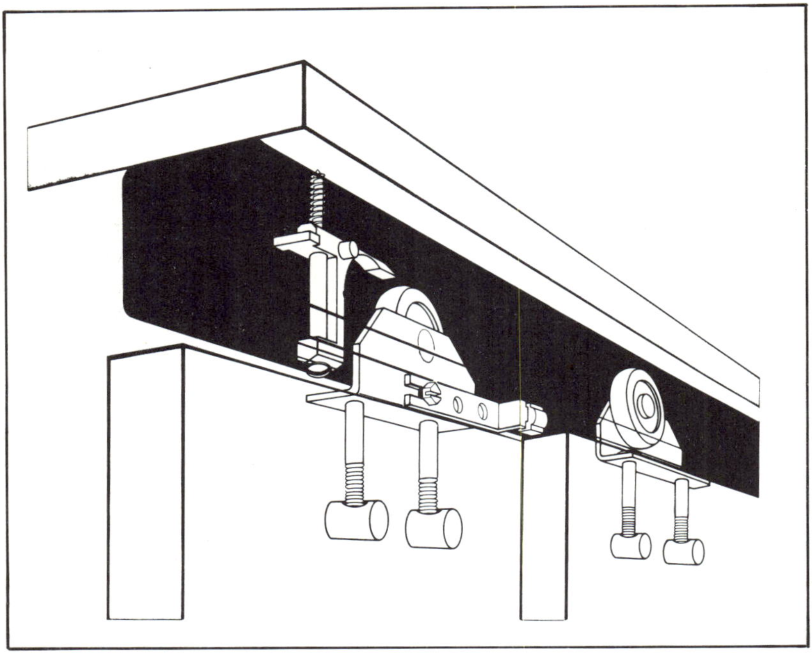

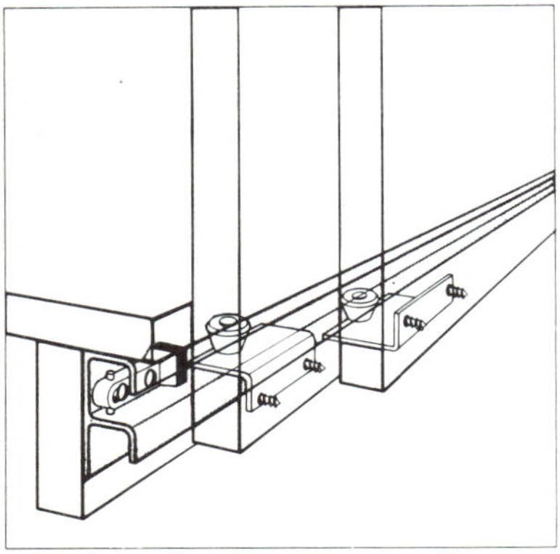

Abb. 471: Eine Schnittzeichnung des Schiebetürbeschlages für innenliegende Türen, belastbar bis 50 kg

Abb. 472: Führungsschiene, Führungsrollen und Anschlag mit Dämpfer im unteren Türbereich

beidseitig gelagert sind und somit einen bemerkenswerten leisen Lauf bewirken.

Für Türen bis 50 kg je Tür muß ein entsprechender Schiebetürbeschlag verwendet werden. Die Montage dieses Beschlages möchten wir in einer Bildfolge beschreiben, denn dieser Beschlag wurde auf dem auf Seite 206

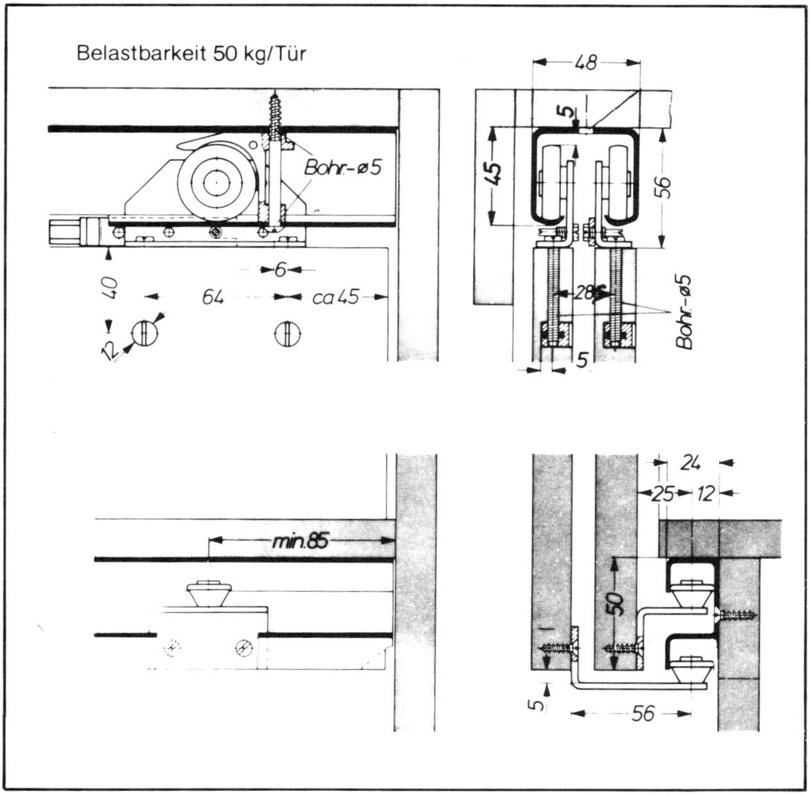

Abb. 473: Montagemaße für den Schiebetürbeschlag, belastbar bis 50 kg, und für die Führungsteile der hinteren und vorderen Tür

abgebildeten großen Garderobenschrank verwendet. Wegen des hohen Gewichtes dieser Türen kommt man mit einem einfachen Anschrauben der Profile an die Türen nicht mehr aus. Es sind Befestigungselemente für die Laufteile erforderlich, die aus einer Spezialschraube M5x46 und einem Kloben M5 Einlegemutter bestehen. Um Kloben und Spezialschraube in die Tür zu bringen, sind einige Bohrarbeiten erforderlich, die in etwa denen bei der Anbringung des Verbindungsbeschlages gleichen. Die Bohrmaße sind aus nebenstehenden Zeichnungen zu entnehmen.

Die Montage dieses Schiebetürbeschlages erfolgt so, daß das Laufprofil am Schrankoberboden hinter einer Blende befestigt wird. Die Laufteile werden mittels der eben beschriebenen Befestigungselemente an der Tür montiert. Die Rollen des Laufteils sind kugelgelagert und mit einem spe-

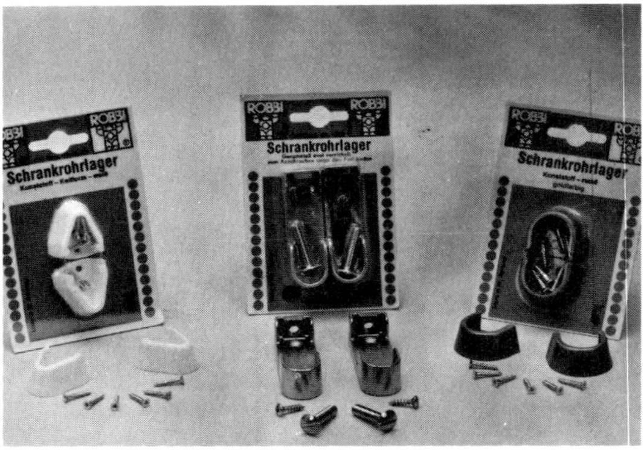

Abb. 474: Schrankrohrlager sind für ovale und runde Schrankrohre in Weiß, goldfarbig und in Metall zu haben

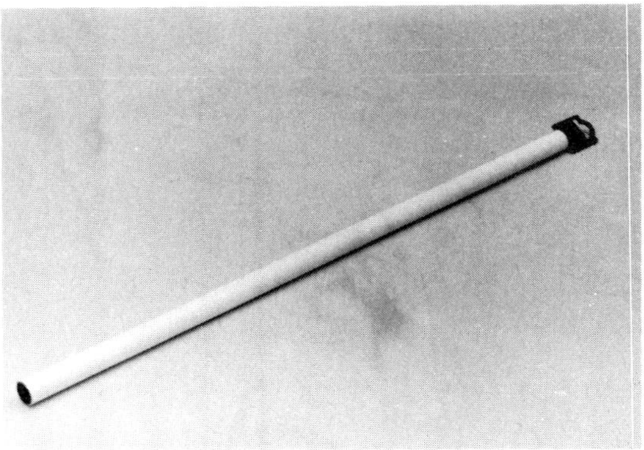

Abb. 475: Das Schrankrohr rund, das aus Ganzmetall besteht und mit Kunststoff ummantelt ist. Es ist äußerst stabil, hat einen Ø von 20 mm und ist in den Längen 600, 900 und 1200 mm erhältlich

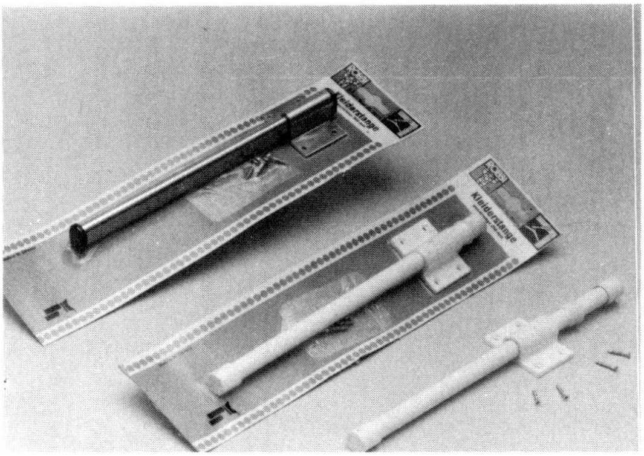

Abb. 476: Auch die Kleiderstangen sind in zwei Ausführungen zu haben. Einmal in Kunststoff rund und einmal in Metall oval

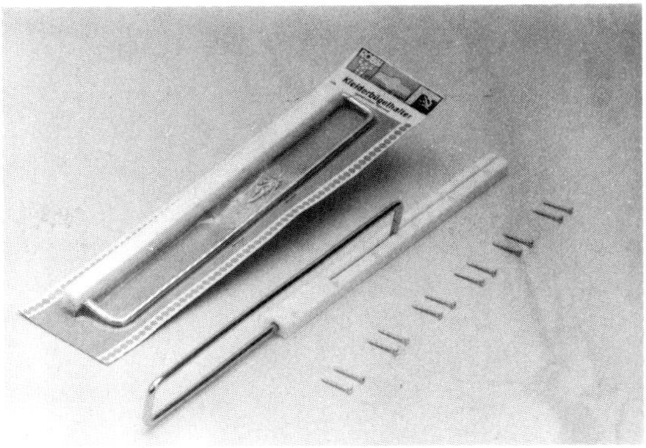

Abb. 477: Ein weiteres interessantes Zubehör für den Einbau in Schränke ist dieser Kleiderbügelhalter, der ebenfalls ausziehbar ist

ziellen Kunststoff ummantelt, wodurch ein leichter und geräuscharmer Lauf erzielt wird. Eine Sicherungsschraube im Laufteil verhindert ein unbeabsichtigtes Aushängen der Tür.

Der in den Bildern zu sehende weiße Kunststoffanschlag mit Dämpfer bremst die Tür am Laufteil ab und hält sie in der Endlage geschlossen. Ein Abstandshalter mit Dämpfer hält die Türen voneinander auf seitlichen Mittelabstand und verhindert eine Beschädigung der Griffleisten.

Dieser Beschlag kann auch für 3-türige Schiebetürschränke verwendet werden. Dazu ist ein Mittelabstopper für die vordere Tür aufzuschrauben, und die Türen werden über die Mitte nach rechts und links aufgeschoben.

Am unteren Teil der Tür werden die Führungsteile, ein kleiner Winkel für die innere Tür, ein großer Winkel für die äußere Tür, angebracht. Auch diese Führungsteile laufen in einer Schiene auf Rollen, die ein leichtes Schieben der Türen garantieren. Die Führungsteile werden am Ende der Laufschiene durch einen Anschlag mit Dämpfer beim Schließen aufgefangen. Auch hier finden wir die Einbaumaße aus nebenstehenden Zeichnungen.

Abschließend soll noch der Schiebetürbeschlag für Zimmertüren und Garderobenschränke mit einer Belastbarkeit von 40 kg je Tür erwähnt werden, der jedoch nur für den Einsatz einer Tür verwendet werden kann. Ein Tandem-Laufteil läuft oben in einem Laufprofil, und unten wird durch Gleiter eine Bodenführung erreicht. Ein Anschlag rechts und links gewährt ein ruhiges Öffnen und Schließen einer solchen Schiebetür.

Im Handel erhältliche Schiebetür-Beschläge

Artikel	Ausführung	Farbe	mm
Lauf- und Führungsprofil	für 50 kg Belastung		2000
Montagesatz für Profil 1480	vorder Tür		
Montagesatz für Profil 1480	hintere Tür		
Lauf- und Führungsprofil	für Schiebetüren, 50 kg		3000
Lauf- und Führungsprofil	für Schiebetüren, 25 kg		3000
Lauf- und Führungsprofil	für 25 kg Belastung		2000
Montagesatz für Profil 1483	für 2 Türen, höhenverstellbar		
Laufprofil	für 40 kg Belastung, Stahl verzinkt		2000
Montagesatz für Profil 1485			
Tandem-Laufteil mit Höhenverstellung	für Schiebetürbeschlag 1485		
Lauf- und Führungsprofil	Kunststoff	braun	2000
Lauf- und Führungsprofil	Kunststoff	Kiefer/beige	2000
Lauf- und Führungsprofil	Kunststoff	braun	1200
Lauf- und Führungsprofil	Kunststoff	Kiefer/beige	1200
Montagesatz für Profil 1498 + 1500	für 12 kg Belastung		
Anschlag für Schiebetürbeschlag 1485/1483	links/rechts		
Gleiter für Bodenführung	Kunststoff	weiß	

Kleine Holzarbeiten durch Bügelfurniere veredelt

Oft hat man für teures Geld eine Einrichtung erworben, in Eiche, in Nußbaum oder einem anderen edlen Material und anschließend merkt man, daß es an gewissen Kleinigkeiten fehlt, die im Handel nicht zu haben sind. Hier hilft nur das Selbermachen, denn kleine Konsolen und ähnliches sind mit einem geringen Aufwand an Werkzeug herzustellen, da die gewünschten Zuschnitte meist mit einer Stichsäge ausgeführt werden können. Um einen solchen Gegenstand passend zur Einrichtung herstellen zu können, gibt es Bügelfurniere in Echtholz und in Kunststoff, wobei die Verwendung von Echtholzfurnier nicht nur eine Geschmacks-, sondern auch eine Preisfrage ist. Bei den von uns hergestellten kleinen Konsolen wurde Echtholzfurnier verwendet, das mit einem Bügeleisen aufgebracht wurde. Da solche Furniere teuer sind, sollte man schon beim Anreißen nicht zu großzügig vorgehen, da Abschnitte dieser Furniere an anderen Stellen wieder eingesetzt werden können. Eine kurze Bildfolge soll zeigen, wie aus gewöhnlichen Tischlerplatten hübsche Konsolen in Eiche wurden.

Abb. 478: Echtholzfurniere der verschiedensten Holzarten als Bügelfurniere sind eine ausgezeichnete Sache, wenn Werkstücke einen edlen Holzcharakter erhalten sollen

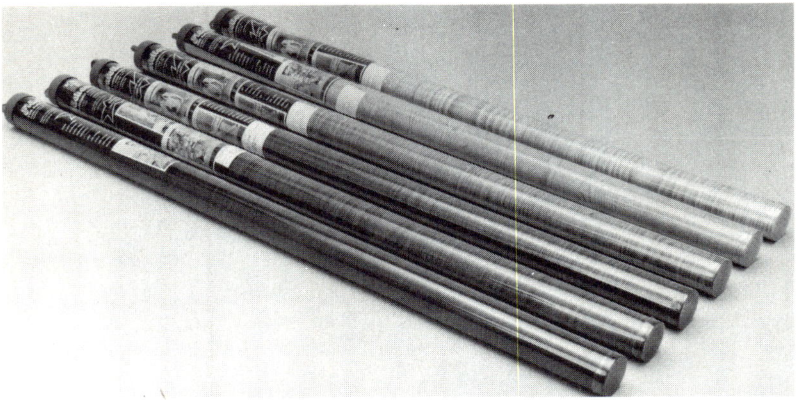

Abb. 479: Bügelfurniere sind auch als Kunststoff-Furniere in den unterschiedlichen Holzmaserungen erhältlich. Sie benötigen keine abschließende Oberflächenbehandlung

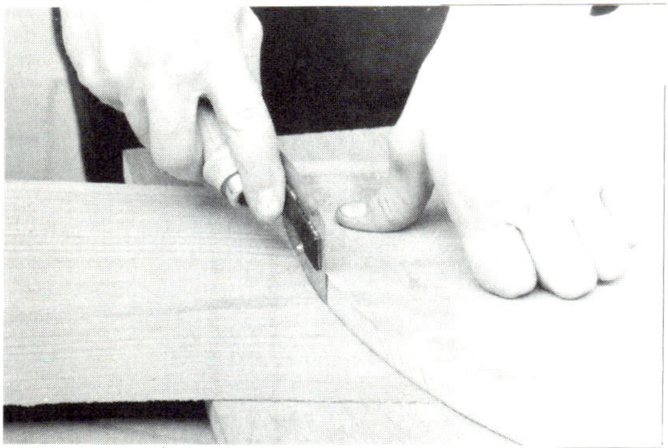

Abb. 480: Nach der Form des zu furnierenden Teils wird unter leichter Maßzugabe das Furnier zugeschnitten

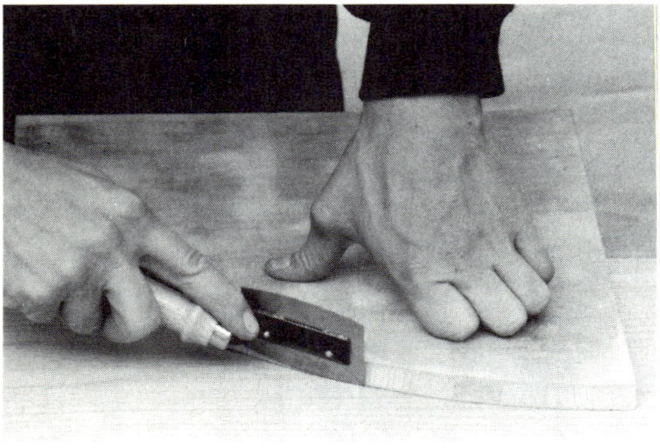

Abb. 481: Da das Werkstück oft breiter ist als der Furnierstreifen, hat ein zweiter Furnierzuschnitt zu erfolgen

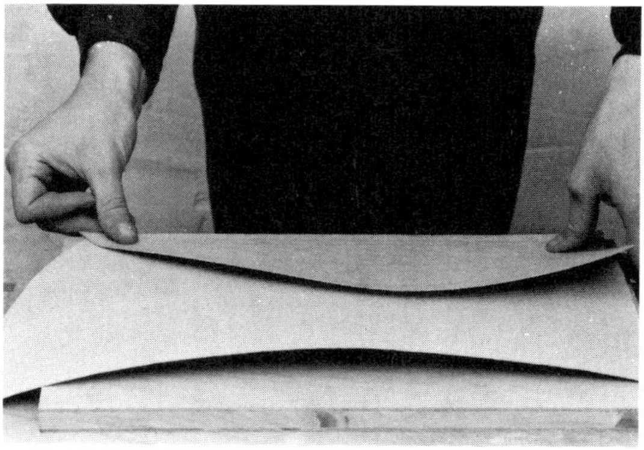

Abb. 482: Die Kanten dieser beiden Teile müssen exakt passen, um einen sauberen Anschluß zu bilden

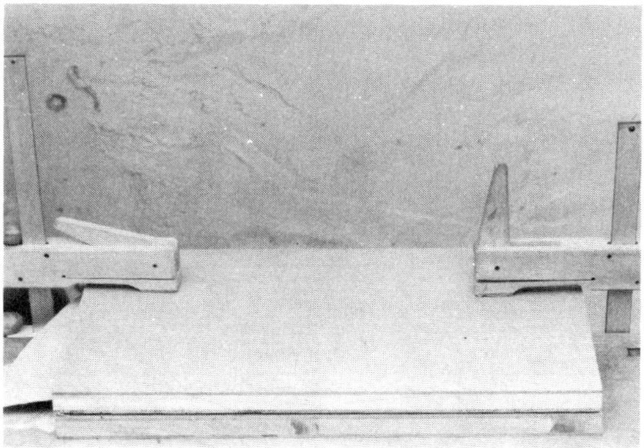

Abb. 483: Dazu werden sie, wie in Abb. 482 gezeigt, übereinander gelegt und anschließend zwischen zwei Tischlerplatten geklemmt

Abb. 484: Hier sehen wir den leichten unregelmäßigen Überstand, der begradigt werden muß

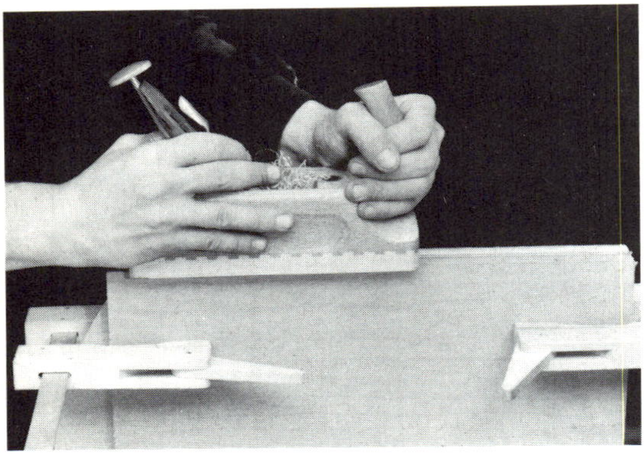

Abb.485: Mit einem Hobel werden beide Furnierkanten sauber geschlichtet

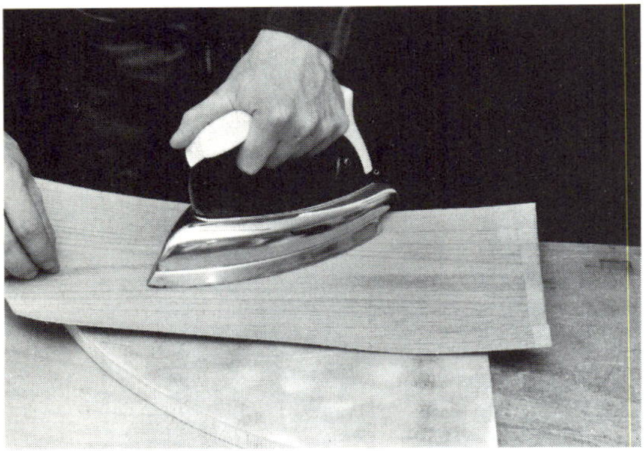

Abb.486: Nun kann mit dem Aufbügeln des Furniers begonnen werden

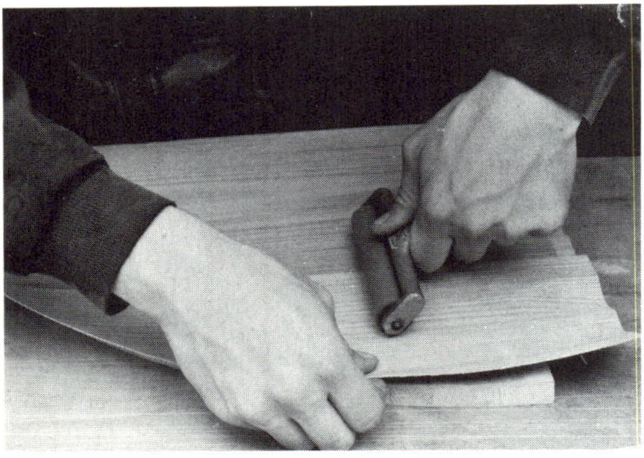

Abb.487: Eine Gummirolle leistet beim Ansetzen der beiden Furnierteile eine ausgezeichnete Hilfe

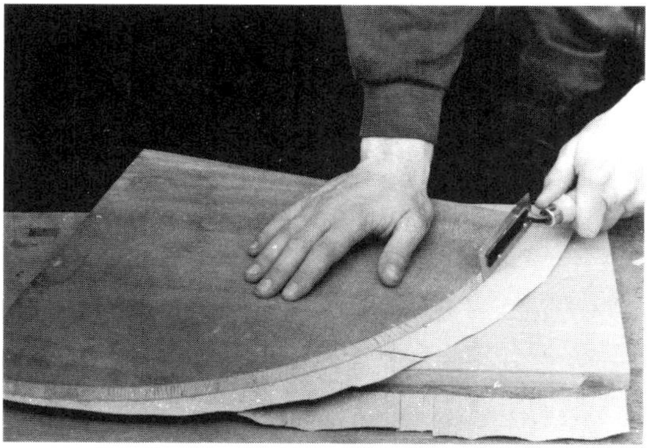

Abb. 488: Jetzt wird an der Außenkante des Werkstückes entlang das Furnier abgeschnitten

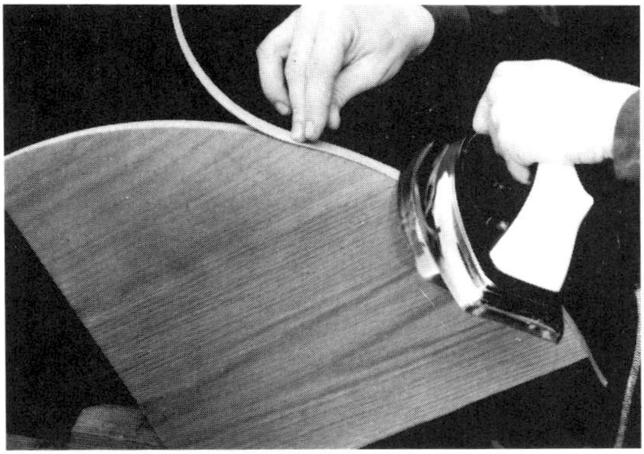

Abb. 489: Sind die Flächen furniert, kommen die Kanten dran, für die es ebenfalls bereits zugeschnittene Echtholz-Furniere in den verschiedensten Holzarten gibt

Abb. 490: Bei unserer kleinen Konsole werden die Stützen mit der Fläche verdübelt und verleimt

Zubehör auf einen Blick

Möbelknöpfe
Möbelgriffe
Zierhaken

Die Bohrabstände für Möbelgriffe betragen 32 mm, 64 mm und 96 mm

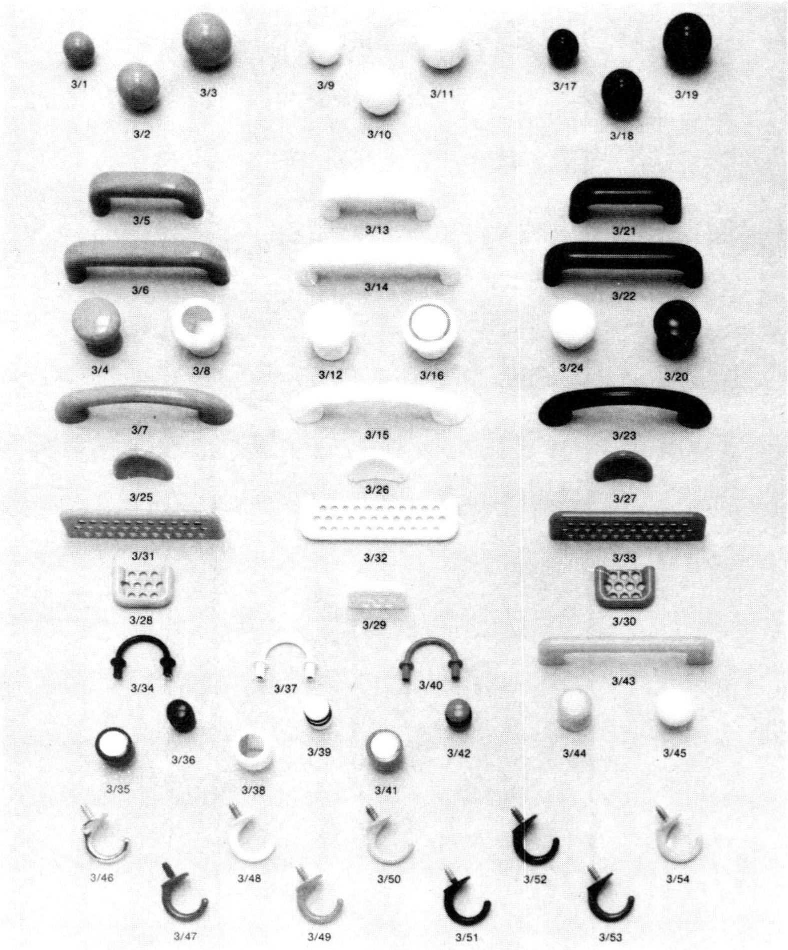

Lfd.-Nr.	Artikel-Bezeichnung
3/1	Kugelknopf, Polyhorn, blau-grau, Ø 22 mm
3/2	Kugelknopf, Polyhorn, blau-grau, Ø 29 mm
3/3	Kugelknopf, Polyhorn, blau-grau, Ø 33 mm
3/4	Möbelknopf, Polyhorn, blau-grau, Ø 30 mm
3/5	Bügelgriff, Polyhorn, blau-grau, gerade
3/6	Bügelgriff, Polyhorn, blau-grau, gerade
3/7	Bügelgriff, Polyhorn, blau-grau, gerundet
3/8	Möbelknopf, Polyhorn, blau-grau, Ø 35 mm
3/9	Kugelknopf, Polyhorn, weiß, Ø 22 mm
3/10	Kugelknopf, Polyhorn, weiß, Ø 29 mm
3/11	Kugelknopf, Polyhorn, weiß, Ø 33 mm
3/12	Möbelknopf, Polyhorn, weiß, Ø 30 mm
3/13	Bügelgriff, Polyhorn, weiß, gerade
3/14	Bügelgriff, Polyhorn, weiß, gerade
3/15	Bügelgriff, Polyhorn, weiß, gerundet
3/16	Möbelknopf, Polyhorn, weiß/blau-grau,35mm
3/17	Kugelknopf, Polyhorn, braun, Ø 22 mm
3/18	Kugelknopf, Polyhorn, braun, Ø 29 mm
3/19	Kugelknopf, Polyhorn, braun, Ø 33 mm
3/20	Möbelknopf, Polyhorn, braun, Ø 30 mm
3/21	Bügelgriff, Polyhorn, braun, gerade

Lfd.Nr.	Artikel-Bezeichnung
3/22	Bügelgriff, Polyhorn, braun, gerade
3/23	Bügelgriff, Polyhorn, braun, gerundet
3/24	Möbelknopf, Kunststoff, weiß, Ø 30 mm
3/25	Möbelgriff, Metall, blau-grau
3/26	Möbelgriff, Metall, weiß
3/27	Möbelgriff, Metall, rot
3/28	Möbelgriff, Metall, blau-grau
3/29	Möbelgriff, Metall, weiß
3/30	Möbelgriff, Metall, rot
3/31	Möbelgriff, Metall, blau-grau
3/32	Möbelgriff, Metall, weiß
3/33	Möbelgriff, Metall, rot
3/34	Bügelgriff, Metall, schwarz
3/35	Möbelknopf, Polyhorn, schwarz-weiß, Ø24mm
3/36	Möbelknopf, Polyhorn, schwarz, Ø 20 mm
3/37	Bügelgriff, Metall, weiß
3/38	Möbelknopf, Polyhorn, weiß-rot, Ø 24 mm
3/39	Möbelknopf, Polyhorn,schwarz-weiß,Ø 20mm
3/40	Bügelgriff, Metall, rot
3/41	Möbelknopf, Polyhorn, rot-weiß, Ø 24 mm
3/42	Möbelknopf, Polyhorn,rot-schwarz,Ø 20mm

3/43	Bügelgriff, Polyhorn, gelb
3/44	Möbelknopf, Polyhorn, gelb, Ø23 mm
3/45	Möbelknopf, Polyhorn/Metall,beige,Ø25mm
3/46	Zierhaken, vernickelt, Ø 30 mm
3/47	Zierhaken, antik brüniert, Ø 30 mm
3/48	Zierhaken, weiß lackiert, Ø 30 mm
3/49	Zierhaken, rot lackiert, Ø 30 mm
3/50	Zierhaken, gelb lackiert, Ø 30 mm
3/51	Zierhaken, schwarz lackiert, Ø 30 mm
3/52	Zierhaken, braun lackiert, Ø 30 mm
3/53	Zierhaken, blau lackiert, Ø 30 mm
3/54	Zierhaken, beige lackiert, Ø 30 mm

Möbelknöpfe Möbelgriffe in Holz

Die Bohrabstände für Möbelgriffe betragen 16 mm, 32 mm, 64 mm 96 mm und 128 mm

Lfd.-Nr.	Artikel-Bezeichnung
5/1	Möbelknopf, Kiefer, Ø 50 mm
5/2	Möbelknopf, Kiefer, Ø 40 mm
5/3	Möbelknopf, Kiefer, Ø 30 mm
5/4	Möbelknopf, Eiche, Ø 40 mm
5/5	Möbelknopf, Kiefer natur
5/6	Möbelgriff, Kiefer natur
5/7	Möbelgriff, Kiefer, roh
5/8	Möbelgriff, Kiefer, roh
5/9	Möbelgriff, Eiche natur, Ø 12 mm
5/10	Möbelknopf, Kiefer Ø 30 mm
5/11	Möbelknopf, Kiefer, Ø 45 mm
5/12	Möbelknopf, Kiefer, Ø 25 mm
5/13	Möbelknopf, Buche, Ø 30 mm
5/14	Möbelknopf, Kiefer, Ø 20 mm
5/15	Möbelknopf, Kiefer, Ø30 mm
5/16	Möbelknopf, Kiefer, Ø 40 mm
5/17	Möbelknopf, Kiefer, Ø 60 mm
5/18	Möbelknopf, Eiche, Ø 20 mm
5/19	Möbelknopf, Eiche, Ø 30 mm
5/20	Möbelknopf, Eiche, Ø40 mm
5/21	Möbelknopf, Eiche, Ø 60 mm
5/22	Möbelgriff, Kiefer natur, 115 mm
5/23	Möbelgriff, Eiche natur, 115 mm
5/24	Möbelgriff, Kiefer natur, 140 mm

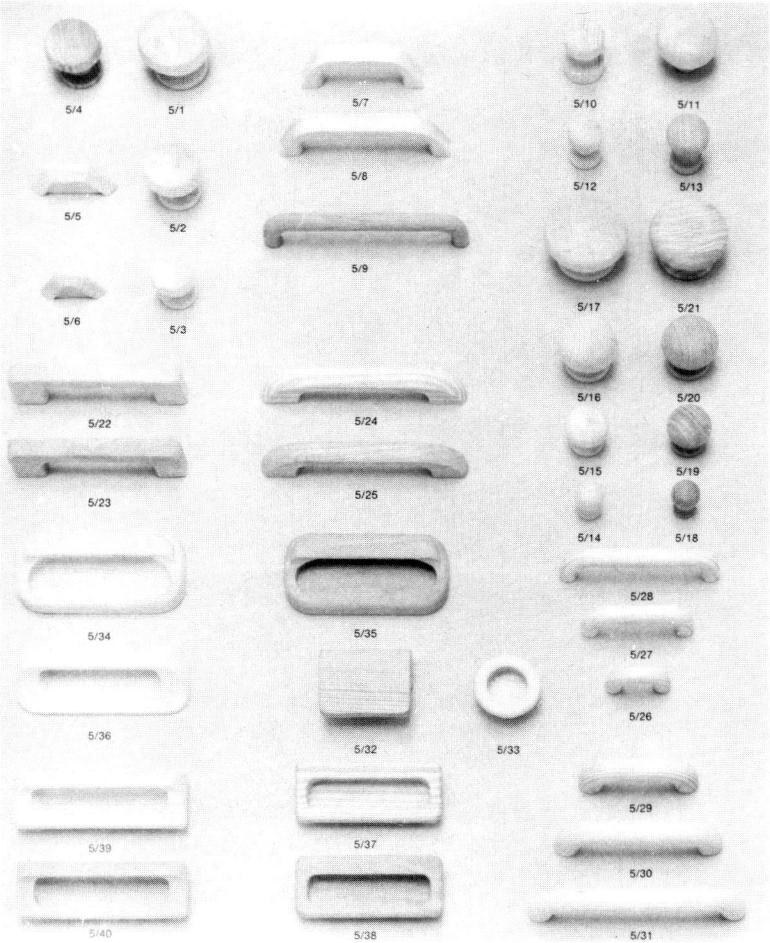

5/33	Muschelgriff, Kiefer, Ø 35 mm
5/34	Aufschraub-Muschelgriff, Kiefer, 110 mm
5/35	Aufschraub-Muschelgriff, Eiche, 110 mm
5/36	Griffschale, Kiefer natur, 115 mm
5/37	Muschelgriff, Kiefer natur, 95 mm
5/38	Muschelgriff, Eiche natur, 95 mm
5/39	Muschelgriff, Kiefer natur, 110 mm
5/40	Muschelgriff, Eiche natur, 110 mm

5/25	Möbelgriff, Eiche natur, 140 mm
5/26	Möbelgriff, Kiefer roh, Ø 12 mm
5/27	Möbelgriff, Kiefer roh, Ø 12 mm
5/28	Möbelgriff, Kiefer roh, Ø 12 mm
5/29	Bügelgriff, Kiefer natur, 80 mm, Ø 16 mm
5/30	Bügelgriff, Kiefer natur, 112 mm, Ø 16 mm
5/31	Bügelgriff, Kiefer natur, 144 mm, Ø 16 mm
5/32	Griffleiste, Kiefer, 60 mm

Möbelknöpfe
Möbelgriffe

Die Bohrabstände für Möbelgriffe betragen 64 mm, 96 mm, 115 mm 120 mm und 128 mm

Lfd.-Nr.	Artikel-Bezeichnung
7/1	Möbelknopf, Buche Metall weiß, Ø 35 mm
7/2	Schichtholzgriff, Buche weiß-beschichtet-lackiert
7/3	Schichtholzgriff Buche weiß-beschichtet-lackiert
7/4	Möbelknopf, Kiefer, lackiert, Ø 30 mm
7/5	Möbelknopf, Kiefer, lackiert, Ø 40 mm
7/6	Möbelknopf, Kiefer, lackiert, Ø 30 mm
7/7	Möbelknopf, Kiefer, lackiert, Ø 40 mm
7/8	Schichtholzgriff, Kiefer natur, lackiert
7/9	Schichtholzgriff, Kiefer natur, lackiert
7/10	Möbelknopf, Kiefer, lackiert, Ø 30 mm
7/11	Möbelknopf, Kiefer, lackiert, Ø 35 mm
7/12	Möbelknopf, Eiche, lackiert, Ø 30 mm
7/13	Möbelknopf, Eiche lackiert, Ø 35 mm
7/14	Möbelknopf, Kiefer, Ø 25 mm
7/15	Möbelknopf, Kiefer, Ø 30 mm
7/16	Möbelknopf, Kiefer, Ø 35 mm
7/17	Möbelgriff, Kiefer
7/18	Möbelgriff, Kiefer
7/19	Möbelgriff, Eiche
7/20	Möbelgriff, Kiefer
7/21	Möbelgriff, Eiche
7/22	Schlüsselschild, Buche, Ø 35 mm
7/23	Möbelknopf, Kiefer, 58 x 58 mm
7/24	Möbelknopf, Eiche, 58 x 58 mm
7/25	Möbelknopf, Eiche hell, vermessingt, Ø 35 mm
7/26	Möbelknopf, Eiche rustikal, Ø 35 mm
7/27	Möbelknopf, Eiche hell, Zinn, Ø 35 mm
7/28	Möbelknopf, Eiche rustikal, Zinn, Ø 35 mm

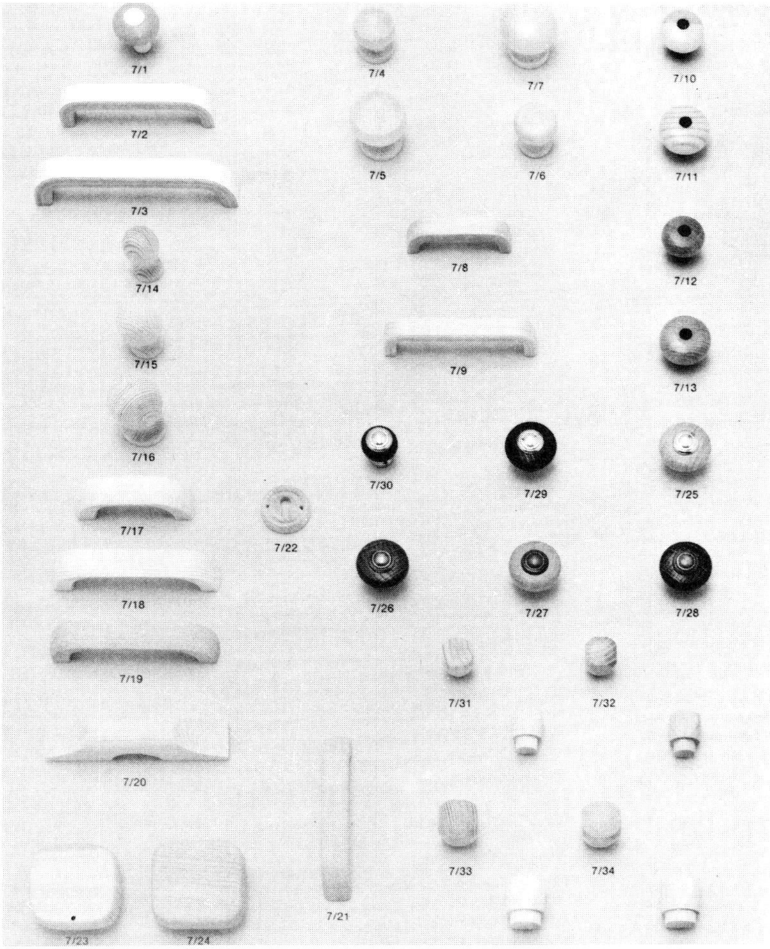

7/29 Möbelknopf,
Mahagoni, vermessingt, Ø 35 mm

7/30 Möbelknopf,
Mahagoni, vermessingt, Ø 25 mm

7/31 Holzziernägel,
Kiefer, 20 mm, 4 Stück

7/32 Holzziernägel,
Eiche, 20 mm, 4 Stück

7/33 Holzziernägel,
Kiefer, 25 mm, 4 Stück

7/34 Holzziernägel,
Eiche, 25 mm, 4 Stück

Möbelknöpfe
Möbelgriffe

Die Bohrabstände für Möbelgriffe betragen 55 mm, 64 mm, 80 mm, 96 mm, 128 mm und 192 mm

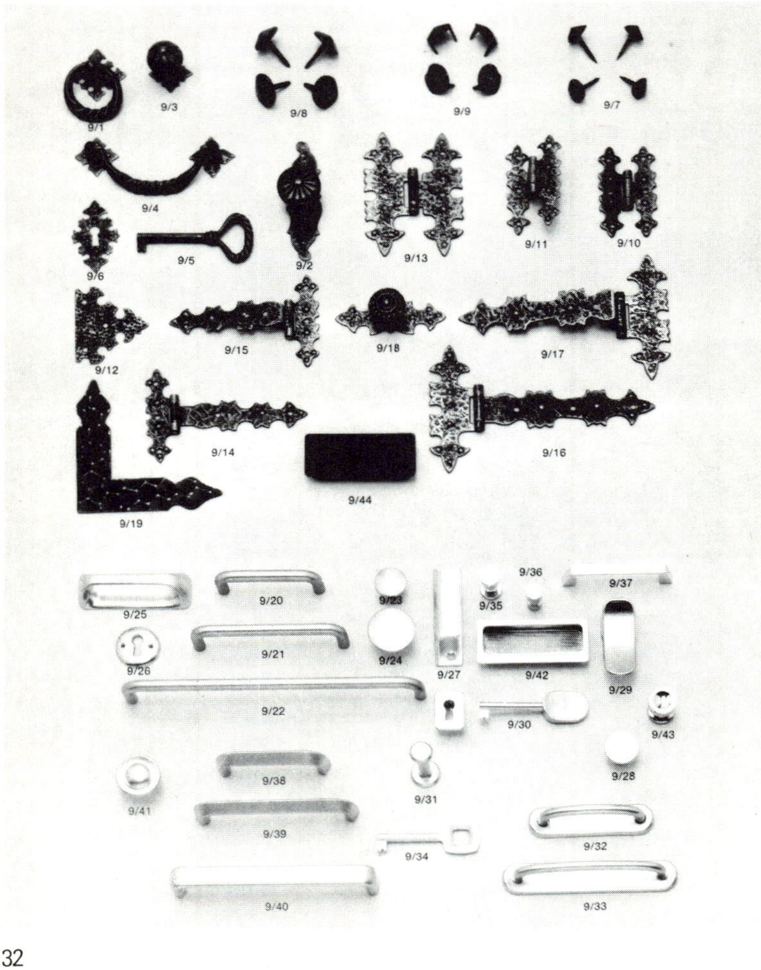

Lfd.-Nr.	Artikel-Bezeichnung
9/1	Ringgriff, Hänger, antik schwarz, Ø 40 mm
9/2	Möbelknopf, antik schwarz, Ø 90 mm
9/3	Möbelknopf, antik schwarz, Ø 25 mm
9/4	Möbelgriff, antik schwarz, 80 mm
9/5	Schlüssel, antik schwarz, 90 mm
9/6	Schlüsselschild, lose, schwarz, 55 mm
9/7	Ziernägel, schwarz, 15 mm, a 4 Stück
9/8	Ziernägel, schwarz, 25 mm, a 4 Stück
9/9	Zierkappe, schwarz, 20 mm, a 4 Stück
9/10	Scharnier, antik schwarz, gerade, 68x15mm
9/11	Scharnier, antik gekröpft 68 x 15 mm
9/12	Scheinband, antik schwarz, 50 mm
9/13	Scharnier, antik schwarz, gerade,94x26mm
9/14	Scharnierband, antik schwarz, gerade, 68 x 15 x 75 mm
9/15	Scharnierband, antik schwarz, gekröpft, 68 x 15 x 75 mm
9/16	Scharnierband, antik schwarz, gerade, 94 x 28 x 112 mm
9/17	Scharnierband, antik schwarz, gekröpft, 94 x 28 x 112 mm
9/18	Möbelknopf, antik schwarz, Ø 25 mm mit Platte, 70 x 25 mm
9/19	Zierwinkel, antik schwarz, 100 mm
9/20	Möbelgriff, chromeffekt
9/21	Möbelgriff, chromeffekt
9/22	Möbelgriff, chromeffekt
9/23	Möbelknopf, chromeffekt, Ø 22 mm
9/24	Möbelknopf, chromeffekt, Ø 32 mm
9/25	Möbelgriff, chromeffekt, 76 mm
9/26	Schlüsselschild, vernickelt, 30 mm
9/27	Schubladengriff, neusilberfarbig, 70 mm
9/28	Garderoben-Zierhaken, matt vernickelt, Ø 24 mm
9/29	Möbelgriff, matt vernickelt, 55 mm
9/30	Schlüssel mit Buchse, matt vernickelt, 40 mm
9/31	Garderobenhaken, matt vernickelt, Ø 20 mm
9/32	Bügelgriff mit Platte, matt vernickelt
9/33	Bügelgriff mit Platte, matt vernickelt
9/34	Schlüssel, matt vernickelt, 70 mm
9/35	Möbelknopf, chromeffekt, Ø 15 mm
9/36	Möbelknopf, chromeffekt, Ø 12 mm
9/37	Möbelgriff, chromeffekt, 80 mm
9/38	Bügelgriff, chromeffekt, modern
9/39	Bügelgriff, chromeffekt, modern
9/40	Bügelgriff, chromeffekt, modern
9/41	Möbelknopf, chromeffekt, modern, Ø 30 mm
9/42	Muschelgriff, vernickelt, 75 mm
9/43	Möbelknopf, glanzvernickelt, Ø 22 mm
9/44	Muschelgriff, Metall-schwarz, 75 mm

Möbelknöpfe
Möbelgriffe

Die Bohrabstände für Möbelgriffe betragen 64 mm und 96 mm

Lfd.-Nr.	Artikel-Bezeichnung	Lfd.-Nr.	Artikel-Bezeichnung
11/1	Möbelknopf, Messing matt, Ø 20 mm	11/2	Möbelknopf, Messing matt, Ø 24 mm

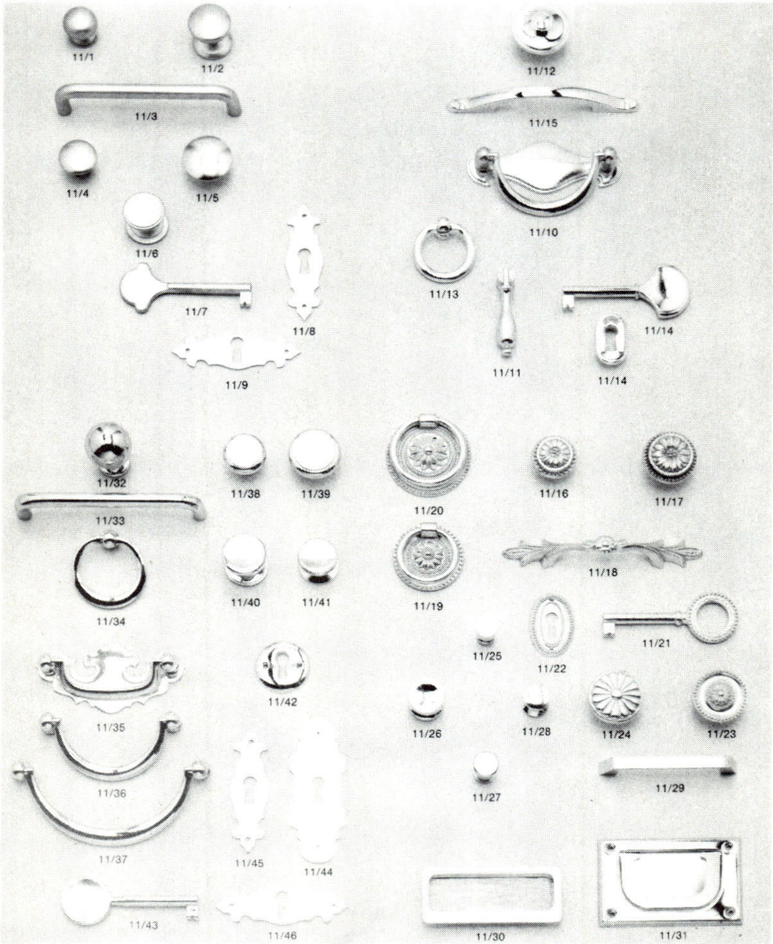

11/3 Möbelgriff,
matt vermessingt
11/4 Möbelknopf,
Messing matt, Ø 22 mm
11/5 Möbelknopf,
Messing matt, Ø 32 mm
11/6 Möbelknopf,
Messing matt, Ø 25 mm
11/7 Schlüssel,
Messing matt, 70 mm
11/8 Schlüsselschild,
Messing matt, 70 mm
11/9 Schlüsselschild,
Messing matt, 70 mm quer
11/10 Möbelgriff,
mit Platte, vergoldet
11/11 Hänger,
vergoldet, 50 mm
11/12 Hänger,
vergoldet, 32 mm
11/13 Ringgriff,
vergoldet, Ø 50 mm
11/14 Schlüssel mit Buchse,
vermessingt, 40 mm
11/15 Möbelgriff,
vergoldet, 110 mm
11/16 Möbelknopf,
vermessingt, Ø 25 mm
11/17 Möbelknopf,
vermessingt, Ø 30 mm
11/18 Möbelgriff,
Messing, 110 mm
11/19 Möbelknopf,
vermessingt, Ø 40 mm
11/20 Möbelknopf,
vermessingt, Ø 47 mm
11/21 Zierschlüssel,
vermessingt, 75 mm
11/22 Schlüsselschild,
vermessingt, 35 mm oval
11/23 Möbelknopf,
vermessingt, Ø 30 mm
11/24 Möbelknopf,
vermessingt, Ø 30 mm
11/25 Möbelknopf,
Messing, Ø 12 mm
11/26 Möbelknopf,
Messing, Ø 22 mm
11/27 Möbelknopf,
Messing, Ø 15 mm
11/28 Möbelknopf,
Messing, Ø 15 mm
11/29 Möbelgriff,
vermessingt
11/30 Muschelgriff,
vermessingt, 75 mm
11/31 Möbelgriff,
Messing, 50 x 80 mm
11/32 Möbelknopf,
Messing, Ø 25 mm
11/33 Möbelgriff,
vermessingt
11/34 Möbelgriff,
vermessingt, Ø 40 mm
11/35 Möbelgriff,
Messing
11/36 Möbelgriff,
Messing
11/37 Möbelgriff,
vermessingt, 105 mm
11/38 Möbelknopf,
Messing, Ø 25 mm
11/39 Möbelknopf,
Messing, Ø 30 mm
11/40 Möbelknopf,
Messing, Ø 25 mm
11/41 Möbelknopf,
Messing, Ø 22 mm
11/42 Schlüsselschild,
vermessingt, 30 mm
11/43 Schlüssel,
vermessingt, 70 mm
11/44 Schlüsselschild,
Messing, 80 mm
11/45 Schlüsselschild,
Messing, 70 mm
11/46 Schlüsselschild,
Messing, 70 mm quer

Möbelknöpfe
Möbelgriffe

Die Bohrabstände für Möbelgriffe betragen 64 mm und 96 mm

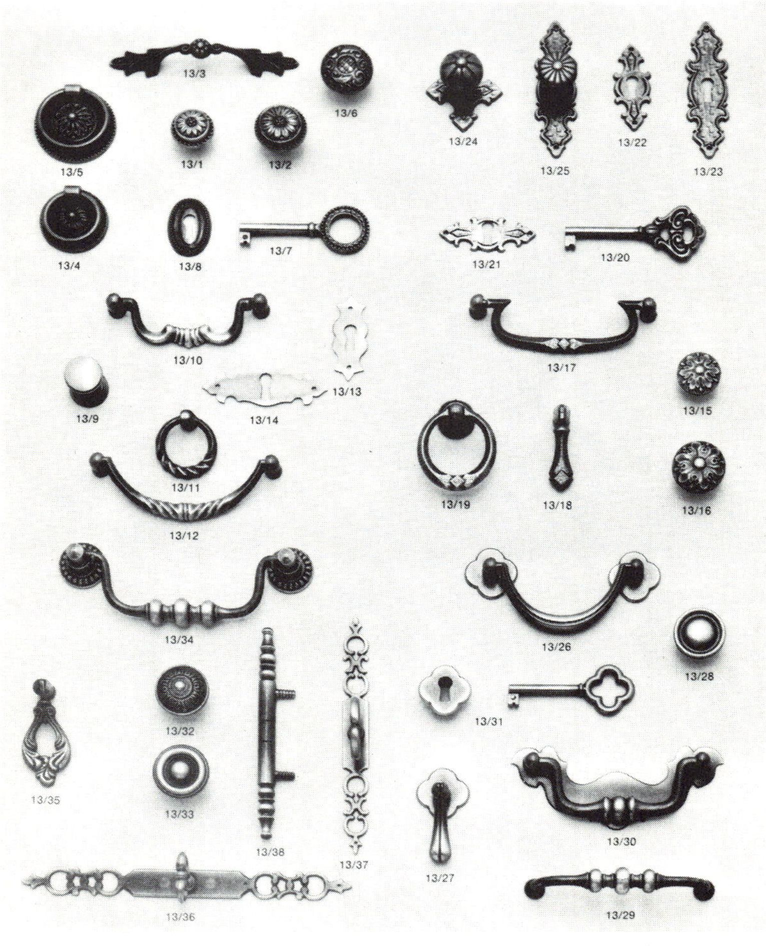

Lfd.-Nr.	Artikel-Bezeichnung
13/1	Möbelknopf, antik brüniert, Ø 25 mm
13/2	Möbelknopf, antik brüniert, Ø 30 mm
13/3	Möbelgriff, antik brüniert, 100 mm
13/4	Möbelknopf, antik brüniert, Ø 40 mm
13/5	Möbelknopf, antik brüniert, Ø 47 mm
13/6	Möbelknopf, antik brüniert, Ø 30 mm
13/7	Schlüssel, antik brüniert, 75 mm
13/8	Schlüsselschild, antik brüniert, 35 mm oval
13/9	Möbelknopf, antik brüniert, Ø 22 mm
13/10	Möbelgriff, antik brüniert
13/11	Ringgriff, Messing antik brüniert, Ø 35 mm
13/12	Möbelgriff, antik brüniert
13/13	Schlüsselschild, antik brüniert, 50 mm
13/14	Schlüsselschild, antik brüniert, 70 mm
13/15	Möbelknopf, antik brüniert, Ø 25 mm
13/16	Möbelknopf, antik brüniert, Ø 30 mm
13/17	Möbelgriff, antik brüniert
13/18	Hänger, antik brüniert, 50 mm
13/19	Ringgriff, antik brüniert, Ø 45 mm

Lfd.-Nr.	Artikel-Bezeichnung
13/20	Schlüssel, antik brüniert, 80 mm
13/21	Schlüsselschild, antik brüniert, 55 mm quer
13/22	Schlüsselschild, antik brüniert, 55 mm
13/23	Schlüsselschild, antik brüniert, 85 mm
13/24	Möbelknopf, antik brüniert, Ø 25 mm
13/25	Möbelknopf, antik brüniert, Ø 23 mm
13/26	Möbelgriff, antik brüniert
13/27	Hänger mit Rosette, antik brüniert, 45 mm
13/28	Möbelknopf, antik brüniert, Ø 30 mm
13/29	Bügelgriff, antik brüniert
13/30	Möbelgriff, antik brüniert
13/31	Schlüssel, mit Buchse, antik brüniert, 40 mm
13/32	Möbelknopf, antik brüniert, Ø 30 mm
13/33	Möbelknopf, antik brüniert, Ø 32 mm
13/34	Möbelgriff, antik brüniert
13/35	Hänger, antik brüniert, 60 mm
13/36	Steckschlüssel, mit Platte, antik brüniert, 187 mm
13/37	Schlüsselschild, antik brüniert, 187 mm
13/38	Scheinband, antik brüniert, 125 mm, Ø 10 mm

Möbelknöpfe
Möbelgriffe

Die Bohrabstände für Möbelgriffe betragen 64 mm, 96 mm und 128 mm

Lfd.-Nr.	Artikel-Bezeichnung
15/1	Bügelgriff, Kunststoff, Kiefer
15/2	Bügelgriff, Kunststoff, Kiefer
15/3	Kugelknopf, Kunststoff, Kiefer, Ø 35 mm
15/4	Möbelknopf, Kunststoff, Kiefer, Ø 30 mm

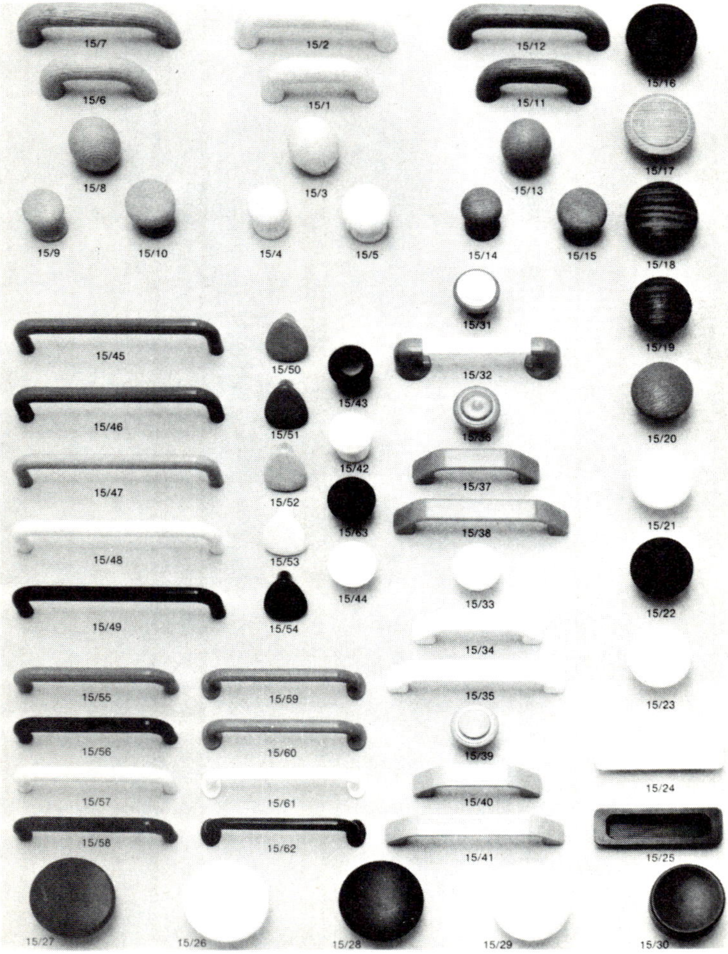

15/5 Möbelknopf,
Kunststoff, Kiefer, Ø 35 mm
15/6 Bügelgriff,
Kunststoff, Eiche hell
15/7 Bügelgriff,
Kunststoff, Eiche hell
15/8 Kugelknopf,
Kunststoff, Eiche hell, Ø 35 mm
15/9 Möbelknopf,
Kunststoff, Eiche hell, Ø 30 mm
15/10 Möbelknopf,
Kunststoff, Eiche hell, Ø 35 mm
15/11 Bügelgriff,
Kunststoff, Eiche rust.
15/12 Bügelgriff,
Kunststoff, Eiche rust.
15/13 Kugelknopf,
Kunststoff, Eiche rust., Ø 35 mm
15/14 Möbelknopf,
Kunststoff, Eiche rust., Ø 30 mm
15/15 Möbelknopf,
Kunststoff, Eiche rust., Ø 35 mm
15/16 Möbelknopf,
Kunststoff, Eiche Ø 50 mm
15/17 Möbelknopf,
Kunststoff, Eiche hell, Ø 50 mm
15/18 Möbelknopf,
Kunststoff, braun, Ø 50 mm
15/19 Möbelknopf,
Kunststoff, braun, Ø 42 mm
15/20 Möbelknopf,
Kunststoff, braun, Ø 42 mm
15/21 Möbelknopf,
Kunststoff, beige, Ø 42 mm
15/22 Möbelknopf,
Kunststoff, schwarz, Ø 42 mm
15/23 Möbelknopf,
Kunststoff, weiß, Ø 42 mm
15/24 Muschelgriff,
Kunststoff, weiß, 85 mm
15/25 Muschelgriff,
Kunststoff, braun, 85 mm
15/26 Möbelknopf,
Kunststoff, weiß, Ø 55 mm
15/27 Möbelknopf,
Kunststoff, braun, Ø 55 mm
15/28 Möbelknopf,
Kunststoff, schwarz, Ø 55 mm
15/29 Möbelknopf,
Kunststoff, weiß, Ø 50 mm
15/30 Möbelknopf,
Kunststoff, braun, Ø 50 mm
15/31 Möbelknopf,
Kunststoff, rot-weiß, Ø 30 mm
15/32 Möbelgriff,
Metall/Kunststoff, rot-weiß
15/33 Möbelknopf,
Kunststoff, weiß, Ø 30 mm
15/34 Bügelgriff,
Kunststoff, weiß
15/35 Bügelgriff
Kunststoff, weiß
15/36 Möbelknopf,
Kunststoff, rot, Ø 30 mm
15/37 Bügelgriff,
Kunststoff, rot
15/38 Bügelgriff,
Kunststoff, rot
15/39 Möbelknopf,
Kunststoff, blau-grau, Ø 30 mm
15/40 Bügelgriff,
Kunststoff, blau-grau
15/41 Bügelgriff,
Kunststoff, blau-grau
15/42 Knopf rund,
Kunststoff, weiß, Ø 30 mm
15/43 Knopf rund,
Kunststoff, braun, Ø 30 mm
15/44 Möbelknopf,
Kunststoff, weiß, Ø 30 mm
15/45 Bügelgriff,
Kunststoff, rot
15/46 Bügelgriff,
Kunststoff, blau
15/47 Bügelgriff,
Kunststoff, blau-grau
15/48 Bügelgriff,
Kunststoff, weiß
15/49 Bügelgriff,
Kunststoff, braun
15/50 Möbelknopf,
Kunststoff, rot, Ø 30 mm

15/51	Möbelknopf, Kunststoff, blau, Ø 30 mm	15/58	Bügelgriff, Kunststoff, braun
15/52	Möbelknopf, Kunststoff, blau-grau, Ø 30 mm	15/59	Bügelgriff, Kunststoff, rot
15/53	Möbelknopf, Kunststoff, weiß, Ø 30 mm	15/60	Bügelgriff, Kunststoff, hellblau
15/54	Möbelknopf, Kunststoff, braun, Ø 30 mm	15/61	Bügelgriff, Kunststoff, weiß
15/55	Bügelgriff, Kunststoff, rot	15/62	Bügelgriff, Kunststoff, braun
15/56	Bügelgriff, Kunststoff, schwarz	15/63	Möbelknopf, Kunststoff, braun, Ø 30 mm
15/57	Bügelgriff, Kunststoff, weiß		

Hut- und Mantelhaken

Lfd.-Nr.	Artikel-Bezeichnung	Lfd.-Nr.	Artikel-Bezeichnung
17/1	Hut- und Mantelhaken, Kiefer natur, lackiert, 180 mm	17/12	Mantelhaken, Kiefer natur, 50 mm
17/2	Hut- und Mantelhaken, Eiche natur, lackiert, 180 mm	17/13	Stockschrauben, M 4 x 40 mm, 4 Stück
17/3	Hut- und Mantelhaken, Eiche rustikal, lackiert, 180 mm	17/14	Stockschrauben, M 6 x 50 mm, 4 Stück
17/4	Huthaken, Kiefer, lackiert	17/15	Huthaken, Buche natur
17/5	Huthaken, Kiefer natur, 130 mm	17/16	Huthaken, Eiche natur
17/6	Mantelhaken, Kiefer natur, 70 mm	17/17	Mantelhaken, Eiche natur
17/7	Huthaken, Kiefer natur, 100 mm	17/18	Huthaken, schwarz antik
17/8	Huthaken, Kiefer natur, 65 mm	17/19	Mantelhaken, schwarz antik
17/9	Huthaken, Eiche natur, 100 mm	17/20	Huthaken, schwarz antik
17/10	Möbelknopf, Eiche natur, 65 mm	17/21	Mantelhaken, schwarz antik
17/11	Huthaken, Kiefer natur, 90 mm	17/22	Huthaken, schwarz antik

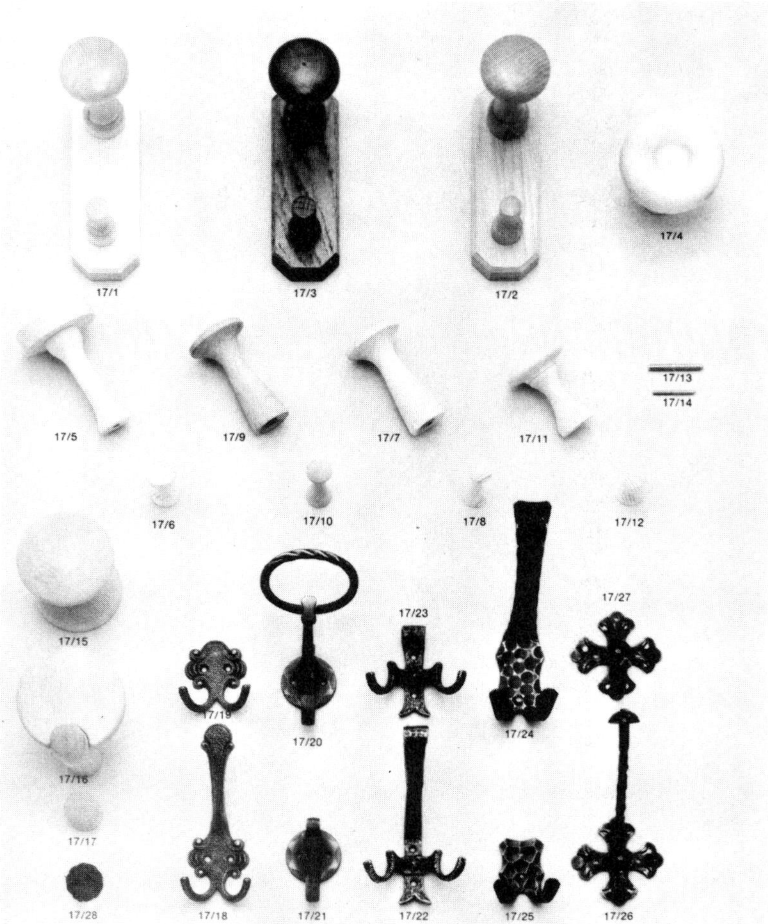

17/23 Mantelhaken, schwarz antik

17/24 Huthaken, Schmiedeeisern

17/25 Mantelhaken, schwarz, Schmiedeeisern

17/26 Huthaken, schwarz, Schmiedeeisern

17/27 Mantelhaken, schwarz

17/28 Deckenhaken, schwarz, 30 mm

Hut- und Mantelhaken
Zierhaken

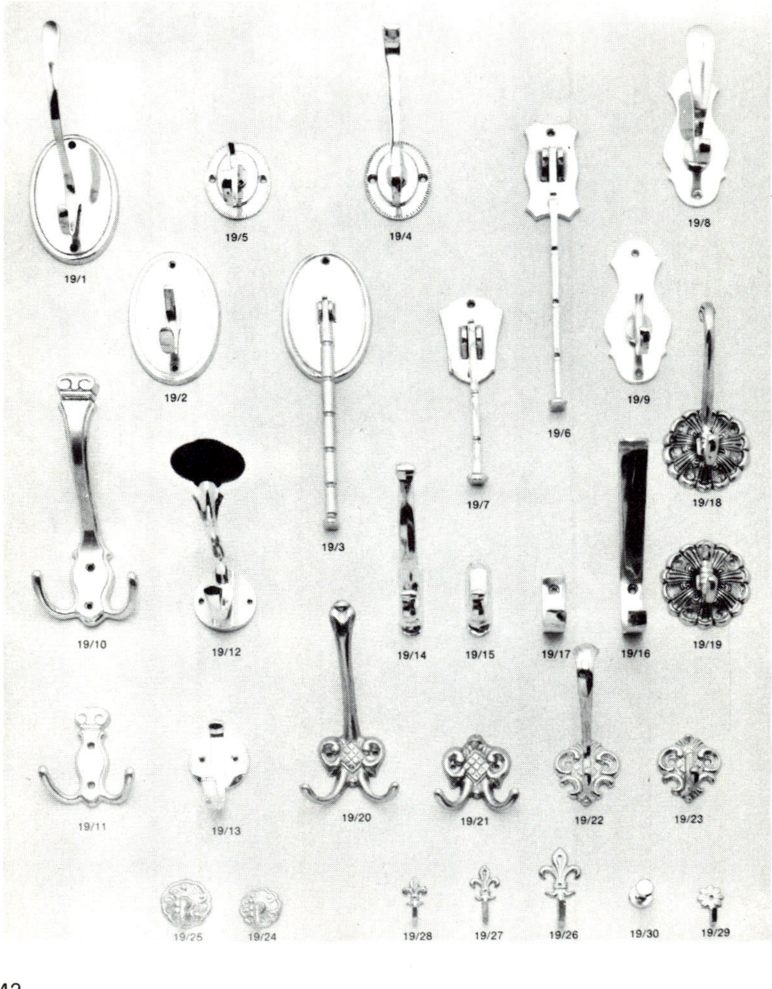

Lfd.-Nr.	Artikel-Bezeichnung
19/1	Huthaken, vermessingt, oval, 155 mm
19/2	Mantelhaken, vermessingt, oval, 60 mm
19/3	Garderobenhalter, klappbar, vermessingt, oval, 185 mm
19/4	Huthaken, Messing
19/5	Mantelhaken, Messing
19/6	Garderobenhalter, klappbar, Messing
19/7	Garderobenhalter, klappbar, Messing
19/8	Huthaken, Messing
19/9	Mantelhaken, Messing
19/10	Huthaken, Messing
19/11	Mantelhaken, Messing
19/12	Huthaken, vermessingt/Mahagoni, lackiert
19/13	Mantelhaken, vermessingt
19/14	Huthaken, vergoldet, 120 mm
19/15	Mantelhaken, vergoldet, 60 mm

Lfd.-Nr.	Artikel-Bezeichnung
19/16	Huthaken, Messing
19/17	Mantelhaken, Messing
19/18	Huthaken, Messing
19/19	Mantelhaken, Messing
19/20	Huthaken, vermessingt
19/21	Mantelhaken, vermessingt
19/22	Huthaken, Messing
19/23	Mantelhaken, Messing
19/24	Deckenhaken, vermessingt, 30 mm
19/25	Deckenhaken, vermessingt, 50 mm
19/26	Zierhaken, Messing
19/27	Zierhaken, Messing
19/28	Zierhaken, Messing
19/29	Zierhaken, Messing
19/30	Garderobenhaken, Messing, Seidenglanz, Ø 20 mm

Hut- und Mantelhaken
Zierhaken

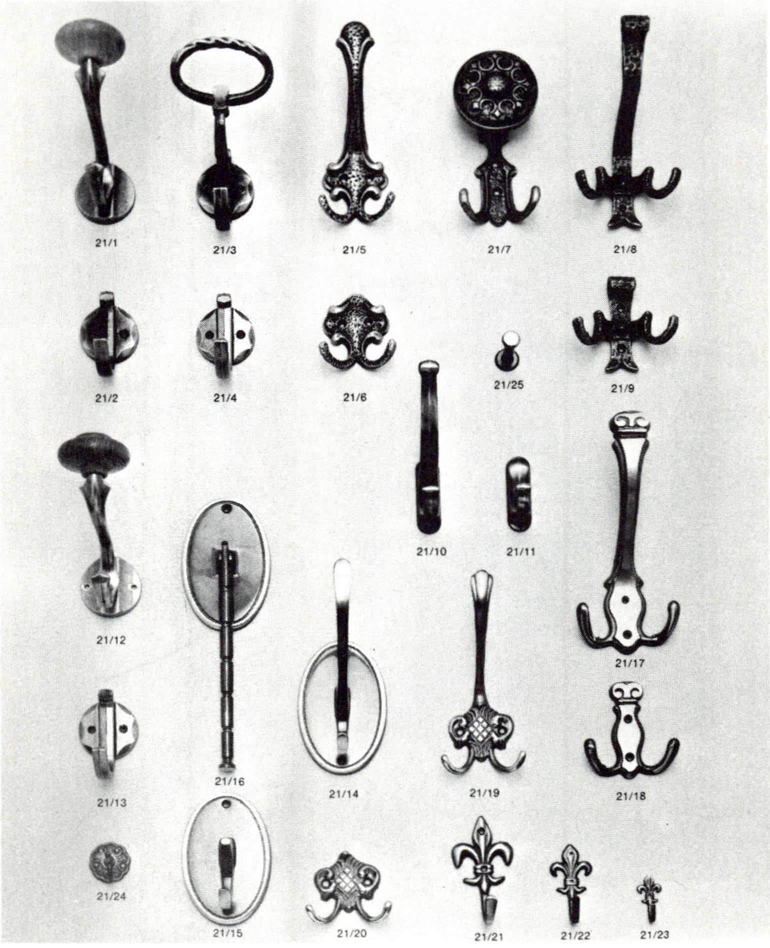

Lfd.-Nr.	Artikel-Bezeichnung
21/1	Huthaken, antik brüniert/Kiefer lackiert
21/2	Mantelhaken, antik brüniert
21/3	Huthaken, antik brüniert
21/4	Mantelhaken, antik brüniert
21/5	Huthaken, antik brüniert
21/6	Mantelhaken, antik brüniert
21/7	Huthaken, antik brüniert
21/8	Huthaken, antik brüniert
21/9	Mantelhaken, antik brüniert
21/10	Huthaken, antik brüniert, 120 mm
21/11	Mantelhaken, antik brüniert, 60 mm
21/12	Huthaken, antik brüniert/Eiche rust. brüniert
21/13	Mantelhaken, antik brüniert

Lfd.-Nr.	Artikel-Bezeichnung
21/14	Huthaken, antik brüniert, oval, 155 mm
21/15	Mantelhaken, Zinkdruckguß antik brüniert, oval, 185 mm
21/16	Garderobenhalter, klappbar, antik brüniert, oval, 185 mm
21/17	Huthaken, antik brüniert
21/18	Mantelhaken, antik brüniert
21/19	Huthaken, antik brüniert
21/20	Mantelhaken, antik brüniert
21/21	Zierhaken, Messing antik brüniert
21/22	Zierhaken, Messing antik brüniert
21/23	Zierhaken, Messing antik brüniert
21/24	Deckenhaken, antik brüniert

Hut- und Mantelhaken

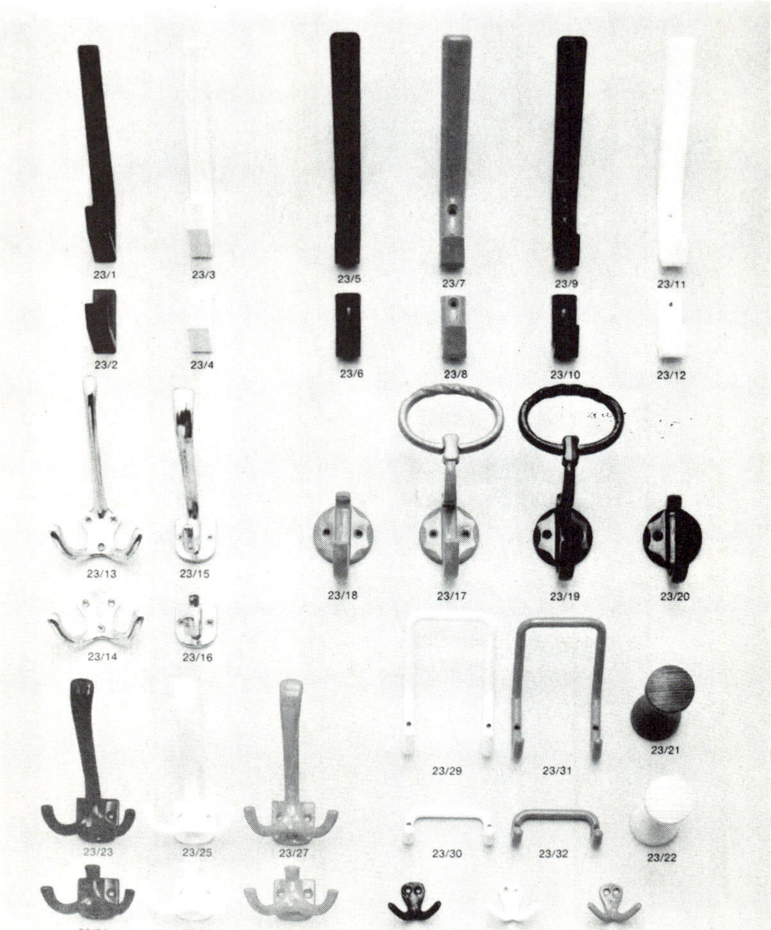

Lfd.-Nr.	Artikel-Bezeichnung
23/1	Huthaken, Kunststoff, braun, 165 mm
23/2	Mantelhaken, Kunststoff, braun, 65 mm
23/3	Huthaken, Kunststoff, weiß, 165 mm
23/4	Mantelhaken, Kunststoff, weiß, 65 mm
23/5	Huthaken, Nylon, schwarz, 165 mm
23/6	Mantelhaken, Nylon, schwarz, 65 mm
23/7	Huthaken, Nylon, rot, 165 mm
23/8	Mantelhaken, Nylon, rot, 65 mm
23/9	Huthaken, Nylon, braun, 165 mm
23/10	Mantelhaken, Nylon, braun, 65 mm
23/11	Huthaken, Nylon, weiß, 165 mm
23/12	Mantelhaken, Nylon, weiß, 65 mm
23/13	Huthaken, Leichtmetall, 140 mm
23/14	Mantelhaken, Leichtmetall, 50 mm
23/15	Huthaken, Leichtmetall, 120 mm
23/16	Mantelhaken, Leichtmetall, 40 mm
23/17	Huthaken, Zinkdruckguß, rot
23/18	Mantelhaken, Zinkdruckguß, rot
23/19	Huthaken, Zinkdruckguß, braun

Lfd.-Nr.	Artikel-Bezeichnung
23/20	Mantelhaken, Zinkdruckguß, braun
23/21	Mantelhaken, Kunststoff/Eiche rustikal
23/22	Mantelhaken, Kunststoff/Kiefer
23/23	Huthaken, Leichtmetall, braun, 160 mm
23/24	Mantelhaken, Leichtmetall, braun, 40 mm
23/25	Huthaken, Leichtmetall, weiß, 160 mm
23/26	Mantelhaken, Leichtmetall, weiß, 40 mm
23/27	Huthaken, Leichtmetall, rot, 160 mm
23/28	Mantelhaken, Leichtmetall, rot, 40 mm
23/29	Huthaken, modern, Metall, weiß-lackiert, 105 mm, Ø8 mm
23/30	Mantelhaken, modern, Metall, weiß-lackiert, 30 mm, Ø8 mm
23/31	Huthaken, modern, Metall, rot-lackiert, 105 mm, Ø8 mm
23/32	Mantelhaken, modern, Metall, rot-lackiert, 30 mm, Ø8 mm
23/33	Haushaltshaken, Leichtmetall, braun, 30 mm
23/34	Haushaltshaken, Leichtmetall, weiß, 30 mm
23/35	Haushaltshaken, Leichtmetall, rot, 30 mm

Schlüsselleisten
Haushaltsleisten

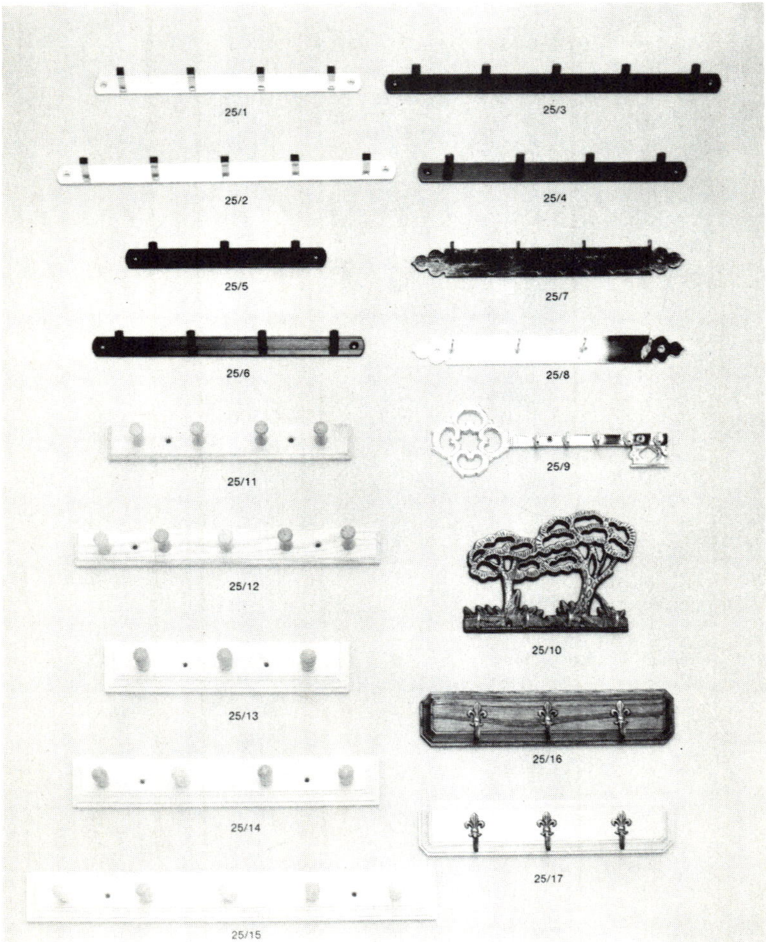

Lfd.-Nr.	Artikel-Bezeichnung
25/1	Haushaltsleisten, silber elox., 270 mm, 4 Haken
25/2	Haushaltsleisten, silber elox., 340 mm, 5 Haken
25/3	Haushaltsleisten, brüniert elox., 340 mm, 5 Haken
25/4	Haushaltsleisten, brüniert elox., 270 mm, 4 Haken
25/5	Haushaltsleisten, braun lackiert, 200 mm, 3 Haken
25/6	Haushaltsleisten, braun lackiert, 270 mm, 4 Haken
25/7	Schlüsselleiste, schmiedeeisern
25/8	Schlüsselleiste, Messing
25/9	Schlüsselleiste, Messing, 230 mm
25/10	Schlüsselleiste, Messing, antik brüniert, 160 mm
25/11	Holzleiste, Kiefer, 240 mm
25/12	Holzleiste, Kiefer, 300 mm
25/13	Holzleiste, Kiefer, 240 mm
25/14	Holzleiste, Kiefer, 300 mm
25/15	Holzleiste, Kiefer, 400 mm
25/16	Schlüsselleiste, Eiche rustikal gebeizt, 250 mm
25/17	Schlüsselleiste, .Kiefer lackiert, 250 mm

Stichwortverzeichnis